山东省技能型特色名校建设工程成果系列教材

汽车文化

主　编　　陈春梅
副主编　　曹凤萍　张艳飞

山东大学出版社

图书在版编目(CIP)数据

汽车文化/陈春梅主编．—济南：山东大学出版社，2015．12

山东省技能型特色名校建设工程成果系列教材

ISBN 978-7-5607-5421-5

Ⅰ．①汽…　Ⅱ．①陈…　Ⅲ．①汽车—文化—高等学校—教材　Ⅳ．①U46—05

中国版本图书馆 CIP 数据核字(2015)第 306004 号

责任策划：刘　彤
责任编辑：陈　岩　李昭辉
封面设计：牛　钧

出版发行：山东大学出版社
社　址　山东省济南市山大南路 20 号
邮　编　250100
电　话　市场部(0531)88364466
经　　销：山东省新华书店经销
印　　刷：泰安金彩印务有限公司
规　　格：787 毫米×1092 毫米　1/16
11 印张　204 千字
版　　次：2015 年 12 月第 1 版
印　　次：2015 年 12 月第 1 次
定　　价：28．00 元

总 序

为加强对山东省内高等学校的分类指导，强化内涵和特色发展，提高人才培养质量，发挥名校带动作用，增强高等教育服务我省经济社会发展的能力，2011 年，山东省教育厅、财政厅联合组织实施了山东省高等教育名校建设工程。山东交通职业学院是山东省技能型特色名校首批立项建设单位之一，共有汽车运用技术、道路桥梁工程技术、物流管理、机械设计与制造、工程机械运用与维护、轮机工程技术 6 个专业成为省财政重点支持建设专业，另有工程造价、公路运输与管理、机电一体化、航海技术 4 个专业被列入非省财政重点支持建设专业。

项目建设初期，学院牵头成立了山东省交通运输职业教育专业建设指导委员会，邀请省内外教育专家和行业企业的技术骨干，对名校工程 10 个专业的建设方案及任务书进行了充分论证。我院项目建设期间，各专业主动适应行业企业加快经济发展方式转变、产业结构调整和优化升级的需要，主动服务山东半岛蓝色经济区和黄河三角洲高效生态经济区两个国家战略的实施，以提高质量为核心，不断创新校企合作体制机制，大力推进人才培养模式转型，优化课程体系构建，全面提升了学校的专业建设水平和人才培养质量。

经过三年建设，10 个专业积累形成了一批紧密结合生产实际、独具行业企业特色的专业教材，成为"山东省高等教育名校建设工程"建设项目的重要成果之一，也是"课程体系构建与核心课程建设"内容的重要载体。为了该系列教材的出版，各专业多次召开教材编写会议，组织各课程负责人及参编人员认真学习领会"山东省高等教育名校建设工程"建设精神，深入行业企业进行专业调研和分析，以培养适应区域经济社会发展的高素质技能型人才和我省行业企业急需的高级技能型人才。根据各专业实际需求，重新架构、设计教材体系，以力求做到理论知识学习和职业技能训练的合二为一。

衷心希望名校工程的建设成果，能为我省交通运输主干专业建设和人才培养起到积极的推动和引导作用。

陈继梦

2015 年 12 月

前　言

为了适应教学改革的需要和培养学生的综合素质及能力，结合山东省名校建设要求和多年来学校的教学改革要求，由山东交通职业学院的陈春梅担任主编，编写了这本《汽车文化》教材。“汽车文化”是一门集知识性与趣味性为一体的课程，但现有的教材多以理论知识叙述为主，缺乏案例、情景和必要的实践内容，不利于培养学生对汽车专业的兴趣。本教材在体系和内容上力争有所创新，既注重汽车文化内容的完整性，又突出教材特征，同时兼顾学生对汽车专业学习兴趣的培养，力求做到好教、易学、实用及能提升学生的综合素质。

本教材有别于传统的大中专教材，特点如下：

(1)本教材根据高职院校学生的实际情况编定，选定适合学生的内容，突出教学的连贯性及学生兴趣的培养，并且引入实践性教学内容，以培养学生的综合素质和能力。

(2)由于教学方法的更新，目前该课程无合适的教材可用，教师主要通过整理和挑选适合我院学生，同时结合教学改革和课程要求自编讲义及课件来讲授课程。本教材对已有的教学总结进行了修改和完善，使其更符合教学改革的相关要求。

(3)本教材打破了传统教材的章节体例，以项目驱动为章节，用任务引导的方式开展课程体例，使教学内容弹性化，有利于因材施教。

本教材由陈春梅担任主编，曹凤萍、张艳飞任副主编。具体分工如下：任务一、二、四由山东交通职业学院的陈春梅编写，任务三、七、八由山东交通学院的曹凤萍编写，任务五、六由山东交通职业学院的张艳飞编写。

本教材在编写过程中，参考了国内大量的汽车文化和汽车发展方面的书籍、论文等文献资料，在此谨向所有参考资料的作者及关心和支持本教材编写的同志们表示感谢。由于编者水平有限，教材中难免存在不足，诚望读者和有关专家给予指正。

编　者

2015 年 11 月

目　录

任务一　汽车的诞生

学习情境引导

人类经历了靠双足跋涉的时代后，为了省力发明了轮，于是有了人力车；为了实现对速度的追求，人类发明了热机，并借助其发明了车辆，于是有了汽车工业的大发展。

迄今为止，汽车的发展历史已有一百多年，在这一百多年中，人类利用智慧一次又一次地进行了技术、产业升级。而在这数百年的发展史中，诞生了一个又一个充满传奇色彩的故事。一些车型注定要被铭记，一些人也注定要被载入史册……

学习目标

◎知识目标

1. 了解内燃机的诞生过程。
2. 掌握汽车工业的发展历程。
3. 掌握汽车工业发展史上的三次变革。

◎能力目标

1. 根据汽车发展简史思考未来汽车的发展趋势。
2. 会利用网络查找汽车相关的资料。

知识准备

一、内燃机的诞生

内燃机以其热效率高、结构紧凑、机动性强、运行维护简单的优点著称于世。一百多年来，内燃机的巨大潜力被不断挖掘。世界上内燃机的使用量远远大于其他热机的使用量，它在国民经济的发展过程中起到了相当重要的作用。现代内燃机更是当今最重要的热能机械设备。

内燃机发展至今已有一百多年的历史了，同人类其他智慧的结晶一样，内燃机的每一个进步都是人类生产实践经验的升华，是前人集体智慧的成果。

(一)蒸汽机的发明

最早发现蒸汽的力量，并且制作出第一台利用蒸汽力量的器具的发明人，可以追溯到公元前 130 年的古埃及人。

图 1-1　古埃及人发明的蒸汽机

古埃及人最著名的发明是利用蒸汽推动空心球旋转，堪称世界上最早的蒸汽机(见图 1-1)。空心球是铜做的，上面连着两个空心的、方向相反的弯管，把此空心球卡在连通着蒸汽的管道上，当球下器皿中的水沸腾时，蒸汽进入空心球，并且从装在空心球上的两个弯管管口处喷出。因两个管口的方向是相反的，所以形成的扭力能推动空心球不停地旋转。

1690 年，法国物理学家丹尼斯·巴本(Denis Papin)设计了第一台活塞式蒸汽机。巴本是第一个应用蒸汽在气缸中推动活塞并指出蒸汽机工作原理的人，为以后活塞式蒸汽机的发展奠定了基础。

1696 年，英国机械工程师托马斯·塞维利(Thomas Savery)研制的蒸汽泵的主要构件是气缸与锅炉。他以此制造出了无活塞式蒸汽机——"矿山之友"(见图 1-2)，它靠蒸汽冷却造成的真空把水从矿井中吸上来，然后再通过蒸汽将水压到更高的地方，可以被用来灌溉农田。塞维利第一次真正地将蒸汽变成动力，这是历史上第一台被实际使用的蒸汽机。

1712 年，英国人托马斯·纽科门(Thomas Newcomen)综合了巴本和塞维利所发明蒸汽机的优点，制成了一台较为实用的蒸汽机(见图 1-3)。

图 1-2　塞维利发明的蒸汽机

图 1-3　纽科门发明的蒸汽机

1763 年，英国格拉斯哥大学有一台教学用的纽科门蒸汽机坏掉了，被修好之后不久又不运转了，于是该校的仪器修理工詹姆斯·瓦特(James Watt，见图 1-4)开始着手修理这部机器。在修理的过程中，瓦特发现纽科门蒸汽机的燃料利用率非常低，仅仅有 25% 的燃料被利用。瓦特于是针对纽科门蒸汽机的缺点开始研制新的蒸汽机。经过十几年的努力，1776 年，瓦特制造出了第一台有真正实用价值的蒸汽机（见图 1-5），掀起了历史上的第一次工业革命。

图 1-4 瓦特

图 1-5 瓦特发明的蒸汽机

（二）内燃机的发明

热机分为内燃机和外燃机两类：燃料在气缸内燃烧做功的是内燃机；燃料在气缸外燃烧做功的是外燃机，蒸汽机属于外燃机。因外燃机有热效率低、燃料利用率差、噪音大等缺点，17 世纪末科学家们开始提出制造内燃机的想法。经过多次研究的失败，直到 19 世纪后期，内燃机才开始出现。

最早出现的内燃机是以煤气为燃料的煤气机。1860 年，法国发明家莱诺制成了第一台实用内燃机——单缸、二冲程、无压缩和电点火的煤气机（输出功率为 0.74～1.47 kW，转速为 100 r/min，热效率为 4%）。

1861 年，法国工程师罗沙认识到，要想尽可能提高内燃机的热效率，就必须使单位气缸容积的冷却面积尽量减小，膨胀时活塞的运动速率尽量快，膨胀的范围（冲程）尽量长。在此基础上，他提出了著名的等容燃烧四冲程循环：进气、压缩、燃烧和膨胀排气。

1876 年，德国人罗斯·奥古斯特·奥托根据罗沙的四冲程内燃机工作理论设计制造了第一台以煤气为燃料的四冲程内燃机（见图 1-6）。在这部发动机上，奥托增加了飞轮，使运转变得平稳；把进气道加长，又改进了气缸盖，使混合气充分形成。改造后的热机，其热效率相当于当时蒸汽机的两倍。奥托把三个关键的技术思想——内燃、压缩燃气、四冲程融为一体，使这种内燃机具有效率高、体积小、质量轻和功率大等一系列优点。在 1878 年的巴黎万国博览会上，它被誉为“继瓦特发明蒸汽机以来动力机方面的最大成就”。等容燃烧四冲程循环虽然是由罗沙提出的，但由奥托实现，故也被称为“奥托循环”。

图 1-6 奥托的卧式四冲程煤气内燃机

煤气机虽然比蒸汽机具有很大的优越性，但在社会化大生产的情况下，仍不能满足交通运输业的需求。到19世纪末期，随着石油工业的兴起，用石油产品取代煤气作燃料已成为必然的趋势。

1883年，戈特利布·戴姆勒(Gottlieb Daimler)(见图1-7)和威廉·迈巴赫(Wilhelm Maybach)制成了第一台四冲程往复式汽油机，此发动机上安装了迈巴赫设计的化油器，还用白炽灯管解决了点火问题。以前内燃机的转速都不超过200 r/min，而这台汽油机的转速一跃为800～1000 r/min。它的特点是功率大、质量轻、体积小、转速快和效率高，特别适用于交通工具。与此同时，卡尔·本茨(Karl Benz)研制成功了现在仍在使用的点火装置和水冷式冷却器。

图1-7　戴姆勒

柴油机几乎是与汽油机同时发展起来的，它们具有许多相同点。所以，柴油机的发展也与汽油机有许多相似之处，可以说在整个内燃机的发展史上，它们是相互推动的。1897年，德国人鲁道夫·狄塞尔(Rudolf Diesel)发明了世界上第一台压缩点火的“狄塞尔”内燃机，即柴油机。

(三)汽车的诞生

内燃机的技术问题解决后，1885年，戴姆勒将第一台卧式汽油机装到了自行车上，他取得了这辆“骑式自行车”的发明专利，这实际上就是最早的摩托车(见图1-8)。

图1-8　世界上最早的摩托车

同年，戴姆勒发明了第一辆四轮汽车(见图1-9)。

车轮：四个实心橡胶轮胎
发动机：单缸四冲程汽油机
排量：0.462 L
功率：0.8 kW
最高车速：16 km/h

图1-9　戴姆勒发明的四轮汽车及其参数

1886 年 1 月 29 日，本茨发明了第一辆三轮四冲程发动机汽车(见图 1-10)。

图 1-10　本茨及其发明的三轮汽车

按照大多数人的观点，世界上最早的实用汽车是由德国的两位科学家同时宣告制成的：戴姆勒制造的是四轮汽车，本茨制造的是三轮汽车。他们二人都被世人尊称为“汽车之父”。

由于本茨于 1886 年 1 月 29 日向德意志帝国专利局申请了三轮汽车的发明专利，且于同年 11 月 2 日被专利局正式批准发布，因此 1886 年 1 月 29 日被认为是世界汽车诞生日。本茨的专利证书也成为了世界上第一张汽车专利证书。这张专利证书的证书号为“7435”，类别属于“第 46 类”，即“空气及气态动力机械类”，专利名为“气态发动机车”，即公认的世界上第一辆三轮汽车——“奔驰 1 号”。可以说，这张证书开创了世界汽车发展的历史。

小思考：

科学家们将内燃机装到了车辆上，从而有了最早的摩托车及汽车。有没有蒸汽机车呢？请同学们查阅资料，对比蒸汽机车与戴姆勒和本茨发明的汽车。

二、外国汽车工业发展史

汽车工业通常指发动机、底盘、车身、电气设备等各种零部件设计、制造、营销等所涉及的企业和商业活动。从 1886 年汽车诞生开始，汽车工业的发展经历了漫长的萌芽和发育时期，汽车开始应用于人们的生活之中，汽车工业也从一个新兴的行业发展成为高效益的经济型行业。

汽车工业真正兴盛是在第二次世界大战之后。汽车诞生于德国，成长于法国，成熟于美国，兴旺于欧洲，挑战于日本。因此，以大规模生产为标志的汽车工业的形成是在美国，以后又扩展到欧洲、日本直至世界各国。

(一)汽车工业发展史上的三次变革

1. 第一次变革——流水线生产方式

第一次变革是美国福特(Ford)汽车公司推出了 T 型车，发明了汽车装配流水线，使汽车工业的发展从欧洲转向美国。在这一过程中，亨利·福特为汽车工业的发展作出了杰出的贡献。福特首先提出并实现了“让汽车成为广大群众的需要”的目标。1883 年，福特开始从事汽车制造业，并制造出了结构简单且实用的第一辆汽油车，最高车速可达 32 km/h。1903 年，福特汽车公司诞生。1908 年 10 月，福特汽车公司正式投产福特 T 型车（见图1-11）。

图 1-11　福特 T 型车

1913 年，福特汽车公司创建了世界上第一条汽车装配生产流水线，并实行了工业大生产管理方式，实现了产品系列化和零部件标准化。1914 年，福特汽车公司的 T 型车年产量达到 30 万辆，1926 年达到 200 万辆，而每辆汽车的售价由首批的 850 美元下降到 1923 年的 265 美元。到 1929 年 T 型车停产时，总共生产了 1500 万辆。福特 T 型车使汽车在美国得到了普及，让汽车进入了普通美国家庭。福特生产 T 型车的经验不仅为美国，甚至为世界汽车工业的发展奠定了基础，因此福特汽车公司被誉为“汽车现代化的先驱”。

巨大的国内市场造成了美国汽车工业的大发展，出现了一大批汽车公司，诸如后来闻名世界的通用汽车(General Motors)公司、克莱斯勒(Chrysler)公司，它们与福特公司一起成为了美国的三大汽车公司。

2. 第二次变革——欧洲实现汽车产品的多样化

第二次世界大战期间，各国汽车工业均为军事服务，生产坦克、装甲车等军用装备和物资。战后，随着经济的复苏，欧洲汽车工业开始大发展，其中最大的创新是汽车在外形及结构的设计上都有了较大的改变，从而带来了汽车工业发展史上的第二次变革。特别是联邦德国，在战后仅用了 5 年时间就使汽车年产量达到了 30 万辆，超过了其战前的最高水平。尤其在 1930 年后，欧洲各国为了保护本国民族工业，开始对美国汽车进口提高了关税，特别是对汽车零部件进口加以重税，迫使美国将在欧洲各国的汽车总装厂改造成为汽车制造厂，由此也促进了欧洲各国汽车工业的发展。1960 年，德国汽车年产量达到了 205.5 万辆，超过了英国，成为当时仅次于美国的世界第二大汽车制造国。

欧洲汽车工业的大发展使世界汽车工业的重心逐步由美国移向欧洲。欧洲汽车工业既有美国式大规模生产的特征，又有欧洲式多品种、高技术的趋势。欧洲各国还利用本国的技术优势，以多品种和轻便普及型新产品与美国汽车进行竞争。例如，意大利的菲亚特(Fiat)省油轿车（见图 1-12）、德国大众的甲壳虫(Beetle)普及型轿车（见图 1-13）等。

图 1-12 菲亚特省油轿车

图 1-13 大众甲壳虫轿车

3.第三次变革——日本精益的生产方式

第三次变革是日本通过完善管理体系、形成精益的生产方式,全面发展物美价廉的经济型轿车,亦称为日本汽车工业崛起时代。日本汽车工业在 20 世纪 50 年代形成了完整体系,在 20 世纪 60 年代突飞猛进。1960 年,正当美国与欧洲的汽车工业激烈竞争时,日本开始推行终身雇佣制及全面质量管理(total quality control, TQC),促进了劳动者与管理者之间的相互信任,提高了人员素质,调动了积极因素,使工业发展出现了飞跃。特别是在汽车工业中,日本出现了有名的"丰田生产方式",从而在生产组织和管理方式上产生了新的突破,生产出了高质量、低消耗、廉价精巧的丰田汽车(见图 1-14)并畅销全世界。1961 年,日本汽车产量超过意大利跃居世界第五位;1965 年,超过法国居世界第四位;1966 年,超过英国升为世界第三位;1968 年,追上德国居世界第二位。

图 1-14 丰田汽车

20 世纪 70 年代的两次石油危机使日本认识到包括能源在内的资源短缺是日本的致命弱点,于是日本政府开始不断强化汽车法规。1978 年修改后的关于排放及噪声的法规是世界上最严格的法规,从而迫使日本汽车工业放弃了向大功率、高车速、豪华大型车辆发展的意图,形成了经济、实用的日本汽车风格。与此同时,日本政府对国外汽车进口进行了严格限制,并鼓励各公司积极引进美国汽车技术,从而保护了日本的民族汽车工业。

日本人对世界汽车工业的最大贡献就是开创了"精益生产方式"。这种生产方式就是用精益求精的态度和科学的方法来控制和管理汽车的设计开发、采购、制造、储运、销售和售后服务的每一个环节,从而达到以最小的投入创造出最大价值的目的。日本的这种先进生产方式目前已为世界各国所效仿。

日本汽车工业在20世纪70年代引进电子技术，并广泛地用于汽车设计、试制、试验、制造等各个领域。

1980年，日本汽车产量首次突破1000万辆大关，达到1104万辆，一举击败美国成为世界第一。到1987年，日本汽车的年总产量占世界汽车年总产量的26.6%，而美国和西欧四国（英国、法国、德国和意大利）分别占23.7%和24.8%。此时，世界汽车工业的重心已移向日本。

当前，尽管世界汽车市场日趋饱和，但日本汽车仍以其优越的性能、合理的价格、可靠的质量、完善的电子设施、低排放、低油耗和多样化的品种不断地扩大其在世界汽车市场上的占有率。

（二）各国汽车工业的发展

1. 德国汽车工业的发展

汽车工业一直是德国经济的支柱产业，作为世界汽车生产大国，汽车工业在德国有着举足轻重的作用。从它对整个国民经济的拉动作用上看，德国其他的任何产业都无法与之匹敌。德国1/7的就业岗位、1/4的税收收入来源于汽车及相关产业。汽车工业的对外出口额达800亿欧元，可以说，汽车工业如果“咳嗽”，整个德国经济就要“患重感冒”。根据欧洲汽车工业协会的相关统计数据，如果德国汽车工业衰落了，欧洲汽车工业在全球的优势地位也将丧失。

从1886年本茨发明第一辆汽车至今，德国的汽车工业已经走过了120多年的发展历程。回顾这120多年的历史，德国汽车工业的发展也和世界其他国家一样，经历了“发明试验”“不断完善”“迅速发展”和“高科技广泛应用”这四个阶段。

（1）第一阶段（1886～1910年）：汽车的发明试验阶段

19世纪70年代，西方第二次工业革命浪潮兴起，内燃机和汽车相继诞生。汽车工业的诱人前景使当时德国的汽车厂纷纷涌现。1901年，全德国只有12家汽车厂，职工1773人，年产汽车884辆；而到了1908年，德国的汽车厂已达到53家，职工12400人，年产汽车5547辆。到第一次世界大战前，德国汽车工业已基本成为了一个独立的工业部门，汽车制造工人有5万多人，年产量达2万辆，仅次于美国。

（2）第二阶段（1911～1940年）：汽车技术不断完善阶段

到1914年第一次世界大战爆发时，德国的汽车工业已基本成为了一个独立的工业部门，年产量达到2万辆。尽管第一次世界大战给德国汽车工业的发展带来了不利的影响，但战争结束以后，德国人仅用了10年左右的时间就使本国汽车工业大大超过了战前。其中，1923～1929年这7年被称为是德国汽车工业“黄金般的20年代”。这一时期，德国汽车工业发展迅速，汽车技术不断得到完善。1933年阿道夫·希特勒上台，他把魏玛共和国时期已经规划好的高速公路建设和国民轿车的生产提上了日程表，把发展汽车工业及与此相关的行业摆到了十分显著的位置。在刚刚经历了20世纪20年代末30年代初世界性的经济大萧条后，汽车的诱人前景和迅速发展起来的高速公路网使此后的30年代再次成为德国汽车生产的“黄金时代”。到二战爆发前，德国的汽车工业已具有相当的基础，戴姆勒-奔驰、大众等汽车公司均已形成了一定的生产规模。

(3)第三阶段(1941～1960 年):汽车工业迅速发展阶段

二战结束后,德国的汽车厂都被盟军接管。由于德国处于战败国的地位,许多工业的发展都受到了限制。在十分困难的条件下,依靠德国人顽强的民族精神,德国的汽车工业很快得到恢复并获得了重生。尤其是西德在一片废墟上创造出了著名的“经济奇迹”,使得德国只用了十几年的时间就再一次超越英、法而成为欧洲第一经济强国。这一经济奇迹的产生,与德国汽车工业的迅速发展密不可分。

1950 年,德国的汽车年产量达到 30 万辆。随着国内高速普及汽车以及汽车出口竞争能力的不断提高,德国汽车产量开始大幅度上升,尤其以大众公司的甲壳虫汽车为代表,标志着德国汽车工业开始进入飞速发展的阶段。到 1960 年,德国的汽车年产量已达 200 万辆,10 年内增长了 5.7 倍,年均增长率达 21%,德国从此成为欧洲最大的汽车生产国和出口国。

(4)第四阶段(1961 年至今):汽车高科技广泛应用阶段

柏林墙的存在(1961 年 8 月 13 日～1989 年 11 月 9 日)使东西德被整整分割了 28 年,一直到 20 世纪 80 年代末柏林墙倒塌,两德才重新统一。随着欧洲一体化进程的加快,德国的汽车工业开始进入一个新的发展阶段。

从 20 世纪 60 年代开始,德国的汽车工业继续以较高速度增长,经过竞争,汽车厂家由 100 多家减少到 10 多家,产量却不断提高。许多现代科技被广泛应用于汽车工业,德国汽车生产开始进入一个成熟阶段。

1966 年,德国的汽车年产量被日本超过,排名居世界第三位,并一直保持到现在。1971 年,德国的汽车年产量达到 400 万辆。在这以后,由于受两次石油危机的影响,加上德国国内汽车已基本普及,德国汽车出口的势头也有所减慢,而进口量却有较大增加,从而使德国汽车产量呈现下降、徘徊和低速增长的态势。

整个 20 世纪 70 年代,德国汽车的年产量一直徘徊在 300 万～400 万辆之间。而整个 20 世纪 80 年代,德国的汽车年产量则一直在 400 万～500 万辆之间波动。到 20 世纪末的 1998 年,德国的汽车年产量达到了 570 万辆。

20 世纪 90 年代后期,全球汽车业发生的最重要事件莫过于资产重组、联合兼并了。这一时期德国汽车业发生的比较引人注目、产生较大反响的资产重组及联合兼并事件主要有奔驰与克莱斯勒的合并,大众与宝马收购劳斯莱斯、宾利等。

2.法国汽车工业的发展

在汽车发展史上,法国人有着独特的地位。早在 1769 年,法国陆军工程师尼古拉斯·古诺就在政府的支持下试制成功了世界上第一辆具有实用价值的蒸汽汽车,从而引发了世界性的研究和制造汽车的热潮。但随后的法国大革命却让法国的汽车研究中断了几十年,直到 1828 年,巴黎技工学校校长配夸尔制造了一辆蒸汽牵引汽车,其独创的差速器及独立悬挂技术至今仍在汽车上广泛应用着。

1890 年,由阿尔芒·标致创立的标致公司生产了法国的第一辆汽油汽车。一战前,标致公司的汽车年产量达到 1.2 万辆;到 1939 年,其年产量达 4.8 万辆。1915 年,安德烈·雪铁龙成立雪铁龙汽车公司,该公司发展迅速,在 20 世纪 20 年代初年产量就突破了 10 万辆,在 1928 年日产量达 400 辆,占全法汽车产量的 1/3。另外,由路易·雷诺于

1898 年创办的大型汽车厂——雷诺汽车公司发展也很快，1914 年便形成了大规模生产能力，一战期间更是因军火生产而筹集了大量资金用于汽车生产。

二战期间，雷诺公司为德国法西斯效劳，为德国军队提供了大量坦克、飞机发动机和其他武器，因而战争结束后，雷诺公司被法国政府接管，雷诺也被逮捕。在政府的支持下，雷诺公司兼并了许多小汽车公司，到 1975 年时汽车年产量超过了 150 万辆，成为法国第一大汽车厂商，而标致公司的年产量也在战后 20 年内猛增十几倍，一跃成为法国第二大汽车公司，20 世纪 80 年代更是超过雷诺公司而登上榜首。雪铁龙公司则因经营不善而被标致公司于 1976 年收购。

进入 20 世纪 80 年代，世界性的经济危机使法国汽车工业受到了一定的挫折，雷诺公司更是连年亏损，1984 年的年产量急剧下降到 30 万辆，但几年后雷诺公司便恢复了元气，1999 年 3 月还收购了日产汽车公司 36.8%的股份。法国汽车的总体特点是车体较小而设计新颖，符合大众化的方向，因此在西欧成为家庭轿车的热门，雷诺公司的“丽人行”微型车（见图 1-15）在欧洲曾多次销量排名第一。但是在豪华车、跑车领域，法国汽车公司就不如美、德、日等国的汽车公司出色，这成为了法国汽车业的遗憾。

图 1-15　雷诺“丽人行”微型车

目前，环保汽车在法国受到追捧。据统计，柴油汽车的市场份额在法国占到汽车总市场份额的 71%，低于葡萄牙、西班牙和意大利，在欧盟国家中居第四位。

3. 美国汽车工业的发展

美国历史上的第一次汽车展览于 1900 年 11 月在纽约市当时的麦迪逊花园广场举行。因此，一年一度的纽约国际汽车展览被视为是美国汽车展览的始祖。从历次汽车展览既可以看出美国汽车工业的发展历史，也可以看出美国汽车造型及功能的发展。

(1)第一阶段(1900～1915 年)

美国的奥兹莫比尔汽车（见图 1-16 和图 1-17）公司成立于 1887 年，是美国历史最悠久的汽车制造厂商。该公司于 1903 年生产的“Doctor Coupe”是单气缸引擎汽车，也是该公司第一批大量生产的汽车，到 1903 年共生产了约 4000 辆。1909 年，福特汽车公司生产的福特 T 型汽车为汽车制造开创了新纪元，当时的媒体一致推选福特 T 型汽车为 20 世纪最重要的汽车发明。福特公司采用批量生产方式降低价格，也因此改变了人类的生活方式。1908 年，当今全球第一大汽车生产厂商通用汽车公司成立。在这两大汽车公司的努力下，美国汽车的性能益发精进，销售量蒸蒸日上。1916 年，美国汽车的销量首度突破 100 万辆，1920 年超越 200 万辆。

图 1-16　奥兹莫比尔商标

图 1-17　奥兹莫比尔汽车

(2)第二阶段(1916～1929 年)

美国的汽车制造在这个时期日趋成熟,越来越多的中产阶级人士拥有了汽车,而汽车的造型已经成为汽车设计过程中的一个重要因素,通用汽车公司更是率先成立了艺术与色彩生产部门。在这个时期,富有人家流行汽车车身定做,即先购买某种汽车的机械部件,然后再另外设计定做车身。虽然许多被视为经典的汽车外观都是这个时期的产物,但车身定做其实是费钱而不实际的。成立于 1902 年的凯迪拉克汽车公司一向以机械部件优良著称。该公司曾经有过把 3 辆汽车拆开,将机械零部件全部打散,再重新混合组合成 3 辆新汽车的纪录。这项创举旨在强调凯迪拉克公司零部件的标准化及一致性。另外,当时声望极高的高级汽车制造厂商皮尔斯-箭头汽车公司从 1901 年到 1938 年在纽约州布法罗生产汽车,公司早期即采用铝合金车身并配备有动力刹车装置。这一时期,美国汽车厂商为适应消费者需求,已经能够生产 8 缸引擎跑车,时速可达 185 km。1925 年,美国第三大汽车制造厂商——克莱斯勒汽车公司成立。在美国经济大萧条前夕的 1929 年,美国汽车销量突破了 500 万辆。

(3)第三阶段(1930～1942 年)

在这一时期,汽车的引擎设计出现了长足的进步。然而,第二次世界大战让汽车制造厂商投身于军事车辆及机械的制造,汽车外观并无明显演变,几乎无造型可言的吉普车的出现完全是基于实际的需要。帕卡德汽车公司共制造了 7 种时速可达 160 km 的高性能 Speedstar 汽车,被视为当时豪华汽车的代表。当时全球市场上共有 15 家厂商制造豪华型汽车,帕卡德的豪华汽车占了近 50%的市场。Franklin Sport Runabout 汽车公司自 1902 年至 1934 年在纽约州的雪城生产汽车,其引擎开始使用空气冷却系统。

(4)第四阶段(1946～1959 年)

随着喷气飞机时代的来临,汽车造型也趋向更低、更长、更宽,并在车后加上了大大的尾翅。这个时期的汽车造型有两大特色:一是车身的防撞设计,二是车后的尾翅。20 世纪 50 年代美国最具特色的汽车是家庭式旅行车,象征着家庭旅行的美好生活。这个时期,福特雷鸟汽车是跑车的代言者。1955 年,福特公司生产了雷鸟 8 缸双座敞篷跑车,其车顶为活动纤维玻璃。这种车的华丽造型获得了高度评价,后因其控制轻巧,又被喻为私人车的象征。

(5)第五阶段(1960～1979 年)

在这一时期,消费者抛弃了以往“越大越美”的汽车造型,传统而保守的造型蔚然成风，以甲壳虫为代表的小型汽车大为流行。一些价格合理的小跑车如福特野马和雪佛兰科尔维特等普遍受到欢迎，小型汽车市场开始活跃，美国三大汽车公司也都有此类产品推出。1964 年，福特野马跑车率先掀起了小型车的革命。美洲豹 E 型汽车以玲珑的流线型外形赢得了消费者的青睐。当捷豹 XKE 汽车第一次在 1961 年的纽约国际汽车展览上出现时，立刻引起了轰动。这款双人座双门敞篷车时速高达 240 km，它创新的独立后悬挂系统使其在当年的车展上备受宠爱。

(6)第六阶段(1980～2000 年)

从 20 世纪 80 年代起，美国汽车工业几乎难以招架日本汽车业的凌厉攻势，日本的本田、日产、三菱和富士公司相继在美国设厂。美国汽车工业为与日本汽车进行竞争，不得不推出新造型汽车，这种被称为“小型箱式车”(minivan)的客货两用轻型汽车一举成为最受家庭喜爱的车种。这种汽车的外形更接近于普通小汽车，只是在车厢后部增加了可以放置物品的空间(体积约占车厢的 1/3)，驾驶时的感觉也与普通小汽车类似。而家庭轿车、双门轿车、跑车也都讲究流线型设计，一改多年来的直线设计。20 世纪 90 年代，多功能车独领风骚，因为很多美国人喜欢既有载货和越野功能，又可以作代步工具、驾驶它上下班的汽车。美国汽车工业已有 100 多年的历史，在与同行的激烈竞争中不断创新发展，不断迎合消费者对汽车造型和性能的需求。

4. 韩国汽车工业异军突起

20 世纪 80 年代，韩国汽车工业通过学习、消化国外生产技术和实现主要技术的国产化，使其汽车工业得到了飞速发展。从 1980 年至 1997 年，韩国仅用了 17 年时间便成为“廉价车之王”，也一跃成为世界汽车生产大国。韩国的起亚汽车公司始建于 1944 年 12 月，但第二次世界大战后，由于政治局势动荡，公司长期处于不景气的状态。

韩国汽车业的真正起步是在 20 世纪 60 年代初，各汽车厂商以组装进口零部件生产整车的方式开始试制汽车，直到 1970 年，韩国的汽车年产量仅为 2.8 万辆。20 世纪 70 年代初，韩国人均国民收入为 300 多美元，较好的经济状况为生产汽车提供了良好的环境。1973 年，韩国政府实行汽车国产化政策，各汽车公司开始大规模引进国外生产技术。1973 年，现代汽车公司引进日本三菱公司的发动机、传动系和底盘技术，1975 年便开始自己开发生产汽车，并大量向非洲出口。大宇汽车公司于 1972 年与美国通用汽车公司合资，1990 年推出了第一辆自主设计的名为“王子”的国产车，并在市场上取得了成功。汽车的国产化政策使韩国的汽车工业获得了飞速的发展。

1994 年，韩国汽车的年出口量达到 73.8 万辆，而 1995 年则为 110 万辆，增长了 48.6%，在世界汽车出口国中排名第六。而进入 20 世纪 90 年代中后期，韩国汽车业在西欧、美洲、东欧、亚洲和大洋洲均建立了生产基地，实现了生产的本地化，并在此基础上建立了海外生产体系和全球营销网络，使韩国车顺利地占领了国外市场。

三、中国汽车工业发展史

中国汽车工业的发展大体经历了旧中国的摸索发展、新中国计划经济时期的自主发展和改革开放后的全面发展三个阶段。

(一)旧中国的摸索发展阶段

中国最早的进口汽车(见图 1-18)是在 1901 年由匈牙利商人李恩时从欧洲购进并经香港运到上海的两辆美国奥兹莫比尔汽车。

图 1-18　中国最早的进口汽车

这两辆车一辆是凉篷式汽车,另一辆是折叠式软篷汽车。它们前排为双轮坐席,车轮是木制的,外面包上实心橡胶轮胎,采用转向盘、转向带和梯形结构控制行驶方向,照明用煤油灯,喇叭是手揿的。这两辆车在上海招摇过市,引起了一时的轰动。

图 1-19　慈禧太后的轿车

1902 年慈禧 67 岁寿辰时,袁世凯为邀宠于她,在香港购进了一辆第二代奔驰轿车(见图1-19)送给慈禧作为生日礼物。此车名为“图利亚”,被视为中国的“头号古董车”。为了驾驶这辆汽车,原来为慈禧驾驶马车的车夫孙富龄经法国人培训后成了中国第一个有驾照的司机。

小故事:

慈禧第一次乘坐汽车去颐和园游览时,当汽车驶出紫禁城后,突然发现原来的马车夫孙富龄竟成了她现在的司机,不但与她平起平坐,而且还坐在了她的前面,这让她觉得很没面子,便责令其跪着开车。老佛爷的话谁敢不从?这位孙车夫只好跪着开车,但他的手又不能代替脚去踩油门和刹车,所以路上险象环生,差点酿成大祸。这可吓坏了当时的王公大臣,他们纷纷乞求慈禧不要冒这个险,同时因为车辆噪声极大,乘坐也远不如轿子和马车舒适,无奈之下,慈禧不得不被人搀扶下车,中途又换上了她的十六抬大轿。从此,这辆老爷车被彻底“打入冷宫”,但这辆车也因此能完好地保存在颐和园的德和园至今。

1903 年以后,上海已陆续出现了从事汽车及其零部件销售、汽车出租的洋行。1929 年,中国汽车进口量已达 8781 辆,世界各国汽车蜂拥而入。1930 年,中国的汽车保有量为 38484 辆,却没有一辆国产汽车。不少有识之士都想制造中国人自己的汽车,可是限于当时的情况,都没能实现。

最早提出要建立中国汽车工业的人是孙中山，他在1920年发表的《建国方略》一书中讲道："……最初用小规模，而后用大规模，以供四万万人需要。所造之车当用于各种用途，为农用车、商用车、旅行用车、运输用车等。一切车以大规模制造，实可较今更廉，欲用者皆可得之。"

1928年，张学良在东北易帜后，要化兵为工，在辽宁迫击炮厂的基础上成立了"民用工业制造处"，后改称为"辽宁民生工厂"，用于试制汽车。中国人当时还没有生产汽车的经验，于是聘请了美国人为总工程师。1929年3月，民生工厂引进了一辆美国"瑞雷号"汽车进行装配试验，并以该车为样板于1931年试制成功了一辆名为"民生牌75型"的汽车(见图1-20)，这开创了中国人试制汽车的先河。可惜第二辆汽车还没制造出来"九一八"事变就爆发了，东北三省被日本占领。

图1-20　民生牌75型汽车

旧中国的造车梦毁于统治者的腐败无能，毁于帝国主义的硝烟战火。新中国成立后，中国的汽车工业才建立和发展了起来。

(二)新中国计划经济时期的自主发展阶段

新中国的汽车工业与共和国共命运，经过科技人员半个多世纪的努力，发生了天翻地覆的变化。在此阶段，我国汽车工业的发展可概括为初创阶段和成长阶段。

1. 初创阶段(1949～1965年)

1950年3月，重工业部设立了"汽车工业筹备组"，主要负责人有郭力、孟少秋等。筹备组的主要工作有拟定建厂方案、选定工厂厂址、搜集有关技术和选择车型产品。

1953年7月15日，第一汽车制造厂建设奠基典礼在长春孟家屯隆重举行。1956年7月15日，第一批国产解放牌4吨载货汽车(见图1-21)在第一汽车制造厂诞生，这表明中国不能制造汽车的历史从此结束，这为中国汽车工业竖起了一座里程碑。

图1-21　解放牌载货汽车

1957年5月，第一机械工业部通知第一汽车制造厂研发设计轿车。首先研制的是名为"东风"的普及型轿车。同年8月，第一汽车制造厂设计试制成功第一辆红旗轿车(见图

1-22)。至1966年,我国汽车工业已形成了第一汽车制造厂、南京汽车制造厂、上海汽车制造厂、济南汽车制造厂和北京汽车制造厂五个汽车生产基地,基本填补了汽车生产类型的空白。

图 1-22　红旗轿车

南京汽车制造厂的前身是国民政府的枪炮修理厂。1958年3月,它生产出了第一辆跃进牌NJ130轻型载货汽车(见图1-23)。20世纪50年代,中国社会迫切需要一种普及型轿车供公务用,于是1958年9月,上海汽车制造厂生产出了第一辆国产凤凰牌轿车(见图1-24)。1959年,济南汽车制造厂参照捷克生产的斯柯达706RT型8吨载货汽车开始设计我国的第一种重型载货汽车,于1960年4月试制成功黄河牌JN150型8吨重型载货汽车(见图1-25)。

图 1-23　跃进牌NJ130轻型载货汽车

图 1-24　凤凰牌轿车

图 1-25　黄河牌载货汽车

2.成长阶段(1966～1980年)

在这个历史阶段,我国主要是贯彻中央的精神建设三线汽车厂,以中、重型载货汽车和越野汽车生产为主,同时发展矿用自卸车。在此期间,我国先后兴建了第二汽车制造厂、四川汽车制造厂和陕西汽车制造厂这三个主要生产军用越野汽车的三线汽车制造厂,并开发了矿用自卸汽车和重型汽车;地方上也在积极建设汽车制造厂,汽车生产的分散局面已经形成。

1966年,第二汽车制造厂将厂址选在湖北十堰的深山沟中。1967年4月1日,第二汽车制造厂举行开工典礼大会。1975年7月1日,第二汽车制造厂基本建成东风EQ240型越野汽车的生产基地并投产使用。1978年7月,第二汽车制造厂建成东风EQ140型5吨载货汽车(见图1-26)的生产基地并投产使用。

图1-26　东风EQ140型5吨载货汽车

1966年3月11日,四川汽车制造厂举行开工典礼,厂址选在四川大足,负责生产10吨以上的重型军用越野汽车。建厂工作于1964年全面展开,当时边研制开发产品边筹建工厂。产品经过几轮的试制、试验和改进后定型,即红岩261型汽车。

陕西汽车制造厂负责生产5吨军用越野汽车,定型为延安SX250型汽车。厂址所在地陕西省岐山县渭河南岸的麦里西沟是名副其实的“靠山、隐蔽”的小山沟。从1965年选厂址开始,直到1978年3月14日原一机部正式批准验收投产为止,该厂历时13年才建成。

(三)改革开放后的全面发展阶段

1978年12月召开的党的十一届三中全会确立了实行改革开放的伟大决策,中国的汽车工业也随之揭开了新的一页。在这一阶段,党和政府提出要把汽车工业发展成为国民经济的支柱产业。中国汽车工业在产量不断提高的同时,加快进行了产品结构的调整,引进了国外的先进技术和资本,轿车工业得以迅速发展,这使中国的汽车工业谱写了新的篇章。

1987年,中央在制定的“七五”计划相关倡议书中提出:“根据加强交通运输建设的要求,要将汽车制造业作为重要的支柱产业。”1994年,国务院发布了《汽车工业产业策略》,明确指出:“到2010年我国汽车工业将成为国民经济支柱产业。”

20世纪80年代后期,我国汽车工业开始进入全面发展阶段:汽车老产品(解放、跃进、黄河车型)升级换代,结束了30年一贯制的历史;调整商用车产品结构,改变“缺重少轻”的生产格局;引进技术和资金,建设轿车工业,形成生产规模;改革行业管理体制和企业经营机制,汽车车型增多,质量和生产能力大幅增长。

1984 年初，中美合资的北京吉普汽车有限公司成立，开创了我国合资生产整车的先河。同年，上海汽车制造厂与德国大众签署合资协议。上海大众汽车厂经过改造后，达到了年产 6 万辆车的生产能力，拥有了国内第一条高标准汽车生产流水线。此后，一汽大众、神龙、上海通用等大型中外合资轿车企业迅速崛起，成为中国轿车工业的主力军。

进入 21 世纪，我国汽车工业（尤其是轿车工业）的技术进步步伐大大加快，新车型层出不穷；科技创新步伐加快，环保指标大幅度提高，电动汽车的开发初见进展；与国外汽车巨头的生产与营销合作步伐明显加快，引进国外企业的资金、技术和管理的力度不断加深；企业组织结构调整也在稳步前进。经过十几年的发展演变，如今初步形成了“3＋X”的格局，“3”是指一汽、东风、上汽三家骨干企业，“X”是指广汽、北汽、长安、南汽、哈飞、奇瑞、吉利、昌河、华晨等一大批企业。中国汽车工业已经从原来那个各自独立的散、乱、差局面改变成现在的以大集团为主的规模化、集约化的产业新格局。如今中国已成为世界第三大汽车生产国，中国汽车工业已经成为世界汽车工业的重要组成部分。

小作业：

利用业余时间查阅相关资料，收集中国自 1990 年至 2015 年汽车产销量的数据，并绘制图表说明中国汽车工业的迅猛发展。

任务实施

项目　以“汽车百年”为主题完成一件作品并以 PPT 的形式向同学们展示

1. 项目说明

为了提高学生的综合素质，锻炼学生独立思考及解决问题的能力而设计此任务实施项目。实施过程中要注意提高学生的语言表达能力。

2. 项目要求

(1)将学生按照人数分成相应的小组，以小组为单位进行任务实施。

(2)各组选派代表作为评委，对每一小组的表现进行点评。

(3)各组派代表展示作品。

3. 评分规则(见表 1-1)

表 1-1　评分规则

项目名称	团队创意/协作（40 分）	语言表达（30 分）	PPT 展示（30 分）	评价与建议

学习评价

一、选择题

1. 1956 年 7 月，我国国产第一辆________牌载货汽车在第一汽车制造厂诞生。
   A. 解放　B. 东风　C. 跃进　D. 红旗
2. ________公司开创了汽车精益的生产方式，创造了世界汽车发展史上的一次变革。
   A. 德国大众　B. 日本丰田　C. 法国标致　D. 韩国起亚

二、简答题

1. 简述世界汽车工业发展史上的三次变革。
2. 中国汽车工业的发展历程是如何划分的？有何特点？
3. 写一篇关于世界汽车工业发展趋势的报告。

任务二　认识汽车

学习情境引导

小王是汽车专业的一名学生，假期里爸爸购置了一辆新车，他为了检验小王的学习情况，要求小王对这辆新车的基本构造进行简单的介绍。如果你是小王，能做到吗？

学习目标

◎知识目标

1. 描述汽车的定义。
2. 了解汽车的分类。
3. 掌握汽车的总体构造及作用。
4. 掌握车辆识别代码的意义。
5. 了解汽车常用术语。
6. 掌握汽车的基本性能要求。

◎能力目标

1. 能在汽车上找到车辆识别代码。
2. 能介绍车辆的基本构造。
3. 能描述汽车专业术语。

知识准备

一、汽车的定义、分类及总体构造

（一）汽车的定义

汽车的英文为“automobile”，原意为“自动车”，在日本也称其为“自动车”，其他语言文种也多数称其是自动车，唯有我国例外。我国国家标准《汽车和挂车类型的术语和定义》(GB/T 3730.1—2001)对汽车的定义为：由动力驱动，具有4个或4个以上车轮的非轨道承载的车辆；主要用于载运人员或货物，牵引载运人员或货物及其他特殊用途的车辆。汽车的外观如图 2-1 所示。

图 2-1　汽车

在美国，汽车是指“由本身的动力（不包括人力、畜力）驱动，装有驾驶操纵装置的在固定轨道以外的道路或自然地域上运输客、货或牵引其他车辆的车辆”。

在日本，汽车（自动车）是指“自身装有发动机和操纵装置的不依靠轨道或架线能在陆上行驶的车辆”。因此，摩托车、带发动机的助力自行车在日本均属于汽车的范畴。

小思考：

从汽车的定义来看，早期的蒸汽机汽车和现在的电动汽车、太阳能汽车、轨道公交车、火车等，哪些是汽车呢？

（二）汽车的分类

我国汽车的分类标准比较混乱，新车型的分类主要参考“GB/T 3730.1—2001”和“GB/T 15089—2001”两个国家标准。我国汽车的大体分类基本与国际上较为通行的分类一致，分为乘用车和商用车两大类。由于各国在车型细分上没有统一的标准，因此对于乘用车和商用车之下的细分是按照我国自身的特点进行的。

1. 乘用车

乘用车（passenger vehicle）是指在设计和技术特征上主要用于载运乘客及其随身行李或临时物品的汽车。它包括驾驶员座位在内最多不超过 9 个座位，也可以牵引一辆挂车。乘用车涵盖了轿车、微型客车以及不超过 9 座的轻型客车。乘用车细分为基本型乘用车（轿车）、多用途车（MPV）、运动型多用途车（SUV）、专用乘用车和交叉型乘用车。

2. 商用车

商用车（commercial vehicle）是指在设计和技术特征上用于运送人员和货物的汽车。商用车包含了所有的载货汽车和 9 座以上的客车，分为客车、货车、半挂牵引车、客车非完整车辆和货车非完整车辆五类。在整个行业媒体中，商用车主要是根据其自身用途的不同来定义的，人们习惯上把商用车划分为客车和货车两大类。

（三）汽车的总体构造

汽车是由数百个总成、上万个零部件装配而成的。不同车型的结构虽然千差万别，但都是由汽车发动机、底盘、车身及其附件和电气设备四部分组成的，如图 2-2 所示。

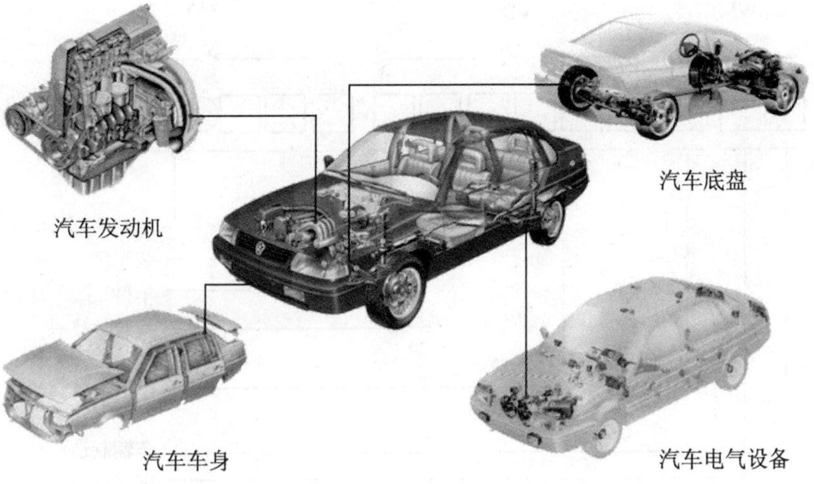

图 2-2 汽车总体构造

1. 发动机

发动机是汽车的动力源，其作用是使燃料燃烧，将热能转变成机械能，驱动汽车行驶，并驱动其他机电设备。汽车所用动力装置的类型对汽车的总体及部件的构造有决定性的影响。目前，国内外汽车绝大多数采用往复活塞式内燃机作为动力装置。

2. 底盘

底盘是汽车的骨架，用来支撑车身和安装所有的部件，同时将发动机的动力传递到驱动轮，还要保证汽车按照驾驶人的意志正常行驶。汽车底盘由传动系、行驶系、转向系和制动系四大部分组成。

3. 车身及其附件

车身主要用来覆盖、包装和保护汽车零部件，并提供装载货物的空间以及给驾驶人和乘员提供舒适的乘坐环境。车身附件是安装于车身之上的附属设备，如座椅、风窗刮水器、玻璃升降器、点烟器、音响和通信设备等。

4. 电气设备

电气设备包括电源、灯光系统、点火系统、启动系统、仪表、传感器与报警装置、空调、自动检测装置等。

二、车辆识别代码(VIN)

世界各国的汽车公司生产的汽车大部分都使用了车辆识别代码(vehicle identification number，VIN 码)。VIN 码由字母和阿拉伯数字组成，共 17 位，分为三部分：第一部分(1～3 位)为世界制造厂识别代号(world manufacturer identifier，WMI)，第二部分(4～9 位)为车辆说明部分(vehicle descriptor section，VDS)，第三部分(10～17 位)为车辆指示部分(vehicle indicator section，VIS)，如图 2-3 所示。

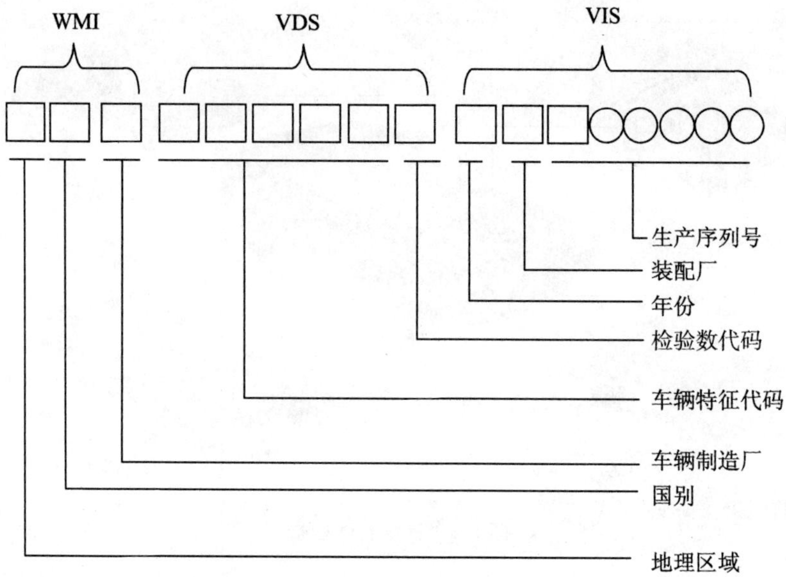

图 2-3　VIN 码顺序图

WMI 是指世界制造厂识别代号。第 1 位为地理区域代码，如非洲、亚洲、欧洲、大洋洲、北美洲和南美洲；第 2 位为国家代码，是由美国汽车工程师协会(SAE)分配的国家代码；第 3 位为制造厂代码，由各国分配。地理区域及国家代码详见表 2-1。

表 2-1　　VIN 码中第 1 位和第 2 位代表的地理区域和国家

代码	地区	国家
A～D	非洲	AA～AH＝南非
J～R	亚洲	J＝日本；KL～KR＝韩国 L＝中国；MA～ME＝印度 MF～MK＝印尼；ML～MR＝泰国 PA～PE＝菲律宾；PL～PR＝马来西亚
S～Z	欧洲	SA～SM＝英国；SN～ST＝德国 SU～SZ＝波兰；TA～TH＝瑞士 TJ～TP＝捷克；TR～TV＝匈牙利 VA～VE＝奥地利；VF～VR＝法国 VS～VW＝西班牙；VX～V2＝南斯拉夫 W＝德国；XL＝荷兰 XS～XW＝苏联；X3～X0＝俄罗斯 YA～YE＝比利时；YF～YK＝芬兰 YS～YW＝瑞典；ZA～ZR＝意大利

续表

代码	地区	国家
1～5	北美洲	1,4,5＝美国;2＝加拿大 3＝墨西哥
6～7	大洋洲	6A～6W＝澳大利亚;7A～7E＝新西兰
8～0	南美洲	8A～8E＝阿根廷;8F～8J＝智利 8X～82＝委内瑞拉;9A～9E,93～99＝巴西 9F～9J＝哥伦比亚

VDS 是指车辆特征，其中第 4～8 位用以代表车辆种类、系列、车身类型、发动机类型等信息，其组成代码和排列顺序由汽车制造厂决定;第 9 位指的是车辆检验数代码。

VIS 是指车辆指示信息，第 10 位是车型年份(见表 2-2)。

表 2-2　　VIN 码的第 10 位代表的年份

年份	代码	年份	代码	年份	代码	年份	代码
1991	M	2001	1	2011	B	2021	M
1992	N	2002	2	2012	C	2022	N
1993	P	2003	3	2013	D	2023	P
1994	R	2004	4	2014	E	2024	R
1995	S	2005	5	2015	F	2025	S
1996	T	2006	6	2016	G	2026	T
1997	V	2007	7	2017	H	2027	V
1998	W	2008	8	2018	J	2028	W
1999	X	2009	9	2019	K	2029	X
2000	Y	2010	A	2020	L	2030	Y

17 位代号编码经过排列组合后可以使 VIN 码在 30 年之内不会发生重复现象，就像我们的身份证号码不会产生重号一样，故其又被称为“汽车身份证”。因为现在生产的汽车的使用年限在逐渐缩短，一般为 8～12 年，并且停产后不再生产，所以 17 位的 VIN 码已足够满足实际应用。

VIN 码一般以标牌的形式装贴在汽车的不同部位。美国等国家规定标牌应安装在仪表板左侧风挡玻璃后(见图 2-4)，在车外透过风挡玻璃可以清楚地看到而便于检查;而欧盟规定识别代码应标写在厂家铭牌上并安装在汽车右侧的底盘车架上或发动机罩下(见图 2-5)。

图 2-4　风挡玻璃下的 VIN 码

图 2-5　发动机罩下的 VIN 码

三、汽车专业术语

随着人们经济收入的不断提高以及汽车业的快速发展，家用汽车已越来越多地进入普通家庭，人们对于汽车专业术语的认识就变得尤为迫切。下面我们就介绍下汽车上常用的几个专业术语。

1. ABS(汽车防抱死系统)

ABS 是英文"anti-lock break system"的缩写，中文译为"防锁死制动系统"。这是一种具有防滑、防锁死等优点的安全制动控制系统。没有安装 ABS 系统的车辆在遇到紧急情况时，车轮容易抱死，由于车辆的冲刺惯性，车辆可能发生侧滑、跑偏、甩尾、方向不受控制等危险状况。而装有 ABS 系统的车辆在车轮即将到达下一个制动锁死点时，制动在一秒内可作用 60～100 次，相当于不停地制动、放松，即相当于机械的"点制动"。因此，可以避免在紧急制动时方向失控及车轮侧滑、甩尾等危险情况，使车轮在制动时不被锁死，轮胎始终与地面保持比较大的摩擦系数及附着系数，加大了摩擦力，使制动效率达到 90％以上。

2. OBD(车载自动诊断系统)

OBD 是英文"on-board diagnostics"的缩写，中文译为"车载自动诊断系统"。这个系统通过发动机的运行状况随时监控汽车是否尾气超标，一旦检测到汽车尾气超标，会立即发出警示。当系统出现故障时，故障灯或发动机警告灯亮，同时动力总成控制模块(PCM)将故障信息存入存储器，通过仪器连接标准数据接口可以将故障码从控制模块中读出。根据故障码的提示，维修人员能迅速准确地确定故障的性质和部位。

3. ASR(驱动防滑系统)

ASR 是"驱动防滑系统"的简称，其作用是防止汽车在起步、加速过程中驱动轮打滑，特别是防止汽车在非对称路面或转弯时驱动轮空转，并将滑移率控制在 10％～20％内。由于 ASR 多是通过调节驱动轮的驱动力实现控制的，因而又叫"驱动力控制系统"，简称 TCS，在日本等地还称之为 TRC 或 TRAC。ASR 和 ABS 在工作原理方面有许多共同之处，因而常将两者组合在一起使用，构成具有制动防抱死和驱动轮防滑转控制(ABS/ASR)系统。该系统主要由轮速传感器、电控单元、执行器、副节气门控制步进电机和主、副节气门位置传感器等组成。

4. ECU(汽车计算机控制系统)

ECU 是汽车上的计算机控制系统，燃油经济性、ABS 启动的及时性及车上所有电气系统的控制都通过 ECU 来实现。

5. 涡轮增压(turbo)

涡轮简称“turbo”,如果在轿车尾部看到“turbo”或者字母“T”,即表明该车采用的发动机是涡轮增压发动机。涡轮增压器实际上是利用空气压缩机通过压缩空气来增加进气量。它是利用发动机排出废气的惯性冲力来推动涡轮室内的涡轮,涡轮又带动同轴的叶轮,叶轮压送由空气滤清器管道送来的空气,使之增压进入气缸。当发动机转速增大时,废气排出速度与涡轮转速也同步增大,叶轮就压缩更多的空气进入气缸。空气的压力和密度增大可以燃烧更多的燃料,相应增加燃料量就可以增加发动机的输出功率。

6. 丰田 VVT-i 系统

VVT-i 系统是丰田公司的“智能可变气门正时系统”的简称,是一种控制进气凸轮轴气门正时的装置。该系统通过调整凸轮轴转角配气正时进行优化,可以提高发动机在所有转速范围内的动力性、燃油经济性,同时减少尾气的排放。

7. 汽车导航系统

车载 GPS 导航系统内置的 GPS 天线会接收到来自环绕地球的 24 颗 GPS 卫星中至少 3 颗所传递的数据信息,同时结合储存在车载导航仪内的电子地图,使通过 GPS 卫星信号确定的位置坐标与其相匹配,从而确定汽车在电子地图中的准确位置,这就是平常所说的“定位功能”。在定位的基础上,该系统还可以通过多功能显示器提供最佳行车路线、前方路况以及最近的加油站、饭店、旅馆等信息。

8. ESP(电子稳定程序系统)

电子稳定程序系统(electronic stablity program,ESP)是由奔驰汽车公司首先在它的 A 级车上应用的。ESP 实际是一种牵引力控制系统,与其他牵引力控制系统相比,ESP 不但可控制驱动轮,还可控制从动轮。如后轮驱动汽车常出现转向过多的情况,此时后轮可因失控而甩尾,ESP 便会刹慢外侧的前轮来稳定车子;在转向过少时,为了校正循迹方向,ESP 则会刹慢内后轮,从而校正行驶方向。

9. EGR(废气再循环系统)

废气再循环是指把发动机排出的部分废气回送到进气歧管,并与新鲜混合气一起再次进入气缸。由于废气中含有大量的 CO_2 等多原子气体,而不能燃烧的 CO_2 等气体由于其比热容高而吸收大量的热,使气缸中混合气的最高燃烧温度降低,从而减少了 NO_x 的生成量。

10. EBD(电子制动力分配系统)

电子制动力分配系统(electric brake force distribution,EBD)是在 ABS 的基础上发展而来的系统。它可以在制动时控制制动力在各轮间的分配,从而更好地利用车轮的附着系数。该系统不仅提高了汽车制动的稳定性和操纵性,而且使各个车轮能够获得更好的制动性能,缩短制动距离,提高安全性。

11. SRS(安全气囊系统)

安全气囊系统是一种被动的安全保护系统,它与座椅安全带配合使用,可以为乘员提供有效的防撞保护。在汽车相撞时,汽车安全气囊可使驾驶人头部受伤的概率减少 25%,面部受伤的概率减少 80%左右。

12. 轴距

轴距是通过车辆同一侧相邻两车轮的中点，并垂直于车辆纵向对称平面的二垂线之间的距离。简单地说，就是汽车前轴中心到后轴中心的距离。

13. 轮距

轮距是车轮在车辆支承平面（一般就是地面）上留下的轨迹的中心线之间的距离。如果车轴的两端是双车轮时，轮距是双车轮两个中心平面之间的距离。

14. 发动机防盗锁止系统

由于汽车门锁具有一定的互开率，减弱了汽车的防盗功能，因此人们开发了“发动机防盗锁止系统”。对于已装有发动机防盗锁止系统的轿车，即使盗车贼能打开车门，也无法开走轿车。典型的发动机防盗锁止系统是这样工作的：汽车点火钥匙内装有电子芯片，每个芯片内都装有固定的ID（相当于身份识别号码），只有钥匙芯片的ID与发动机一侧的ID一致时，汽车才能启动；如果不一致，汽车就会马上自动切断电路，使发动机无法启动。

15. 4WD（四轮驱动系统）

四轮驱动系统又称“全轮驱动系统”，是指汽车前后轮都有动力，可按行驶路面状态不同而将发动机输出扭矩按不同比例分布在前后所有的轮子上，以提高汽车的行驶能力，一般用“4×4”或“4WD”来表示。如果一辆车上标有上述字样，那就表示该车辆拥有四轮驱动的功能。

16. 混合动力汽车

混合动力汽车就是在纯电动汽车上加装一套内燃机，其目的是减少汽车的污染，提高纯电动汽车的行驶里程。混合动力汽车有串联式和并联式两种结构形式。

17. SUV

SUV的全称是“sport utility vehicle”，中文意思是“运动型多用途汽车”，现在主要指那些设计前卫、造型新颖的四轮驱动越野车。SUV一般前悬架是轿车型的独立悬架，后悬架是非独立悬架，离地间隙较大。这种车在一定程度上既有轿车的舒适性，又有越野车的越野性能。

18. RV

RV的全称是“recreational vehicle”，即“休闲车”，是一种用于娱乐、休闲、旅行的汽车。首先提出这一概念的国家是日本。RV的覆盖范围比较广泛，没有严格的范畴。从广义上讲，除了轿车和跑车外的轻型乘用车都可归属于RV。MPV及SUV也属于RV。

四、汽车的基本性能与行驶原理

（一）汽车的基本性能

通常用来评定汽车性能的指标主要有：汽车的动力性、燃油经济性、制动性、操纵稳定性、行驶平顺性以及通过性。在一定的使用条件下，汽车以最高效率工作的能力即为汽车的使用性能。它是决定汽车利用效率和方便性的结构特性表征。

1. 动力性

汽车的动力性是指汽车在良好路面上直线行驶时所能达到的平均行驶速度。汽车的动力性主要用三个方面的指标来评定:最高车速 v_{amax},汽车的加速时间 t,汽车的最大爬坡度 i_{max}。

最高车速 v_{amax}(单位:km/h)是指汽车在平坦的路面(混凝土或者沥青路面)上行驶时所能达到的最高行驶速度。一般情况下,v_{amax} 与汽车发动机的最大功率成正比关系,即发动机的最大功率越大,v_{amax} 越大。目前,高级轿车的最高车速可以到达 180～260 km/h。

汽车的加速时间 t(单位:s)表示汽车的加速能力,通常情况下也可以反映汽车的行驶能力,它对汽车的平均行驶速度有很大的影响,特别是轿车对加速时间的要求更高。该指标常用“原地起步加速时间”以“及超车加速时间”来表示。

汽车的最大爬坡度 i_{max} 用满载时汽车所能爬上的最大坡度来表示。

2. 燃油经济性

汽车的燃油经济性常用一定工况下汽车行驶 100 km 的燃油消耗量或一定燃油量能使汽车行驶的里程来衡量。在我国及欧洲,汽车燃油经济性指标的单位为L/100 km,即汽车行驶 100 km 所消耗的燃油量。其数值越小,汽车的燃油经济性越好,汽车越省油。而在美国等一些国家,则用 MPG 表示,即每加仑燃油能行驶的英里数。其数值越大,汽车的燃油经济性就越好,汽车就越省油。针对新能源车型,美国实行了新的燃油经济性规定,即规定新能源车辆也要将等同于每加仑燃油的燃料(如天然气、电能)所行驶的里程(MPGe)标注出来。如此一来,即便使用不同的燃料,消费者也可以直观地比较出不同车型的燃油经济性水平。

汽车的燃油经济性与很多因素有关。从汽车使用方面来说,它取决于发动机在各种工况时的油耗率,如汽车在接近于低速的中等车速行驶时的燃油消耗量最低,高速时油耗率随车速增加而迅速增加。另外,汽车的保养与调整也会影响到汽车的油耗量。从汽车的设计方面来说,它与汽车的行驶阻力和传动系的传动效率有关,同时还与发动机和底盘的匹配程度、发动机经济转速范围的宽窄等相关。

3. 制动性

汽车行驶时在短距离内停车且维持行驶方向稳定,以及汽车在长坡时维持一定车速的能力被称为汽车的制动性。汽车的制动性能指标主要有制动效能、制动效能的恒定性、制动时汽车的方向稳定性和汽车的制动过程等。

制动效能是指汽车的制动距离或制动减速度,用汽车在良好路面上以一定初速度制动到停车的制动距离来评价。制动距离越短,制动性能越好。

制动效能的恒定性是指制动器的抗衰退性能,是指汽车高速行驶下长坡连续制动时,制动器连续制动效能保持的程度。

制动时汽车的方向稳定性是指汽车制动时不发生跑偏、侧滑以及失去转向能力的性能。很多车型配置 ABS、ESP 等就是为了提高制动时汽车的方向稳定性。

4. 操纵稳定性

汽车的操纵稳定性是指司机在不感到紧张、疲劳的情况下,汽车能按照司机通过转向系统给定的方向行驶，而当遇到外界干扰时，汽车所能抵抗干扰而保持稳定行驶的能力。操纵性和稳定性是两个不同的概念，但又有紧密联系。良好的操纵稳定性是汽车行车安全的保证。

汽车的操纵稳定性通常用汽车的稳定转向特性来评价。转向特性有不足转向、过度转向以及中性转向三种状况：有不足转向特性的汽车在固定方向盘转角的情况下绕圆周加速行驶时，转弯半径会增大；有过度转向特性的汽车在这种条件下转弯半径会逐渐减小；有中性转向特性的汽车转弯半径不变。易操纵的汽车应当有适当的不足转向特性，以防止汽车出现突然甩尾现象。

5. 行驶平顺性

汽车的行驶平顺性是保持汽车在行驶过程中乘员所处的振动环境具有一定的舒适度的性能，这与汽车的底盘参数、车身几何参数、动力性以及操纵性等有密切关系。

6. 通过性

汽车的通过性是指在一定载重条件下，汽车能以足够高的平均车速通过各种差路及无路地带和克服各种障碍的能力。通过能力强的车子，可以轻松翻越坡度较大的坡道，可以放心地驶入一定深度的河流，也可以高速地行驶在崎岖不平的山路上。

（二）汽车的行驶原理

汽车在路面上行驶时，要使汽车以一定的速度行驶，发动机需要提供足够大的动力来驱动车辆克服各种行驶阻力。我们把发动机提供的这种力叫做“驱动力”。根据动力学的平衡关系建立的汽车行驶平衡方程式为：

$$F_t = \sum F$$

式中，F_t 为驱动力；$\sum F$ 为行驶阻力之和。

驱动力是发动机的转矩经传动系传递到驱动轮上得到的。行驶阻力有滚动阻力、空气阻力、加速阻力和坡度阻力。下面分别研究驱动力和这些行驶阻力。

1. 汽车的驱动力

汽车发动机产生的转矩经传动系传递到驱动轮上。此时，作用于驱动轮上的转矩 T_t 产生对地面的圆周力 F_0，地面对驱动轮的反作用力 F_t 即是驱动汽车的外力，称为“汽车的驱动力”，其数值为：

$$F_t = \frac{T_t}{r}$$

式中，T_t 为作用于驱动轮上的转矩；r 为车轮滚动半径。

作用于驱动轮上的转矩是由发动机产生的转矩经传动系传至驱动轮上的。若令 T_{tq} 表示发动机的输出转矩，i_g 表示变速器的传动比，i_0 表示主减速器的传动比，η_T 表示传动系的机械效率，则有：

$$T_t = T_{tq} i_g i_0 \eta_T$$

对于装有分动器、轮边减速器、液力传动等装置的汽车，上式应计入相应的传动比和机械效率，因此驱动力可表示为：

$$F_t = \frac{T_{tq} i_g i_0 \eta_T}{r}$$

2. 汽车的行驶阻力

汽车在水平路面上匀速行驶时，必须克服来自路面的滚动阻力和来自空气的空气阻力；当汽车在坡道上匀速行驶时，还必须克服重力沿坡道方向的分力，即坡度阻力；汽车加速行驶时，还要克服加速阻力。

上述阻力中，滚动阻力和空气阻力是任何情况下都存在的，坡度阻力和加速阻力仅仅在一定情况下才存在。

(1)滚动阻力(用 F_f 表示)

因汽车上装有充气轮胎，所以行驶工况的滚动阻力主要由轮胎变形的能量损失和路面变形的能量损失两部分组成。不同路面因材质和粗糙度不同，对轮胎变形的影响也不同。轮胎和支承面的刚度决定了变形的特点。当轮胎在硬路面(混凝土路、沥青路)上滚动时，轮胎变形的能量损失是主要的。此时，由于轮胎有内部摩擦而产生弹性迟滞损失，使轮胎变形时所做的功不能全部回收。轮胎各组成部分相互间的摩擦及橡胶、帘线等物质的分子间摩擦所消耗的能量最后变为热能而消失在大气中，但车轮在松软路面上滚动时，路面变形的能量损失是主要的，它可使滚动阻力显著增大。

(2)空气阻力(用 F_w 表示)

汽车直线行驶时受到的空气作用力在行驶方向上的分力即为空气阻力。空气阻力分为压力阻力与摩擦阻力两部分：作用在汽车外形表面上的法向压力的合力在行驶方向上的分力为压力阻力；由于空气的黏性在车身表面产生的切向力的合力在行驶方向上的分力为摩擦阻力。压力阻力又分为四部分：形状阻力、干扰阻力、内循环阻力和诱导阻力。形状阻力是压力阻力的主要部分，它与车身主体形状有很大的关系；干扰阻力是车身表面突起物(如后视镜、门把手、悬架导向杆、驱动轴等)引起的阻力；内循环阻力是发动机冷却系、车身通风等所需空气流经车体内部时构成的阻力；诱导阻力是空气升力在水平方向上的分力。

(3)坡度阻力(用 F_i 表示)

当汽车上坡行驶时，汽车重力沿坡道方向的分力即为坡度阻力。上坡时，此分力表现为阻碍汽车行驶的力；而下坡时则会推动汽车行驶，表现为助力。

(4)加速阻力(用 F_j 表示)

汽车加速行驶时需要克服其加速运动时的惯性力就是加速阻力。

3. 汽车行驶方程式

在任何情况下，要使汽车匀速行驶，汽车驱动力和行驶阻力必须相等，由此可以得到汽车行驶方程式为：

$$F_t = F_f + F_w + F_i + F_j$$

4. 汽车的附着条件

当总阻力超过牵引力时，汽车将减速并停车，如果想维持车速不变，就需要增大驱动力。但是，这个过程并不是在任何情况下都能实现的，例如汽车行驶在光滑路面上时，即使我们采用踩油门的方式来增大驱动力，也无法实现汽车的正常行驶。这说明驱动力的增加或者驱动力最大作用的发挥不仅仅取决于发动机和传动系，还与轮胎和路面的附着条件有关。

要保证汽车正常行驶，汽车必须满足以下附着条件：

$$F_t \leqslant F_\varphi$$

附着力 F_φ 的大小取决于车重、路面和轮胎类型。

任务实施

项目　认识汽车的总体结构

1. 项目说明

为了给以后的学习奠定良好的基础，同时增加对后续学习的兴趣，学生需要认识汽车的整体框架结构，了解各结构在汽车上的安装位置。

2. 项目要求

(1)将学生按照人数分成若干小组，以小组为单位进行任务实施。

(2)任务实施过程中，按照“5S”的操作规范要求学生。

(3)若需要启动发动机，一定严禁用手触摸运转部件。

(4)不得随意拆卸汽车上的部件。

3. 设备器材

东风雪铁龙轿车，车辆举升机。

4. 作业准备

(1)车辆开进工位。

(2)停车打开发动机盖。

(3)铺上护套，安装车轮挡板。

5. 操作步骤

(1)查找车辆识别代码的位置并说明其意义。

(2)认识汽车的总体组成及识别各部分的位置。

(3)知道汽车各部分的功用和特点。

(4)将车辆举升，认识底盘的结构及作用。

6. 作业工单(见表 2-3)

表 2-3　　作业工单

结构认识	安装位置	意义及作用
VIN 码		
发动机		
底盘		
车身		
电气设备		
其他		

学习评价

一、判断题

1. 一台发动机的全部工作容积之和称为“发动机排量”。 ( )
2. 满足拥有 4 个或 4 个以上车轮的车辆就可被称为汽车。 ( )
3. 对各种参数都相同的汽车来说，车速越高，空气阻力越大。 ( )
4. 发动机中置和后轮驱动多用于赛车上。 ( )
5. 节温器关闭时，冷却水进行小循环。 ( )
6. 底盘是整个车辆的支撑部分。 ( )

二、简答题

1. 简述 VIN 码的意义。
2. 简述汽车的总体构造及各部分的作用。

任务三　汽车设计与试验生产

学习情境引导

1885年，德国工程师卡尔·本茨在曼海姆制成了一辆装有0.63 kW的汽油机的三轮车，从而拉开了汽车的帷幕。在此后的一百多年间，无论是从车身造型、动力源、底盘还是电气设备来讲，汽车都有了翻天覆地的变化。每一种产品的设计都有它的工作步骤，汽车作为高级耐用工业品更不例外。一辆新型汽车从构思、设计、试验、定型到成批生产，需要耗费很多的资金和时间。请你根据目前的认识，谈谈汽车的设计需要考虑哪些因素。

学习目标

◎知识目标

1. 了解汽车的设计要求。
2. 熟悉常用的汽车设计理论与设计技术。
3. 掌握现代汽车设计、开发的一般流程。
4. 掌握汽车整车试验和零部件试验的内容。
5. 熟悉汽车试验场、汽车风洞等试验设施的组成及作用。
6. 熟悉典型的汽车制造工艺流程。

◎能力目标

1. 能利用汽车设计理念和设计技术进行简单的汽车模型设计。
2. 能说出汽车整车和零部件试验的试验项目和试验方法。

知识准备

一、汽车设计

(一)汽车设计的内容及特点

1.汽车设计的内容

所谓汽车设计,是指根据一款车型的多方面要求来设计汽车的外观、内饰及各总成布置与结构,使其在充分发挥性能的基础上艺术化。在现代化生产中,设计是第一步,其工作量只占产品开发全部工作量的10%,成本占5%左右。汽车设计是决定产品开发成败的关键,在汽车开发过程中起着至关重要的作用。

汽车设计的内容包括整车总体设计、总成设计和零件设计。

整车总体设计是对汽车的总布置设计,其任务是使所设计的产品达到设计任务书所规定的整车参数和性能指标的要求,并将这些整车参数和性能指标分解为有关总成的参数和功能。整车参数和性能指标即汽车主要参数,包括尺寸参数、质量参数和汽车性能参数三类。汽车是一种复杂的机电一体化产品,在整车总体设计工作中,既有汽车各总成间的联系问题,又有人(驾驶员和乘客)与汽车之间的联系问题,还要考虑汽车与道路之间的联系问题。因此,整车总体设计既需要综合运用各学科的知识,又要从系统工程的角度研究汽车各总成和零部件之间的相互联系、相互制约、相互影响,从整体性、相关性上解决设计中的问题。解决人、车之间的联系问题属于人机工程设计问题,它在汽车设计工作中占有极其重要的位置。例如,驾驶操作空间尺寸的布置、车内乘客空间尺寸的布置、座椅尺寸参数与特性参数的选择、车身的外观造型与色彩、仪表板的造型及仪表的选型与布置、车身内饰材料与色彩的选择、汽车的驾驶视野、汽车的驾驶性能与乘坐性能,等等。这些与人的感觉、视觉有直接联系的方方面面都会对汽车产品的设计质量、品位和市场竞争力产生巨大的影响。

总成是指由若干零件按规定的技术要求组装的装配单元。例如,离合器、变速器和驱动桥等都属于汽车的总成。汽车总成设计的任务主要是满足整车设计对总成功能和布置的要求,也存在是否易于维修、保养的人机关系问题。

零件设计的任务主要是满足总成的设计要求并解决强度、寿命和生产技术问题。为了满足总成的设计要求,还应使整车的有关性能之间、相关总成的参数之间达到理想的匹配。

2.汽车设计的特点和要求

汽车不仅是一种以数十万辆为生产规模的大批量、专业化、高水平生产的机电一体化产品,还是和人们日常接触最多、使用最广泛、与社会和人民生活有密切关系的、高速机动的交通工具,其行驶地区广阔,使用条件复杂多变,在使用中要消耗大量的燃料、润滑油、轮胎及维修用的零配件。为了满足用户不同的使用要求,应有不同型号、不同品种、不同承载容量的汽车以供选择。汽车设计具有如下特点和要求:

(1)零件标准化、部件通用化和产品系列化。由于汽车出产量大、品种及型号多,在设计中实行零件标准化、部件通用化和产品系列化可简化生产,提高工效,保证产品质量,降低生产成本,减少配件品种,同时也便于维修。零件标准化是指在设计中尽可能采用标准件,以便组织生产,提高质量,降低造价并使维修方便。部件通用化是指在同一系列或总质量相近的一些车型上,采用通用的总成或部件,以减少部件类型,简化生产。产品系列化是指制造厂为了能供应各种型号的产品(整车、总成或零件),又能实现大量生产以便提高生产率、降低成本,而将产品合理分档形成系列,并考虑各种变型。例如,驱动形式为4×4的越野汽车加上一根驱动桥则可变成6×6的越野汽车,加上两根则又可变成8×8的越野汽车,如此成为系列产品;发动机按缸数可分为4缸、6缸或V6缸、V8缸,从而组成系列。这样就可以从较少的基本型衍生出较多的系列产品,以满足不同的需要。

(2)良好的适应性。为了使所设计的汽车产品在全国乃至全世界这样的广阔市场上具有竞争力,在设计中就要充分考虑提高其适应性,以满足复杂多变的使用条件。特别应注意热带、寒带等地区所具有的不同气候条件和高原、山区、丘陵、沼泽、沿海等不同的地理条件,以及燃料供应、维修能力等不同的使用环境条件对汽车结构、性能、材料、附件等的特殊要求。例如,在高原地区发动机应考虑增压;在热带地区要考虑车厢的隔热或通风;在寒带要考虑发动机的冷启动;在山区则应提高汽车的爬坡能力;等等。

(3)汽车使用中的安全性、可靠性、经济性与环保要求。良好的使用性能显然是各种产品的设计者都追求的目标,汽车设计者更是如此。所不同的是,汽车的使用性能(如动力性、燃油经济性、制动性、操纵稳定性、平顺性、舒适性、通过性、可靠性、耐久性、维修性和对环境的影响等)是多方面的,而且某些性能之间有时是相互矛盾的。因此,要在给定的使用条件下,协调各种使用性能的要求,优化各使用性能指标,使汽车在该使用条件下的综合使用性能达到最优,而且特别要重视使用中的安全性、可靠性、经济性与环保性。

(4)在保证可靠性的前提下尽量减小汽车的自身质量。与固定的机械设备不同,作为交通运输工具的汽车,其自身质量直接影响其燃油经济性。和单件生产、小批量生产的产品不同,作为大批量生产的汽车,减小其自身质量可节约大量的制造材料,降低生产成本。合理地减小汽车的自身质量还将给汽车工业和汽车运输业带来巨大的经济效益。最优化设计方法可满足这方面的设计要求。

(5)所用材料的可回收性。为了节省资源、减少给环境造成污染的各种废弃物,汽车部件所用材料的可回收性日益受到重视。一些对环境有害的材料已被限时停止使用,如制造制动器摩擦片的石棉、汽油添加剂四乙基铅等,这些都有了新的替代物。为电动汽车研发的高能镍镉电池也因镉的毒性而被从重点发展的项目中剔除了出来。对于汽车用塑料件,要优先考虑用那些可以回收后再生的材料品种。

(6)外观造型的艺术性。汽车车身的外形及色彩是汽车给人们的第一印象,是人们评价汽车的最直观方面,更是轿车市场竞争的重要因素,因此是汽车设计非常重要的内容。车身造型既是工程设计,又是美工设计。从工程设计来看,它既要满足结构的强度要求、整车布置的匹配要求和生产的工艺要求,又要满足车身空气动力学的要求,并有最小的空气阻力系数。从美工设计来看,车型应具有时代感、创新风格以及与环境的适配性。在色彩设计上,要考虑到包括社会倾向、时尚、爱好、安全、合理等要素,尤其是大众的审美观。在车内装饰方面,车内的美术设计要与汽车的等级和用户群特点相一致,例如年轻人喜好的跑车需要轻快感的美术效果,而高级豪华车需要庄重感的美术效果。实际上,对于同一时期的汽车而言，其性能差异并不太大，而决定销量的因素往往是其外形是否令人赏心悦目。从这一点看，汽车外观造型的艺术性对汽车、特别是轿车来说至关重要。

(7)满足有关标准和法规的要求。除设计图样的绘制与标注应按国家有关标准进行外，汽车设计还应遵守与汽车有关的各种标准与法规。中国汽车工业标准包括与国际基本通用的汽车标准和为宏观控制汽车产品性能和质量的标准，包括国家标准、行业标准和企业标准。汽车标准又分为强制性标准和推荐性标准，其中强制性标准主要有整车尺寸限制标准、汽车安全性标准、油耗限制标准、汽车排放物限制标准及噪声标准。为使我国汽车产品进入世界市场，设计时也应考虑到国际标准化组织汽车专业委员会(ISO/TC22)制定的一些标准和美国标准协会(ANSI)标准、美国汽车工程师协会(SAE)标准、日本工业(JIS)标准、日本汽车标准组织(JASO)标准、日本汽车车身工业协会(JABIA)标准、日本汽车轮胎(JATMA)标准、日本汽车用品工业协会(JARP)标准以及欧洲经济委员会(ECE)和欧洲经济共同体(EEC)所制定的汽车法规。

(8)汽车设计是一项系统工程。汽车是由人来驾驶和乘坐的，因此其设计必须考虑人机关系，即操纵要方便、乘坐要舒适。汽车是一种交通工具，其设计必须符合交通工程的要求，如转向盘的左置或右置，灯光与显示系统，车高、车宽与轴荷等均要符合交通法规。设计师必须懂得制造工艺，使所设计的零部件制造工艺性好，易于加工，便于装配，适应大批量生产。所设计的汽车使用性能要好，运输效率要高，便于维修保养，以得到高的运营效益。汽车设计还应符合有关管理部门制定的汽车产品型谱，以及一切与汽车有关的管理法规。

(二)汽车设计过程

汽车设计的目标是为汽车市场提供适销对路的商品，因此要考虑企业的市场总体目标、整体效益目标以及汽车性能总体目标。其设计过程大致如下：

1.调查研究与初始决策

调查研究与初始决策的任务是选定设计目标，并制定产品设计工作方针及设计原则。调查研究是决策的前提和基础，其内容包括：老产品的表现及用户意见；当前本行业与相关行业的技术发展，特别是竞争对手的新产品与新技术；材料、零部件、设备和工具等行业可以提供的条件；本企业取得的新成果；等等。

2.总体方案设计

总体方案设计是根据决策所选定的目标及对开发目标制定的工作方针、设计原则等主导思想提出整车方案设想，因此又称为“概念设计”或“构思设计”。概念设计指从创意、构思、草图绘制到概念样车形成的全过程。总体方案设计完成后，经过方案论证，选出其中最佳者。

3.绘制总布置草图

总布置草图(见图 3-1)要求较准确地画出各总成及部件的外形和尺寸并进行仔细的布置；对轴荷分配和质心位置进行计算与调整，以便确定汽车的轴距、轮距、总长、总宽、总高、离地间隙、货箱和车身地板高度等，并使之符合有关标准和法规；进行性能计算及参数匹配等。

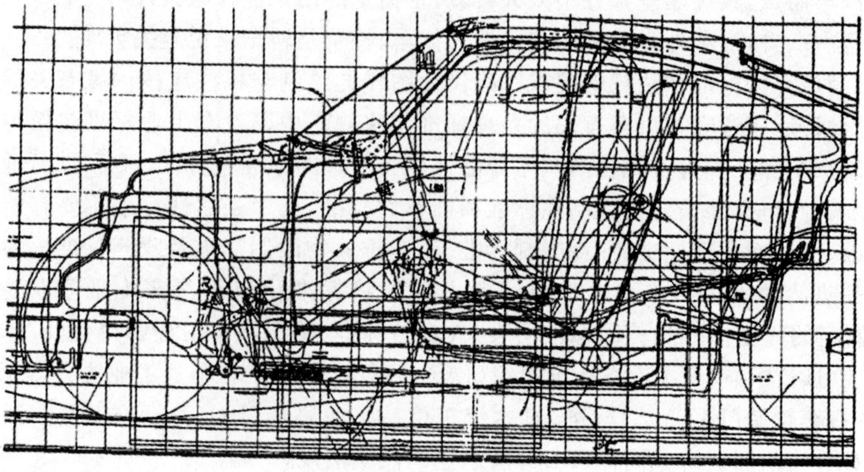

图 3-1　汽车总布置草图

4. 车身造型设计及绘制车身布置图

车身造型设计包括外形设计、室内设计、色彩设计、与造型设计有关的零部件设计和标志设计等，其过程是绘制车身外形图、制作整车模型、征求意见、工艺分析评审及风洞试验后做进一步修改。审定后用三坐标测试仪测量车身模型坐标点，并用与之联机的 CAD 系统绘制车身图以及相应的车身布置图。

5. 编写设计任务书

设计任务书是后续的设计、试验及工艺准备的指导和依据。其内容常包括：任务来源、设计原则和设计依据；产品的用途及使用条件；汽车型号及主要技术指标和参数(包括空车及满载下的整车尺寸、轴荷和性能参数，有关的可靠性指标及环保指标等)；各总成及部件的结构形式和特性参数；标准化、通用化、系列化水平及变型方案；拟采用的新技术、新结构、新装备、新材料和新工艺；维修、保养及其方便性的要求；生产规划、设备条件、预期制造成本和技术经济预测等。有时也进行国内外同类型汽车技术性能的分析和对比，有的还附有汽车总布置方案草图及车身外形方案图。

6. 汽车的总布置设计

汽车总布置设计的主要任务是：根据汽车的总体方案及整车性能提出对各总成及部件的布置要求和特性参数等设计要求；协调整车与总成之间、相关总成之间、总成与有关部件之间的布置关系和参数匹配关系，使之组成一辆在给定使用条件下的使用性能达到最优并满足设计任务书所要求的整车参数和性能指标的汽车。其具体工作有：

(1)绘制汽车总布置图。这是总体方案设计的图面体现，用 1∶1 或 1∶2 的比例精确地绘出，以便精确控制各部件的尺寸和位置，为各总成和部件准确地分配布置空间，因此又称为“尺寸控制图”。要特别注意汽车整体布置的合理性，也要注意驾驶室和车厢内部布置应具有视野良好、驾驶操作方便、乘坐舒适、安全、维修方便等特点。

(2)具体设计。根据整车参数和性能指标提出对各总成和部件的设计要求与质量限制等，同时提供整车有关的数据与计算载荷等。对相对运动的零部件应进行运动校核，以避免发生运动干涉，还要确定有关总成和部件支承的形式、结构参数与特性等，特别是对发动机前后支承、驾驶室支承以及排气管支承等的位置和刚度要进行精心选择。

(3)确定各总成的质心位置。核算汽车空载和满载时的轴荷分配以及整车质心位置。

(4)制作模型,进行布置空间的校核。通常制作 1∶1 的车身内、外模型来检查驾驶操作及上下车的方便性、视野范围、乘坐空间及舒适性等。

(5)汽车总成、部件及零件的选型与设计。该任务除了要保证总成和整车的性能指标外,还要考虑零部件本身的强度、寿命与可靠性等问题。

(6)设计图样的工艺审查及必要的修改。

(7)绘制汽车总装配图。该工作的目的是进行图面装配校核,要仔细检查相连接总成及部件的连接关系、连接部分的尺寸与配合以及拆装的方便性;核算与标注汽车整车和有关总成与部件的安装尺寸链,为汽车总装作技术准备和提供依据。

7. 试制、试验、修改与定型

设计完成后投入样品试制时,应考虑在台架试验时有一定数量的零部件和总成。至少要有 3～4 辆样车投入整车室内试验与道路试验,因为试验(尤其是道路试验)始终是考验汽车的设计与制造工艺最重要和不可替代的手段,所以汽车试验在汽车设计定型中起着非常关键的作用。应按有关标准、法规进行全面的试验,以检查新产品的各项性能指标。试制与试验中暴露出的设计问题应及时解决并记录在案,作为修改设计的依据。注意要了解制造和装配中的工艺问题及质量控制情况并及时把关,杜绝不合格的样品装车。要查明整车、总成及零部件的尺寸参数、质量参数、性能参数是否符合设计要求及问题所在,以便修改图样或采取相关措施予以纠正。

(三)现代汽车设计方法

由于汽车是包罗了各种典型机械元件、零部件、各种金属与非金属材料及各种机械加工工艺的典型的机电一体化产品,所以汽车设计是以机械设计理论为基础,涉及许多专业基础理论及专业知识的综合工程。现代科学技术的进步,特别是电子技术和计算机技术的发展,对汽车设计产生了革命性的作用,为汽车设计提供了实现设计自动化和精密计算的条件。例如,计算机辅助设计(computer aided design, CAD)技术能得出所需要的设计计算结果资料、生产图纸和数字化模型,一体化的 CAD/CAM 技术更可直接输出加工零件的数控代码程序,直接加工出所需要的零件,从而使汽车设计步入现代设计阶段。此外,现代设计阶段的另一个特点就是,对汽车的设计已不再仅仅考虑汽车本身,还要考虑对系统和环境的影响;不仅要考虑汽车本身的有关技术问题,还需考虑使用者的安全、舒适、操作方便等问题。此外,还需考虑汽车的燃料供应和污染、车辆存放、道路发展等问题。

现代汽车设计方法主要包括计算机辅助设计、逆向工程、有限元分析、优化设计、系统工程方法、可靠性设计、人机工程和虚拟现实技术等。

1. 计算机辅助设计

工业发达国家在 20 世纪 70 年代就已用计算机辅助设计技术进行汽车设计,并逐步发展和完善了自己的 CAD 系统。现在,CAD 系统除能进行结构和性能的计算、分析并绘制出零部件的设计图样外,还越来越多地把方案初选、最优决策、规划布置、经验评估等包括了进去,构成了所谓的“智能化”CAD 系统。

在现代汽车开发工作中,就计算机辅助设计而言,其核心是以产品设计和绘图为主体的

CAD系统、以汽车性能和结构分析为主体的计算机辅助工程分析(computer aided engineering，CAE)系统、模型及其模具制造的计算机辅助制造(computer aided manufacturing，CAM)系统以及造型设计的计算机辅助造型(computer aided styling，CAS)系统。

在许多国内外的大公司中，从整车到各大总成的开发工作现已全面使用了CAX技术(CAD、CAM、CAE等各项技术的综合叫法)，最具典型的是汽车车身的开发工作，从概念设计阶段到模具制造的全过程都采用了串行和并行的混合开发过程，较全面地实现了CAD/CAE/CAS/CAM技术集成。

目前，在汽车规划和布置设计中人们已使用CAD及相关的性能和参数优化设计软件去预测新车型的性能，确定设计参数，进行法规校核，提出最佳的设计图和方案图，从而合理地进行汽车布置，方便有效地进行系列化车型设计。

2. 逆向工程

逆向工程也称“反求工程”“反向工程”“反求设计”，是指用一定的测量手段对实物或模型进行测量，根据测量数据通过三维几何建模方法重构实物的计算机辅助模型设计过程。它是一个从样品生成产品数字化信息模型，并在此基础上进行产品设计开发及生产的完整过程。

将逆向工程用于汽车设计时，三坐标测量机是必不可少的设备。三坐标测量机又称“三坐标测量仪”或“三次元”，是一种能够在六面体的空间范围内进行几何形状、长度及圆周分度等测量并保全数据的仪器。

3. 有限元分析

有限元分析(finite element analysis，FEA)是古典变分方法的一个分支，它直接把所需分析的结构离散化，使用最小位能原理或虚位移原理等力学基本原理列出计算格式，用电子计算机求解。有限元法在结构离散化时可采用各种单元形式，以适应不同的问题，网格的加密也很方便，边界易贴合。有限元分析的算法对弹性和塑性问题均较有效，在处理流体问题时也有一定的长处。

有限元法在20世纪70年代被引入汽车结构设计中。图3-2所示为轿车车身的有限元模型。有限元分析除了应用于汽车车身、车架等板梁结构外，还能用来对各种零部件、组合结构等进行强度、刚度、热强度、振动模态、稳定性等各种计算分析。

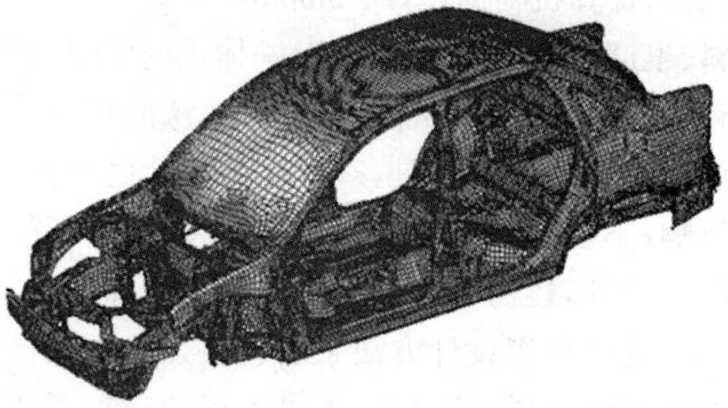

图3-2　轿车车身有限元模型

有限元分析方法对设计轻量、安全、合理的车身结构，提高乘坐的舒适性，减少样车试验的数量，降低开发风险，缩短开发周期等均有重大影响。有限元分析现已成为汽车公司新车车身结构设计工作的规范计算分析方法。

4. 优化设计

无论是汽车外形设计、总体设计还是零部件设计，汽车设计师总是力求从各种可行方案中选择最佳方案，这就是优化设计的基本任务。过去工程设计中尽管没有“优化”这一任务，但在实际设计过程中工程人员往往通过直觉判断、试验比较等方法对产品进行“优胜劣汰”。

随着科学技术的进步，实际工程问题可以通过数学模型来描述，并发展了最优化数值方法求解所确定的数学模型，这就为优化设计提供了数学工具。目前，有许多优化算法可供选用，其优劣随所解决问题的特征而异。

5. 系统工程方法

对于像车辆整体这样复杂的系统，无法简单地定义为一个最优化设计问题。这时，为了能在设计阶段进行较为准确的定性和定量分析，需要采用系统工程方法，其中主要内容为系统分析。

汽车的系统分析除研究汽车系统结构、系统行为外，还要研究汽车系统的受控方式，研究怎样使汽车系统演化才能达到所追求的目标。用系统分析的方法，可以预先研究系统结构及其相关性，可以通过建模和仿真进行模拟研究，所以它能在设计阶段之前处理问题，提高了设计开发过程的质量和效率。

6. 可靠性设计

可靠性设计是以产品的寿命特征为主要研究对象的一门综合性学科。20 世纪 60 年代以来，可靠性研究由电子、航空、宇航、核能等尖端工业部门扩展到了进行大批量生产的汽车工业部门，并取得了可喜的成果。

当今，提高产品的可靠性已成为提高产品质量、增强竞争力的关键。因此，可靠性设计已成为现代汽车设计方法中的一项重要内容。

7. 人机工程

人机工程又称人体工程，是在 20 世纪 50 年代前后迅速发展起来的一门新兴学科。它以工程设计中与人体有关的问题为研究对象，目的在于使设计更好地适应人体的各种要求，从而提高人机系统(即人和所操纵的机构在内的整个系统)的工作效能。

人机工程涉及人体尺寸、心理学、心理生理学、运动生理学、生物工程和医学等许多复杂课题，属于跨学科的边缘科学领域。

8. 虚拟现实技术

虚拟现实是一种全新的人机界面，它通过计算机构造出形象逼真的三维模型，从而生成一种具有三维视觉效果的特殊环境。该技术通过多种传感器和可视化设备，将视觉、听觉、触觉等作用于用户，使用户融入这种特殊的环境中去操作、控制环境，产生身临其境的感觉，从而实现特殊的设计目的。虚拟现实技术具有多感知、沉浸感、交互性、想象性等特征。

虚拟现实技术不仅可用于车型开发，还可以提供给汽车制造商多方面的模拟数据，包括市场调查、工程研究、数字化制造及产品模拟、测试、制造、支持、数据管理及再使用、商业推广计划等。利用虚拟现实技术还可以进行汽车碰撞试验，不必使用真实汽车便可显示出不同条件下的碰撞结果。

二、汽车试验

汽车试验是指在专用试验场或其他专用场地或试验室内，使用专用的仪器设备，依照试验大纲及有关标准，对汽车或总成部件进行各种测试的过程，也可根据需要在常规道路上或典型地域内进行相关试验，如限定工况的实际行驶试验和地区适应性试验等。

由于汽车的使用条件复杂，汽车工业所涉及的技术领域极为广泛，致使许多理论问题研究得还不够充分，因此汽车工业特别重视试验研究。设计与试验是汽车研发过程中相辅相成的两个重要环节。汽车的设计、制造过程始终都离不开试验，设计思想和理论计算来源于试验所提供的依据和经验积累，汽车初步设计、技术设计、汽车定型以及生产过程也需要进行大量的试验。试验反过来又对汽车的设计方案进行验证并指明改进的方向。

除了某些研究性试验外，汽车产品试验均应遵循一定的标准、规范，对试验条件、试验方法、测试仪器及其精度、结果评价等进行限定，以确保试验结果的再现性和可对比性。表 3-1 给出了我国现行的汽车定型试验规程。不同国家甚至不同厂家的试验规范可能不同，因此在查看某种产品的试验数据时，必须弄清楚其所依据的规程或标准。

表 3-1　　我国现行汽车定型试验规程

标准号	标准名称	应用范围
GB/T 1332—1991	载货汽车定型试验规程	总质量在 1.5 t 以上的载货汽车
GB/T 13043—1991	客车定型试验规程	车长 7 m 及以上的单、双层客车和铰接式客车；车长 3.5 m及以下的单、双层客车和三轴客车可以参照
GB/T 13044—1991	轻型客车定型试验规程	车长为 3.5～7.0m 的轻型客车；由这些车型改进的其他类型的车辆可以参照
QC/T 29020—1991	微型货车定型试验规程	微型货车(含厢式微型货车)、微型客车
ZBT 50001—1987	专用汽车定型试验规程	专用汽车
JB 3693—1984	重型矿用自卸汽车定型试验规程	载质量在 15 t 以上的重型矿用自卸汽车

(一)汽车试验的分类

汽车试验的种类很多，可按其试验目的、试验对象及试验方法等进行分类。

1. 按试验目的分

按试验目的可分为质量检查试验、产品定型试验和科研性试验。质量检查试验是对目前生产的车辆产品定期进行质量检查试验，鉴定产品质量的稳定性；产品定型试验是指在新车型投产前，首先按规程进行全面性能鉴定试验，同时在不同地区进行适应性和使用性试验；科研性试验是为了改进现有产品或开发研制新产品，对车辆的新部件、新结构、新材料、新工艺等进行广泛、深入的研究试验，试验常采用较先进的仪器设备。

2.按试验对象分

按试验对象可分为整车性能试验、总成试验和零部件试验。整车性能试验是指按汽车的各种性能所进行的各项试验,其目的是考核整车的主要技术性能,测出各项技术性能指标,如动力性、燃油经济性等。总成试验主要考核机构及总成的工作性能和耐久性,如发动机和变速器的机械效率、悬架装置的特性以及它们的结构强度、疲劳寿命、耐久性等。零部件试验主要考核汽车零部件设计和工艺的合理性,测试其精度、强度、磨损和疲劳寿命以及研究材料的选择是否合适。发动机是汽车中最重要的总成,其性能试验主要有功率、怠速、空转特性、负荷特性、调速特性、启动、机械效率、多缸工作均匀性、排放和噪声等试验。对发动机的重要零部件(如曲轴、连杆、活塞等运动件和缸盖、缸体等固定件)应进行强度试验。整机和重要部件常需进行耐久性试验,重要部件的耐久性试验可在专门的部件试验台上进行,整机的耐久性试验则在发动机台架上进行。

3.按试验场所分

按试验场所分为试验室台架试验、试验场试验和室外道路试验。试验室台架试验不受环境影响,可不间断地进行试验,适用于汽车性能的对比试验和可靠性、耐久性试验。试验场试验是指按照预先制定的试验项目、试验规范,在规定的行驶条件下进行的试验。该类试验可在不受道路交通影响的情况下完成汽车性能试验。室外道路试验是指在不同气候、不同交通状况、不同道路条件的多种实际道路的路面上行驶,以考核汽车各项性能是否满足实际使用要求。

(二)汽车整车性能试验

1.动力性能试验

动力性能试验主要是对汽车动力性的三个评价指标——最高车速、加速时间和爬坡度进行测定。最高车速试验在混凝土或沥青路面的直线路段上进行,测定汽车通过测试区间所能达到的最高车速。我国规定的测试区间是1.6 km试验路段的最后500 m。加速试验一般包括原地起步加速和超车加速两项试验内容,加速过程用五轮仪或非接触式汽车速度计来记录。爬坡度试验包括最大爬坡度与爬长坡两项试验内容,试验时应有一系列不同坡度的人造坡道。图3-3所示为中华人民共和国交通部公路交通试验场的标准坡道。最大爬坡度试验最好在坡度均匀、测量区间长20 m以上的人造坡道上进行,如果人造坡道的坡度对所测车不合适(例如坡道过大或过小),可采用增、减载荷或变换排挡的办法做试验,再折算出最大爬坡度。爬长坡试验主要用来检查汽车能否通过坡度为7%~10%、长10 km以上的连续长坡,试验中不

图3-3 中华人民共和国交通部公路交通试验场的标准坡道

仅要记录爬坡过程中的换挡次数、各挡使用时间和爬坡总时间，还要观察发动机冷却系统有无过热，供油系统有无气阻或渗漏等现象。

2. 燃油经济性试验

汽车的燃油经济性是指汽车在保证动力性的条件下，以尽量少的燃油消耗量经济行驶的能力。等速百公里燃油消耗量是评价燃油经济性时常用的一个指标，它是指汽车在一定载荷(我国标准规定轿车为半载，货车为满载)下，以最高挡在水平、良好路面上等速行驶 100 km 的燃油消耗量。燃油经济性试验既可在室外道路上进行，也可在室内台架上进行。在室外道路试验时，要求试验路段长度为 500 m 或 1000 m，且路面良好、平直，汽车以最高挡行驶，并且以 20 km/h、30 km/h 等 10 km/h 的整数倍车速等速驶过测量路段，利用燃油流量计与秒表测出通过该路段的油耗与时间，计算出相应的百公里油耗与实际平均车速，得到等速百公里油耗与车速的关系曲线，如图 3-4 所示。汽车在转鼓试验台上进行燃油经济性测量是汽车制造商和汽车检验认证机构常用的室内试验方法，如图 3-5 所示。这种试验能借助转鼓试验台模拟汽车行驶阻力与加速时惯性阻力等道路上的行驶工况，它具有如下优点：在室内试验可不受外界气候条件的限制；能控制试验条件，周围环境影响可减到最低；若能控制室温，则可模拟不同气温条件；便于控制行驶状况，故能采用符合实际的复杂循环；可以同时进行燃油经济性与排气污染试验；能采用多种油耗测量方法，如质量法、体积法与碳平衡法。

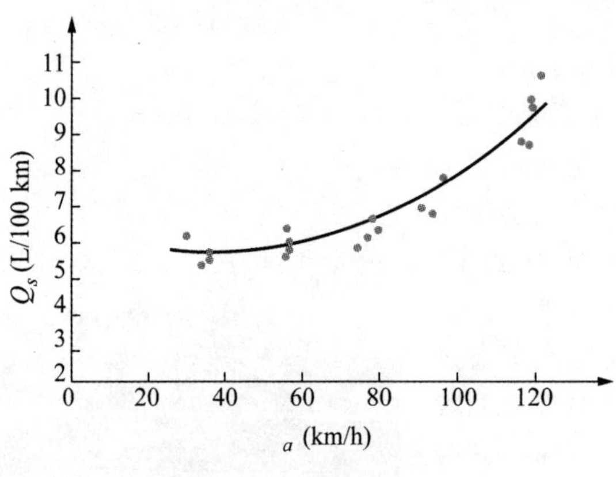

图 3-4　汽车等速百公里燃油消耗量曲线

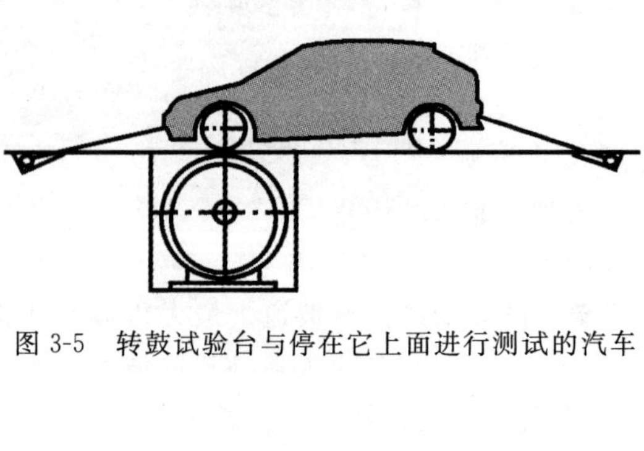

图 3-5　转鼓试验台与停在它上面进行测试的汽车

3. 制动性能试验

制动性是汽车的重要性能之一，该性能的优劣直接关系到汽车的行车安全。制动性用制动效能和制动效能的恒定性来评价。常进行的试验包括制动距离试验、制动效能试验(绘制制动踏板力和制动减速度关系曲线)、热衰退和恢复试验、浸水后制动效能衰退和恢复试验等。

4. 操纵稳定性试验

操纵稳定性试验主要在汽车试验场的专用场地上进行，试验类型较多，如用转向轻便性试验评价汽车的转向力是否适度；用蛇形行驶试验评价汽车转向时的随从性、收敛性、转向力大小、侧倾程度和避免事故的能力；用汽车稳态回转试验确定汽车的稳态转向特性；用转向盘转角阶跃输入试验评价汽车的瞬态响应；用抗侧翻试验考察汽车在为避免交通事故而急剧打转向盘时是否有侧翻危险；用路面不平度敏感性试验来检查汽车高速行驶时承受路面干扰而保持直线行驶的能力；等等。

5. 平顺性试验

由于平顺性主要根据乘坐者的舒适程度来评价，所以又叫作“乘坐舒适性”，其评价方法通常根据人体对振动的生理感受和保持货物的完整程度来确定。典型的试验有汽车平顺性随机输入行驶试验和汽车平顺性单脉冲输入行驶试验：前者用来测定汽车在随机不平的路面上行驶时其振动对乘员或货物的影响；后者用来评价汽车行驶中遇到大的突起物或凹坑时冲击振动下的平顺性。

6. 通过性试验

通过性试验一般在汽车试验场和专用路段上进行。通过性试验主要包括对通过性的几何参数和挂钩牵引性能的测定。汽车通过性的几何参数是在满载的情况下测定的，包括最小离地间隙、纵向通过角、接近角、离去角、最小转弯直径等。汽车越野行驶的挂钩牵引性能应在各种典型的坏路上，尤其是在各种典型的无路地区(例如泥泞、沼泽、水田、松软土壤、沙漠、草原、雪地等)进行测定。所测定的参数一般包括土壤阻力、汽车的挂钩牵引力、汽车行驶的滑转率以及轮胎在给定胎压下的接地面积与接地比压、驱动车轮上的转矩等。

7. 安全性试验

安全性试验项目很多，而且通常耗资巨大，特别是碰撞安全试验，除正面撞车试验外，近来还增加了侧面撞车试验，如图 3-6 和图 3-7 所示。可以进行实车撞车试验，也可以进行模拟试验或撞车模拟计算，但不少国家或厂家规定新车型必须进行实车撞车试验，以验证其撞车安全性。在撞车试验中需用假人(又称“人体模型”)进行试验，人体模型的质量、尺寸分布、骨骼主要关节等既要尽量逼近真人，又要容易测定各部位的加速度、载荷和变形。人体模型价格较高，因此也应具有较高的耐用性。当进行车内装置(如安全带、座椅、转向盘、仪表板等)抗冲撞能力试验时，为节省开支，常用撞车模拟装置进行，它以装有人体模型的平台车代替实车，模拟以一定初速度运动的汽车撞击固定壁后部件的减速特性，从而研究冲击能量的吸收情况。

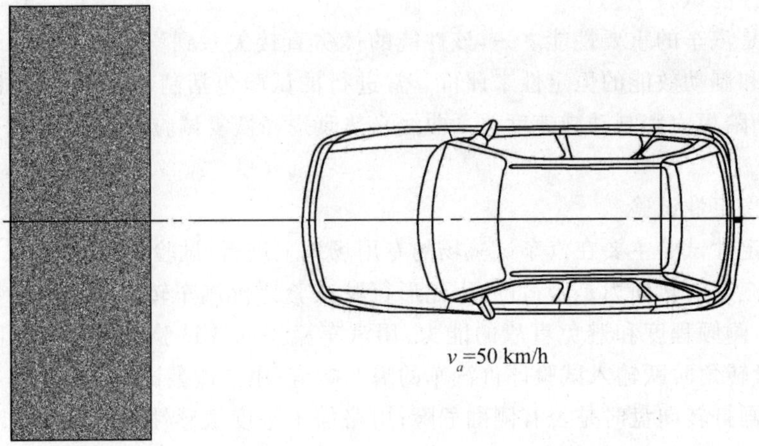

图 3-6　正面全宽碰撞试验

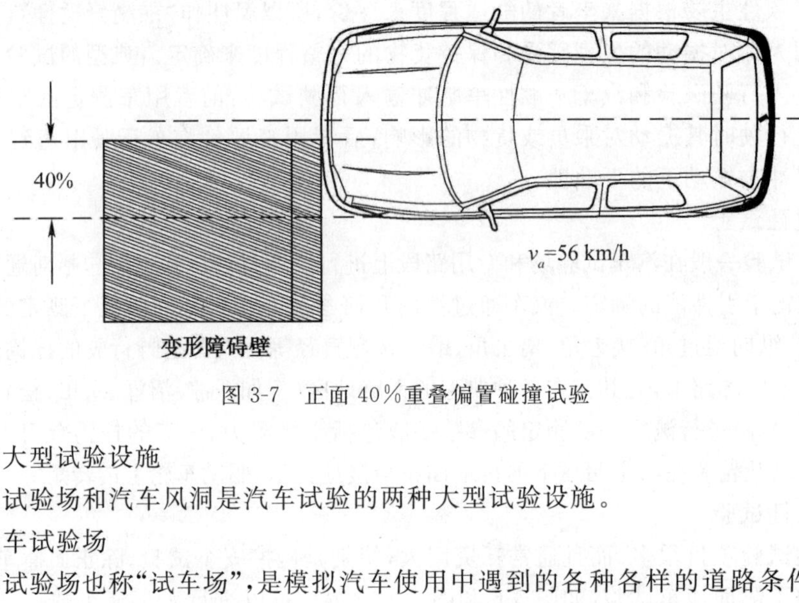

图 3-7　正面 40%重叠偏置碰撞试验

(三)大型试验设施

汽车试验场和汽车风洞是汽车试验的两种大型试验设施。

1. 汽车试验场

汽车试验场也称“试车场”,是模拟汽车使用中遇到的各种各样的道路条件和使用条件,进行汽车整车道路试验的场所。为满足汽车的试验要求,汽车试验场将实际存在的各种各样的道路经过集中、浓缩和不失真的强化形成典型化的道路。汽车试验场占地面积很大,其主要试验设施是集中建筑的各种各样的试验道路,如高速环形跑道、高速直线跑道、可靠性强化试验路、耐久性试验跑道、爬坡试验路以及特殊试验路(例如噪声试验路、搓板路、扭曲路、涉水路、越野路等,如图 3-8 所示),还有专用于操纵稳定性试验和撞车试验的场地,从而给汽车试验提供了稳定的路面试验条件。另外,汽车试验场中还包括一些室内试验设施,如整车参数测定室、风洞试验室、发动机试验室、部件试验室、轮胎试验室、材料试验室、噪声与振动试验室、环境试验室等。

图 3-8　各种汽车试验路

汽车试验场的主要功能有：进行汽车产品的质量鉴定，进行汽车新产品的开发、鉴定和认证，为试验室零部件试验或整车模拟试验以及计算机模拟确定工况和提供采样条件，进行汽车标准及法规的研究和验证等。

汽车试验场从功能上可分为综合性试验场和专用试验场，从规模上可分为大型、中型和小型试验场。大型试验场面积在 10 km^2 以上，试验道路总长超过 100 km，种类相对比较齐全，多属于综合性试验场。美国三大汽车公司，即通用、福特、克莱斯勒都有这样的大型综合性试验场。如通用汽车公司的米尔福德汽车试验场，占地 16.2 km^2，试车道路总长 200 km，年总试车里程为 2500 万～3000 万千米。该试验场自 1924 年建成以来不断补充完善，是目前最具代表性的汽车试验场。德国的欧拉汽车试验场是目前欧洲最大的汽车试验场，其总体布置很有特色，电话听筒形高速环道周长达 20.5 km。在各有特色的汽车试验场中，中小型规模的占大多数，其中综合性试验场由于受面积所限，布置上相对比较紧凑，但试验道路和设施的种类比较齐全，亚洲和欧洲的大部分试验场属于此类。如欧洲汽车工业协会汽车试验场、日本自动车研究所汽车试验场等。

在中小型试验场中，很大一部分是汽车零部件公司为满足产品开发和法规要求而修建的专用功能试验场，如德国 WABCO 公司设在汉诺威附近的试验场，其主要试验道路是附着系数为 0.16～0.5 以上的五条制动试验路，以满足该公司开发和评价 ABS 系统、ASR 系统等的需要。专用功能试验场也有大型的，如美国通用公司在梅萨的沙漠热带汽车试验场，总面积为 18 km^2。当地气候干燥，夏季最高温度可达 45 ℃，是鉴定发动机冷却系、供油系以及整车的动力性、经济性、空调系统等性能的理想试验环境。表 3-2 列出了世界上具有代表性的几个汽车试验场的规模，其中包括中国的四个汽车试验场。

表 3-2　　具有代表性的汽车试验场规模

试验场名称	总面积(km^2)	高速环道		
		形状	长度(km)	设计车速(km/h)
美国的米尔福德汽车试验场	16.2	圆形	7.2	177
美国的罗密欧汽车试验场	15.6	长圆形	8.0	225
美国的切尔西汽车试验场	16	长圆形	7.6	225
德国的欧拉汽车试验场	10.6	电话听筒形	20.5	190
英国的米拉汽车试验场	2.63	三角形	4.4	145
日本的汽研所汽车试验场	2.5	长圆形	5.5	190
中国的海南汽车试验场	0.68	电话听筒形	6.0	120
中国的襄樊汽车试验场	1.93	长圆形	5.3	160
中国的定远汽车试验场	2.39	长圆形	4	120
中国的交通部公路交通试验场	2.4	长圆形	5.5	190

我国的四个试验场，即海南汽车试验场、襄樊汽车试验场、定远汽车试验场和交通部公路交通试验场虽然规模不大，却在中国汽车产业中发挥着重要的作用。图 3-9 所示为海南汽车试验场，该试验场地处海南琼海市，始建于 1958 年，是我国汽车产品开发试验的主要场所，也是我国建立最早的汽车试验场，它填补了我国汽车工业的一项空白，曾荣获 1990 年国家科技进步二等奖。海南汽车试验场的各种试验道路纵横交错，其中高速性能试验跑道尤为特别，它全长 6 km，是我国最长的高速试车道，南北两个环道有如两个环形墙壁绕成一圈，跑道两边高度相差超过 5 m，有两层楼高，路面与地平面的夹角大于 43°，当汽车在上面行驶时，犹如飞檐走壁一般。

图 3-9　海南汽车试验场

2. 汽车风洞

汽车风洞是用来研究汽车空气动力学的一种大型试验设施。汽车行驶时，周围的空气与其产生相对运动，形成气流。汽车行驶的速度越大，气流对汽车的影响作用越大。汽车的空气动力学特性可影响其经济性、动力性、操纵稳定性、视野、污染、振动、噪声、车身内室的通风换气、汽车空调及汽车重要部位的热状态等。随着高速公路的发展，高速行驶是汽车常用的工况，因此汽车的空气动力特性也成为了汽车设计时的主要考虑因素之一。例如，汽车行驶车速超过 100 km/h 时，其行驶阻力主要是空气阻力，这决定了汽车的燃油消耗、加速性能、最高车速等。现代汽车设计中必须考虑空气动力对汽车的作用，研究其对汽车主要使用性能的影响，以此指导汽车新产品的造型和结构设计工作。

风洞试验是研究汽车空气动力学性能的最有效手段。其实风洞不是个洞，而是一条大型隧道，里面有一个巨型风扇，能产生强劲的气流。气流经过格栅，减少涡流后才进入试验室。风洞的最大作用是用来测量汽车的风阻，风阻的大小用“风阻系数”表示，风阻系数越小，说明汽车受空气阻力的影响越小。除了用来测量风阻外，风洞还可以用来研究气流绕过车身时所产生的各种效应，如升力、下压力等，还可以模拟不同的气候环境，如炎热、寒冷、下雨或下雪等情况。这样，工程师们便可以知道汽车在不同环境下的工作情况，特别是发动机散热器散热、制动器散热等问题。新车在造型设计阶段，必须将汽车制成风洞试验模型进行风洞试验，以便改进汽车的外形设计，提高其空气动力学性能。

按照气流流动的形式，风洞可分为开式风洞（又称直流式风洞，见图 3-10）和闭式风洞（又称回流式风洞）两种。直流式风洞的特点是气流从大气中吸进，然后从风洞的后部排到大气中去。直流式风洞里的气流受自然风的影响较大，噪声普遍很高。回流式风洞又分单回流式风洞和双回流式风洞两种（见图 3-11），其特点是空气沿封闭的路线循环流动，气流不受自然风的影响，流态稳定。为了获得准确的汽车空气动力学数据，目前已广泛开展了整车风洞试验。

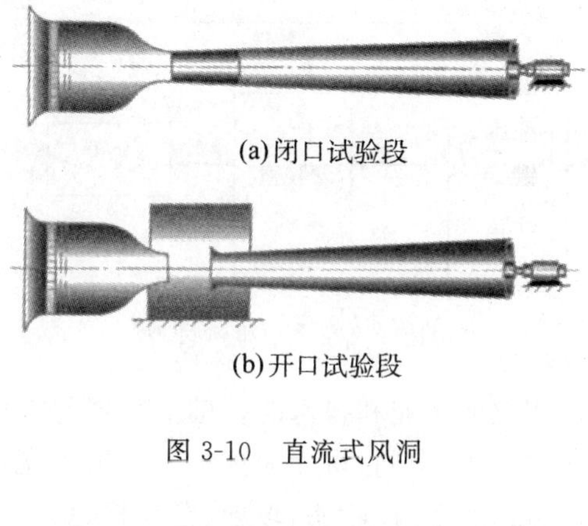

(a)闭口试验段

(b)开口试验段

图 3-10 直流式风洞

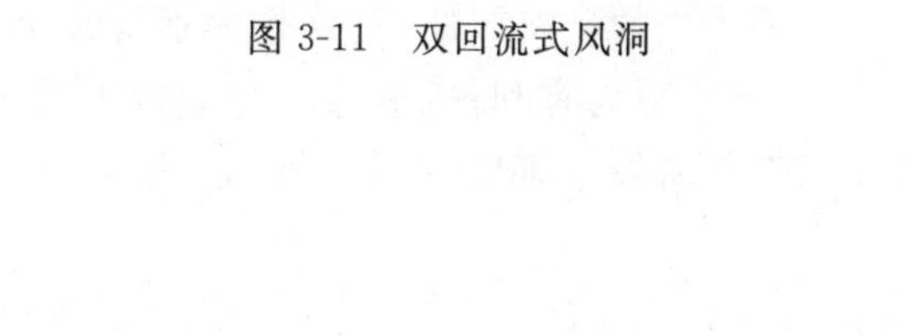

图 3-11 双回流式风洞

三、汽车生产

汽车生产是一个复杂的过程，是指将原材料制造成汽车产品的全部过程，包括原材料的运输及保管、毛坯（铸件、锻件等）的制造、零件的机械加工、毛坯和零件的热处理、总成（或部件）的装配和汽车产品的总装配等。汽车主要的生产过程如图3-12所示。

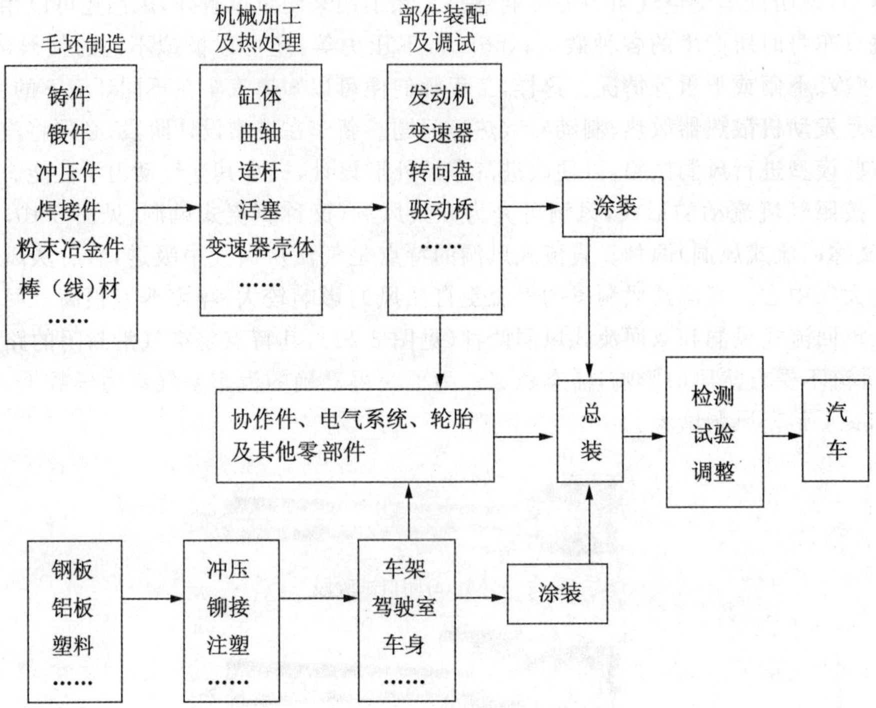

图3-12　汽车主要生产过程简图

汽车制造业是在许多相关的工业和技术的基础上发展起来的综合性工业，汽车的生产是由若干不同的专业化生产厂（车间）协作完成的。一般来说，汽车的发动机、变速器、车身等主要总成由汽车厂自己制造，而轮胎、玻璃、电动机、仪表、车身内饰件和其他小型零部件多靠协作厂生产或从市场采购。现代汽车制造都是大规模生产，为了提高效率，通常采用流水作业方式，要求同时加工、制造（或外购）各种零部件，然后装配成部件、总成，最后汇集到总装配线装配成整车出厂。各条流水线之间必须互相协调，其中任何环节出问题都可能影响整个汽车厂的生产。汽车制造所采用的工艺，从毛坯制造到整车装配，可分为铸造、锻造、冲压、机械加工、焊接、涂装和装配等。不同工艺的流水作业程度有一定差异，如铸造、锻造、冲压等工艺的生产周期短，它们为适应多品种生产，采用容易变换程序进行批量生产的通用生产线更为有利；机械加工与焊接工艺过程宜采用专用生产线进行流水作业；涂装与装配工艺需根据车型、批量而确定；等等。

（一）铸造

铸造是将熔化的金属浇入铸型空腔中，待其冷却凝固后得到所需形状和尺寸的零件。铸造而成的零件称为“铸件”。为了制造铸型，先要制造与零件形状相似的模型，在模型周围充填型砂，取出模型后即可制成具有一定空腔的砂型，这一砂型称为“铸型”。

用铸造方法可以制造出形状复杂的零件，而且用铸造方法制造汽车零件非常方便，但制造模型的时间长、价格高。当生产零件的数量很大时，采用铸造法是比较经济的；当生产数量不大时，模型的价格在零件生产成本中所占比例较大，因此降低模型的制作费用是很重要的。由于在凝固过程中不均匀的收缩使得尺寸不那么准确，因此大多数铸件还需要进行切削和磨削加工。

铸件通常用作汽车总成的基础件，在汽车制造中占有重要的地位。在汽车制造过程中，采用铸铁制成毛坯的零件很多，占全车质量的10%左右，如汽车发动机的气缸体、气缸盖、曲轴，汽车底盘的变速箱壳体、后桥壳、制动鼓，各种支架等。

（二）锻造

锻造是将金属坯料用锤或压力机加压使之变形，以获得所需要形状和尺寸锻件的加工方法。随着温度的升高，金属更易于变形，因此常将金属加热到高温状态进行锻造。

锻造分为自由锻造和模型锻造。自由锻造是指不使用锻模，直接将金属坯料放在铁毡上承受冲击或压力而成型的加工方法，俗称“打铁”。由于用人力锻打只能得到很小的变形，利用锤的冲击力或压力机的静压力可得到大的变形，故在汽车制造中常采用操作轻便的汽锤或水压机。汽车的齿轮和轴等的毛坯就是用自由锻造的方法加工的。

模型锻造是将金属坯料放在锻模的模膛内，承受冲击或压力而成型的加工方法。与自由锻造相比，模型锻造所制造的工件形状更复杂，尺寸更精确。汽车的模型锻造件的典型例子是发动机连杆、曲轴和摇臂，汽车前轴和转向节等。

汽车在制造过程中广泛地采用了锻造的加工方法。就一般轿车而言，锻件就有50种以上，而且通常这些锻件的形状复杂、精度高。为了提高锻造生产的生产率和毛坯质量，汽车锻件生产除了采用普通的模锻工艺外，还大量采用精锻、热挤、冷挤、热墩、轧制等工艺。如变速器的同步器齿环采用精锻工艺后，齿形可不再做机械加工；等速万向节壳采用锻造、机械加工、冷挤压工艺后，这一形状复杂、精度高、尺寸大的工件基本上不需要再做机械加工便可直接装车。一些直径小、法兰大的零件可采用热挤；花键、齿轮等齿形件可采用冷、热成型轧制工艺；轴类零件可用楔横轧工艺……总之，锻件生产已出现各种特种工艺、专用设备纷呈的局面，有效地提高了锻件质量和生产率。

（三）冲压

板料冲压是利用装在压力机上的冲模对板料加压，使其产生分离或变形，从而获得零件的加工方法。

由于冲压工艺具有生产效率高、尺寸一致性好、原材料消耗少等优点，所以汽车上的许多结构件广泛采用冲压件。据统计，汽车上有60%～70%的零件是用冲压工艺生产出来的。汽车（特别是轿车）车身绝大部分是冲压件，如顶盖、挡泥板、车身侧板、地板、发动机罩、车门内外板、行李箱盖板、中门柱、前门柱以及保险杠等。另外，冲压产品还包括散热器的散热片、冷却水管和储水室以及底盘上的制动器零件、减振器零件等。这些零件采用冲压工艺来生产，不仅质量轻、强度和刚性好，而且工艺过程较简单、尺寸一致性好。因此，冲压工艺不仅可以提高生产效率，还可以降低生产成本。

总的来说，汽车上的冲压件具有尺寸大、形状复杂、配合精度及互换性要求高和外观质量要求高等特点。对于不同的零件，还有不同的工艺特点，所用的设备、模具、材料都不同。例如，汽车覆盖件多是三维非数学曲面，它不仅外观质量要求高（以满足汽车造型的要求），而且要求配合精度高、形状和尺寸的一致性好，以保证其焊接和装配的质量。因此，生产汽车覆盖件所用的设备、模具和原材料都和一般冲压件生产所用的设备、模具和原材料有所不同。

汽车工业用的冲压设备，具有吨位大、台面尺寸大、性能要求高、生产效率高等特点。压力机吨位范围为160～40000 kN。覆盖件拉伸多采用双动压力机。为了适应流水生产的要求和减少换模时间，广泛采用了活动台面的压力机。为了满足大量生产的要求，还采用了多工位压力机。机械化、自动化的冲压生产线也被广泛采用。冲压材料的品种和规格很多，包括黑色金属、有色金属和非金属材料，厚度为0.05～16 mm。

对钢板（带）的性能，要求强度高、工艺性能好。例如，覆盖件和壳体件用的材料，对拉伸性能要求特别高；纵梁和横梁用的材料，对弯曲性能和强度要求很高。对于这些汽车专用的材料，人们还制定了专门的技术标准。

由于汽车零件的尺寸大、形状复杂、生产批量大，因此汽车工业的模具也具有尺寸大、形状和结构复杂的特点。例如，汽车覆盖件冲模，模具的形状复杂，需有主模型（或数据软件）作依据，在仿形铣床（或数控铣床）上加工，检测需用三坐标测量机，模具的研配需用专门的研配压床等。这些都是和一般的模具制造所不同的。

（四）焊接

焊接是现代车身制造中应用最广泛的连结方式。车身焊接常被称为“焊装”，是将冲压零件组装、焊接成符合产品设计要求的白车身（未经涂装的车身）。图3-13为轿车车身焊装工艺流程图。车身焊装时，各大总成和白车身均要进行严格的质量检验。例如，在生产线上设自动检测机检查装配、焊接质量和尺寸要求，在白车身完成后用三坐标测量机进行抽检，等等。

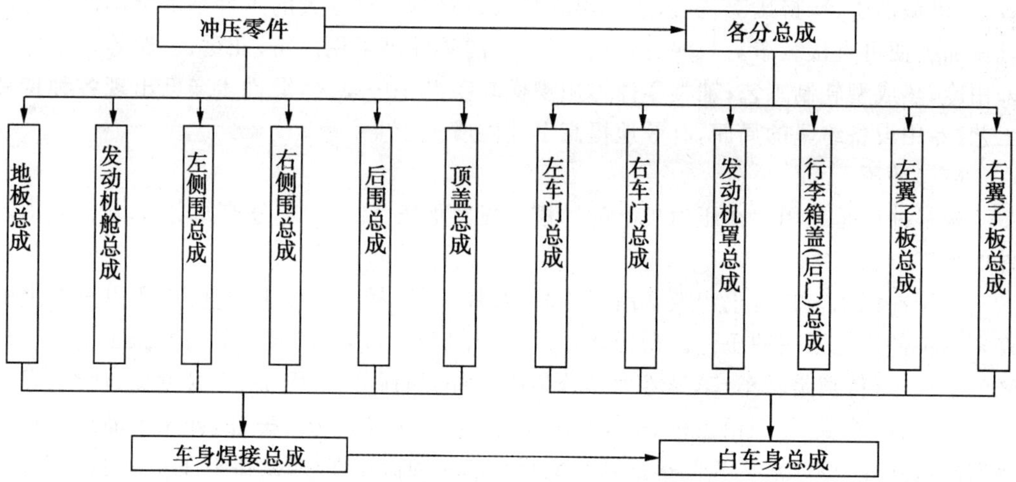

图3-13　轿车车身焊装工艺流程图

车身焊装过程是先将车身分成总成(如底板总成、发动机舱总成、左侧围和右侧围总成、后围总成、顶盖总成、左车门和右车门总成、发动机罩总成、行李箱盖总成、左翼子板和右翼子板总成等)进行焊装,然后再将这些总成焊装成白车身。小总成一般在单机上焊装,大总成和车身焊装在流水线上完成。生产线上配备有各种焊装设备、工具、夹具、机械化运输系统、生产过程控制系统、质量检测与控制系统以及安全防护设施等。生产线之间的运输常用悬挂式输送机和搬运机械手等完成。焊装生产线有贯通式、环形式、转台式等多种。贯通式焊装线(见图 3-14)使用较普遍,当车身横向输送时,有利于分总成的机械化上下料,同时驱动也比较简单。为了能在同一条焊装线上生产不同品种且工艺相似的车身,现已出现了柔性焊装线,通常采用机器人点焊和更换夹具的方式来进行生产。

图 3-14　贯通式焊装线

车身焊装采用最多的是电阻焊(又称“接触焊”),一般占整个焊接工作量的 60%以上,有的车身几乎全部采用电阻焊,主要是点焊和凸焊,其特点是生产率高、成本低。焊装所用的设备有悬挂式点焊机、固定点焊机、多点焊机、螺柱式焊机以及焊接机器人等。焊接机器人(见图 3-15)可使焊接质量稳定并减轻工人的劳动强度,正在被越来越广泛地采用,并出现了机器人焊装线和无人操作机器人焊装车间。激光焊接技术的发展以及正在研究的电焊逆变电源变压器等,将进一步推进自动化焊接技术的发展。

图 3-15　轿车车身焊接机器人

（五）金属切削加工

金属切削加工是指用刀具将金属毛坯逐层切削而使工件得到所需要的形状尺寸和表面粗糙度的加工方法。金属切削加工包括钳工和机械加工两种方法：钳工是工人用手工工具进行切削的加工方法，其特点是操作灵活方便，在装配和修理中被广泛应用；机械加工是借助于机床来完成的，包括车、刨、铣、钻、磨等方法。

1.车削

车削是在车床上用车刀加工工件的工艺过程，其运动特点是工件作旋转主运动而刀具作直线进给运动。车床不仅可以切削各种旋转表面，如内、外圆柱和圆锥面，还可以切削端面。在车削时若进给速度较大，就可以加工螺纹。汽车的许多轴类零件以及在切齿前的齿轮毛坯都是在车床上加工的。

2.刨削

刨削是在刨床上用刨刀加工工件的工艺过程，其运动特点是刀具相对于工件作直线主运动，而进给运动是垂直于主运动的横向直线运动。刨床适于加工水平面、垂直面、斜面、沟槽等。汽车上的气缸体和气缸盖的平面、变速箱体和盖的配合平面等都是用刨床加工的。

3.铣削

铣削是在铣床上用铣刀加工工件的工艺过程，其运动特点是铣刀作旋转主运动而工件作直线进给运动。铣床可以加工平面、斜面、沟槽，甚至可加工齿轮和曲面等。与刨削相比，铣削生产率较高而且加工得精细，几乎可全部代替刨削。铣削被广泛地应用于加工各种汽车零件。汽车车身冲压模具都是铣削加工的。计算机操纵的数控铣床可以加工形状很复杂的工件，是现代化加工的一种主要机床。

4.钻削及镗削

钻削及镗削是加工孔的主要切削方法，其运动特点是刀具绕自身轴线作旋转主运动并沿轴线作直线进给运动。钻头呈麻花形，有两条螺旋槽，其主切削刃在钻头顶尖的两侧，副切削刃在螺旋槽的边缘。铰孔是应用较广的孔的精加工方法，铰刀比铰孔用的钻头齿数更多而且导向好。铰孔时，切削速度低而且切削量小，因而可获得精度高而且光整的孔。镗削是用于加工直径较大的孔的方法，通常是在铸件的毛坯中先铸出孔形，再将工件放在镗床上用镗刀切削成准确的尺寸。汽车发动机气缸的孔和变速器箱体的轴承孔等都是用镗削的方法加工的。

5.磨削和抛光

磨削是在磨床上用砂轮加工工件的工艺过程，其运动特点是砂轮作旋转主运动而工件作直线进给运动。磨削是一种精加工方法，可以获得尺寸精确和很光洁的工件，而且可以磨硬度很高的工件。一些经过热处理的汽车零件往往用磨床进行精加工，如发动机曲轴等。抛光是利用涂上磨膏的软轮对工件表面细磨的工艺过程。抛光可以获得光泽的镜面，但不能维持或提高原来的加工精度，所以主要用于装饰性加工，如电镀装饰前的准备工序。

6.齿轮加工

齿轮的种类很多，加工原理也较复杂。通俗来说，如果把相配对的两个齿轮中的一个制成具有切削能力的刀具，就可以将另一个齿轮制造出来。齿轮加工主要有插齿、铣齿、滚齿等方法。

7. 工装与定位

工件在切削加工时必须在机床上安装夹持牢固，以避免串动和振动而影响精度。此外，在切削加工时还必须使工件和刀具保持相对正确的位置。因此，除了机床、刀具和工件外，还需要有夹具。夹具不但可使工件夹持牢固，还可以正确定位。例如，车床床头上的卡盘就是典型的夹具，不但可以牢固地夹住工件旋转，还能保证工件的轴线与车床的轴线对正。

（六）涂装

汽车涂装的目的主要是起保护、装饰和标志等作用，某些特殊涂料还能起到防震、消声、隔热等特殊作用。因此，轿车、客车车身和货车驾驶室的涂装不仅对装饰性要求高，而且还要求涂层有良好的力学性能、高耐磨性和耐腐蚀性。装饰性要求包括涂层光亮、平滑、丰满、美观等。为了适应汽车行驶中的振动和应变，还要求涂层具有一定的硬度、良好的韧性和耐磨性。耐腐蚀性要求包括外观锈蚀、穿孔腐蚀、结构损坏腐蚀等出现的使用时间，如加拿大规定这三种腐蚀出现的使用时间应分别为 5 年、10 年和 20 年；此外，还要求能耐汽油、机油和沥青等的腐蚀，在这些介质中浸泡一定时间不产生软化、变色、失光、溶解或印斑等现象，并要求与清洗剂、肥皂等接触后不留痕迹等。

车身涂装工艺因汽车级别不同而有所区别。例如，货车和轻型汽车一般进行底漆、面漆两次涂装，而轿车则常需要进行头道底漆、二道底漆、面漆三次涂装，高级轿车有时采用四次涂装。

汽车的涂装工艺一般可分为两大部分：一是涂装前金属的表面处理，也叫前处理技术；二是涂装的施工工艺。前处理的目的主要是充分除去车身表面的各种污物，在涂漆前为涂层提供一个良好的基底，增加金属表面与涂层的间的结合力，提高涂层质量，延长涂层的使用寿命。前处理工序包括脱脂、除锈和磷化三大部分：脱脂是指将车身制作金属表面的油脂除掉的过程，碱液清洗脱脂法应用较为广泛；除锈的主要方法是酸洗，一般在板料冲压之前进行；磷化是指用磷酸或锰、铁、锌、镉的磷酸盐溶液处理金属制品表面，使金属表面生成一层不溶于水的磷酸盐薄膜的过程，该工序能提高金属基体的防锈能力及与底漆的结合能力。

汽车车身常用的涂漆方法有：刷涂、浸涂、喷涂、电泳和粉末涂装等。电泳是把工件和电极浸入水溶性树脂制成的电泳漆中，在直流（或交流）电场的作用下，涂料在工件上沉积形成均匀涂膜的一种先进的油漆涂装方法。电泳法涂头道底漆的目的是防锈。与喷涂相比较，电泳涂装可使钢板接合部与车身各处都有涂料附着，可显著地提高防锈能力，并且可通过调整通电时间和电压来控制漆膜厚度。图 3-16 为一汽车身厂 CA141 型货车驾驶室的阴极电泳涂装线。

图 3-16 一汽车身厂 CA141 驾驶室阴极电泳涂装线

为了缓和汽车行驶时发动机和路面产生的振动和噪声，减小从路面上带起的沙砾、石块、水、泥、尘埃及热气等对车身的撞击与侵袭，车身需要涂防声胶。胶膜厚度一般为2～3 mm，涂胶部位包括底板内面、车轮上方拱形地板、翼子板内面等，有时也包括发动机罩和车门内表面。底板内面涂胶可用自动喷涂装置，其他部位则使用手提式空气喷枪或无气喷枪喷涂。

面漆是车身涂装的最终工序，一般多用空气喷涂，也可采用静电喷涂、自动化涂装等。涂装金属漆时，为了保护金属光泽、防止铝粉变色，有时不等金属漆干燥即在其上再涂一层透明漆，称为“湿碰湿”法。

为了对向用户运送或保管中的成品车加以短期保护，要对成品车进行防护涂装，所用的涂装方法有“空气喷涂”和“无气喷涂”两种。

为了提高质量，加快节奏，涂装生产线多采用往复式喷涂机、喷漆机器人等，以实现自动化程度较高的生产。由于轿车面漆的返修率较高，因此通常在车间安排一条生产线供返修使用。

(七)装配

汽车装配是把经检验合格的数以千万计的各类零件按规定的精度标准和技术要求组合成分总成、总成、整车，并经严格的检测程序，确认其是否合格的整个工艺过程。汽车的装配可分为组装、部装和总装，现代汽车厂一般只进行总装。总装是整个汽车制造过程的最后环节，提高装配精度是保证汽车质量的关键。汽车产品要求有好的动力性、经济性和耐久性，以实现在各种复杂环境中的运载功能，现代汽车产品更要求安全可靠、造型美观、乘坐舒适并满足环保要求。这些要求最终是通过装配工艺来保证的。若装配不当，即使以昂贵的代价制造出了高精度的合格零件，也不一定能组装出合格的汽车。因此，装配是保证产品质量的重要环节。零件的加工精度是达到装配精度的基础，但装配精度也取决于装配工艺和技术，特别是装配生产线的先进程度。此外，装配车间的环境条件，如温度、湿度、清洁度、照明、噪声、振动以及其他条件对装配质量也有影响。由于目前装配过程还需要大量的手工劳动，因此装配质量的保证还要依靠装配工人的技术水平和责任感，这在任何国家都不例外。

汽车总装工作的内容因车型及生产纲领的不同而有所区别，主要包括整车装配、饰件装配、检验调整、性能试验及试车等。汽车总装的基本任务可概括为将汽车的动力及传动系统、车身内饰、车身外饰和电子装置等部分装配成整车。

汽车总装的组织形式一般可分为固定式装配和移动式装配。固定式装配是将汽车各总成或部件的全部装配工作安排在一个固定的工作地点进行，装配过程中位置不变，装配所需要的零部件都汇集在工作地点附近，由一组工人去完成。在装配过程中允许对零件进行加工、修理和选配，零件不具有（或很少具有）互换性，装配以手工操作为主，一般不采用复杂的工艺设备。这样的装配需要较大的生产面积，对工人的技术水平要求很高，装配周期较长，而劳动生产率较低。因此，固定式装配仅适用于小批量生产（如汽车改装）或单件生产（如新产品试制）。移动式装配是将汽车总成或部件置于装配线上，通过连续或间歇移动使其顺次经过各装配工作地点，以完成全部装配工作。采用移动式装配时，装配内容分得较细，每个工作地点重复完成固定的工序，广泛采用专用的设备及工具，因此生产率很高，适用于成批大量生产，是目前广泛采用的汽车总装的组织形式。根据产品及其生产批量不同的需要，产品在生产线上的移动可以是自由的，也可以是强制的。

1. 自由流水方式

产品的工序间移动没有严格的时间要求，生产的节拍不在单一产品上体现，允许工序间积存，使生产具有一定的柔性。这种方式主要用于小型部件或总成装配，适用于多品种成批生产。

2. 强制流水方式

产品的工序间移动以某种形式的机械化输送装置来实现，有严格的节拍要求，工人必须在规定的节拍时间内完成规定的全部装配工序。这种方式适用于大批量生产，在目前汽车装配生产中应用最广。强制流水方式又分为间歇式移动和连续式移动两种：①强制间歇式流水装配是指产品在输送装置上完成周期性移动后，工人在该工位上对每个产品完成同一装配工序，而后产品按节拍要求进行下一个周期的移动。此时，生产节拍＝工序操作时间＋位移时间。很显然，产品的移动占用了一定的时间，造成了工时浪费。因此，这种方式对整车装配而言只适用于产量小、生产节拍较长的装配生产，如重型汽车、大型客车等的装配生产。②强制连续式流水装配是指产品按严格的生产节拍在输送装置上连续缓慢移动，工人在固定的区域范围内，按节拍时间要求完成规定的装配工序。此时产品的移动时间重叠在作业时间内，而每道工序的工时安排必须等于或略少于节拍时间，生产线才能正常运行。这种方式是大批量生产的汽车总装车间常用的生产组织形式。

汽车总装线一般由以下几部分组成：

(1)内饰装配线。内饰装配线的主要任务是将仪表盘、座椅、加热与冷气设备、车顶篷饰件、侧壁内饰件、车门饰件等部件安装到车身或驾驶室内。

(2)底盘装配线。底盘装配线的主要任务是将发动机、离合器、变速器、传动轴、前轴、后桥（包括悬架系统）、转向系统、制动系统、散热器、车轮等部件安装到车架上。

(3)外饰装配线。外饰装配线的主要任务是将散热器护栅、前大灯、风窗玻璃、门窗玻璃、保险杠、后灯组合、反射镜、标识器和电子装置等部件安装到汽车上。

(4)车辆行驶性能检查调整线（简称“检测线”）。检测线的主要任务是对装配完整车的车轮定位、动力性能、经济性能、侧滑性能、制动性能等整车性能进行检查、测试和调整，以保证出厂的汽车达到质量要求。

总装工艺流程如图 3-17 所示,图 3-18 所示为某汽车总装线。

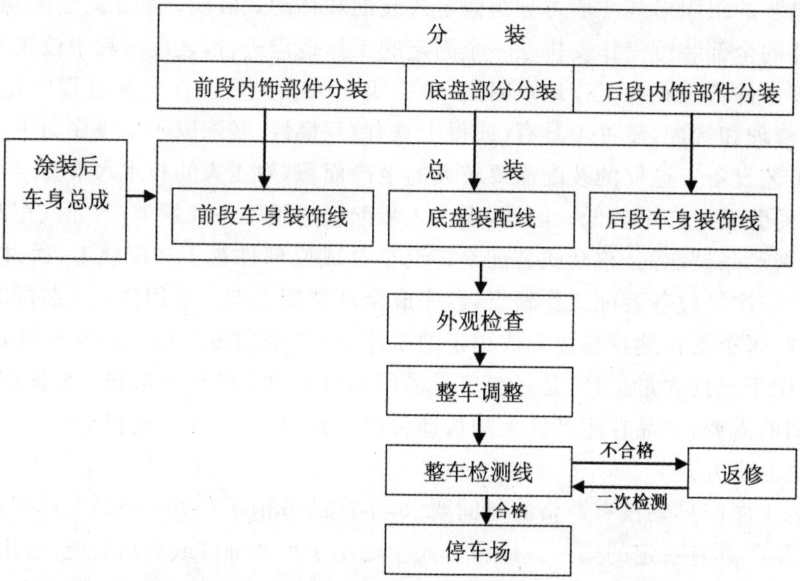

图 3-17　汽车总装工艺流程图

图 3-18　某汽车总装线

任务实施

项目　设计一款概念车模型

1. 项目说明

概念车(concept car)可以理解为“未来汽车”。汽车设计师利用概念车向人们展示新颖、独特、超前的构思，反映人类对先进汽车的梦想与追求。概念车（包括自行车）往往只是处在创意、试验阶段，也许永不投产。与大批量生产的商品车不同，每一辆概念车都可以摆脱生产制造工艺的束缚，尽情、夸张地展示自身的独特魅力。

随着科学技术的发展，特别是计算机辅助设计技术的发展，越来越多的先进设计方法被应用到了概念车的设计中，它们缩短了汽车的设计周期，提高了汽车的设计质量；同时，概念车已经从高科技、强动力走向低耗能、高环保。概念车的设计总体流程与量产车的设计过程基本相同，但由于比量产车受到的制约要少很多，因此其设计过程更能体现出创造性。

本任务要求根据汽车设计的要求，利用现代设计方法设计一款概念车模型。

2. 实施过程安排（见表 3-2）

表 3-2　实施过程安排

时间安排	内容安排
5 min 左右	明确实训目的： 通过本堂实践课的学习，要求学生： 1. 了解汽车的设计要求 2. 熟悉常用的汽车设计理论与设计技术 3. 掌握现代汽车设计、开发的一般流程
5 min 左右	实训前准备： 1. 复习与实训内容相关的理论知识 2. 分组：8～10 人/组 3. 实训器材和工具准备 4. 指出实训需注意的事项
60 min 左右	实训过程： 1. 调查研究与初始决策 该阶段的任务是选定设计目标，并制定概念车的设计工作方针及设计原则 2. 概念车总体方案设计 根据决策所选定的目标及对开发目标制定的工作方针、设计原则等主导思想提出整车方案设想 3. 绘制总布置草图 画出概念车各总成及部件的外形和尺寸并进行仔细的布置 4. 车身造型设计及绘制车身布置图 进行车身造型创意设计。以设计效果图作为设计的表达方式，如果设计效果图有内饰部分，则内饰的设计风格要求与外形设计风格相一致，以确保整车风格的统一
20 min 左右	本堂实训课小结： 1. 抽 2～4 名学生展示概念车的设计过程和结果，评定掌握情况 2. 布置课外作业

学习评价

一、填空题

1. 汽车设计的内容包括________、________和________。

2. 汽车的动力性试验主要针对常用的________、________和________三个动力性指标进行试验。

3. 汽车试验场中各种坡路的设置，主要试验汽车的________性能。

4. 汽车碰撞安全试验，除正面碰撞试验外，还有________碰撞试验。

5. 汽车试验按照试验目的的可分为质量________试验、________试验和科研性试验。

6. 汽车试验场的主要功用包括：____________________________________；____________________________________；为试验室零部件试验或整车模拟试验以及计算机模拟确定工况和提供采样条件；____________________________________等。

7. 风洞是用来研究汽车空气动力特性的重要设施，按照气流流动的形式，风洞包括________和________两种基本类型。

8. 汽车制造所采用的工艺，从毛坯制造到整车装配，可分为________、锻造、________、机械加工、________、________和________等工艺。

二、简答题

1. 汽车设计有何特点和要求？

2. 汽车操纵稳定性试验主要包括哪些试验？这些试验主要用来评价什么内容？

3. 汽车设计有哪些步骤？

4. 现代汽车的制造工艺主要有哪些？

5. 汽车总装线一般由哪几个部分组成？主要完成哪些任务？

任务四　汽车外形与色彩

学习情境引导

汽车诞生 100 多年来，最富特色、最具直观感的当数车身外形的演变。现如今汽车的车身外形已经越来越华丽，也越来越精致。不同时期的车辆外形也代表着不同时代人们对汽车的需求。

汽车的进化发展一定少不了在外形上的改变。同时，随着消费人群的多样化，人们对汽车色彩的需求也越来越多。不同的色彩代表了不同的含义。

学习目标

◎知识目标

1. 正确描述汽车外形演变的过程。
2. 正确描述汽车车身颜色的含义。

◎能力目标

1. 能正确分析汽车外形的优缺点。
2. 会设计安全、环保的新概念车模型。

知识准备

一、汽车的外形

汽车的外形多种多样，但是确定汽车外形的要素主要有三个，分别是机械工程学要素、人体工程学要素和空气动力学要素。

机械工程学要素主要针对汽车的动力性、操纵稳定性和通过性等；人体工程学要素要求乘驾人员有足够的活动空间，即车辆内部空间足够大，舒适性要好；空气动力学要素要求汽车在高速行驶时空气阻力要小，即汽车外形应具有良好的流线型。所谓“流线型”，是指空气流过不产生涡流的理想状态。利用流线型的最佳例证是飞机的机翼，但是作为汽车，绝对的流线型是不能实现的，只能让机械工程学、人体工程学及空气动力学尽量完美地结合。目前，汽车外形均是流线型的演变。

从1886年德国工程师卡尔·本茨发明三轮汽车开始，在此后的一百多年内，汽车主要经历了马车形、箱形、甲壳虫形、船形、鱼形、楔形及子弹头形七种外形的演变。

（一）马车形汽车

我国古代就有"轿车"一词，是指用骡马拉的轿子。最初的汽车都是在原有马车的基础上将畜力改为内燃机动力，自然也就沿用了马车的外形，具有马车的式样，甚至当时汽车的速度（20 km/h以内）和舒适性都维持在马车水平，直到后来使用了充气轮胎之后，汽车的舒适性才逐渐体现出来。

最初的马车形汽车（见图4-1）一般是敞篷式或活动布篷式的，只能遮住迎面而来的风，无法遮挡四面风雨。科学家们在当时也主要致力于动力的更换，没有形成自己的造车风格。人们习惯上将此时期的汽车称为"无马的马车"。

图4-1　最初的马车形汽车

后来，汽车设计师们对汽车的外形不断地进行改进。1900年，德国人费迪南德·波尔舍设计了带球面挡风板的马车形汽车（见图4-2），这是流线型汽车造型的萌芽。1903年，美国福特A型汽车将车头部分做成了倾斜状，从而减弱了吹在驾乘人员面部的风力。1905年，福特汽车公司生产的C型汽车开始采用挡风玻璃（见图4-3）。

图4-2　带球面挡风板的马车形汽车

图4-3　带挡风玻璃的马车形汽车

1908年，福特汽车公司推出了T型汽车（见图4-4），车身由原来的敞开式改为封闭式，其舒适性、安全性都有了很大提高，是马车形汽车后期的典型代表。但是，马车形时代并没有形成自己的汽车造型风格，所以可以说是汽车造型的史前时期。

图 4-4 福特 T 型汽车

（二）箱形汽车

因马车形汽车大部分是敞篷式的，难以抵挡风雨的侵袭，因此美国福特汽车公司为了迎合大众的需要，于 1915 年生产出了一种新型的福特 T 型汽车（见图 4-5）。这种车的驾乘空间很像一只大箱子，箱子上部装有门窗，实际只是在原来的马车形汽车上做了局部的改进，被称为“箱形汽车”。1915～1930 年，箱形汽车一直是汽车行业最受欢迎的车型。

图 4-5 新型福特 T 型汽车

流水线的生产方式使造车成本大跌，汽车价格也随之大跌，汽车从富人的专属产品变成了平民运输代步的工具。箱形汽车在满足了遮风挡雨这一基本目标的基础上，在乘客空间的后面加设了行李箱空间，形成了箱形车方正的造型。箱形汽车时代可以说是汽车造型真正意义上的初期阶段。

箱形汽车重视了人体工程学，内部空间大，乘坐舒适，有“活动房屋”的美称。但是，随着车速的提高以及汽车尾部产生的巨大空气涡流，空气阻力大的问题暴露了出来，极大地限制了汽车的速度，也限制了人们对于速度的追求。所以在此条件下，人们开始研究流线型车形。

（三）甲壳虫形汽车

20 世纪 30 年代以后，人们开始意识到空气阻力的重要性。出于减少风阻和进一步提高车速的需求，造型设计领域出现了光滑、封闭和流线型的设计思潮。1934 年，流体力学研究中心的雷依教授采用模型汽车在风洞中试验的方法，测量了各种车身的空气阻力，这是具有历史意义的试验。在此后的试验中，他得出了空气阻力和车身外形的关系。

空气阻力的计算公式为：

$$F_w = \frac{1}{2} C_D A \rho v_r^2$$

式中，C_D 为空气阻力系数；ρ 为空气密度；A 为迎风面积，即汽车在行驶方向上的投影面积；v_r 为汽车与空气的相对运动速度，在无风时即为汽车的行驶速度。

1934 年，美国的克莱斯勒公司首先采用了流线型的车身外形，设计出了气流牌轿车(见图 4-6)。1936 年，福特汽车公司在气流牌轿车的基础上加以精炼，成功地研制出了林肯·飘逸牌轿车(见图 4-7)，车型协调美观，富有动感。

图 4-6　气流牌轿车

图 4-7　林肯·飘逸牌轿车

世界公认的流线型汽车的代表是德国汽车设计师费迪南德·波尔舍博士(保时捷汽车公司的创始人)设计的大众甲壳虫汽车(见图 4-8)。1937 年，波尔舍开始设计类似甲壳虫外形的汽车，此种形状汽车的空气阻力很小。他最大限度地发挥了甲壳虫外形的长处，使甲壳虫汽车成为当时流线型汽车的代表作。甲壳虫形汽车推出后，由于廉价、耐用、维修简便而迅速蹿红，连续生产 30 余年，产量达到 2000 多万辆，成为唯一能与福特 T 型车媲美的车型。

图 4-8　甲壳虫形汽车

甲壳虫形汽车将空气动力学原理发挥到了极致，使汽车的空气阻力大大降低，但是其优势同时又是此车型的劣势，就是其内部乘坐空间小。另外，甲壳虫形汽车和箱形汽车相比，侧向风压面的中心移到了汽车质心的前面，在受到侧向风时更容易发生侧偏。

小思考：

自己查阅资料，画图分析箱形汽车不容易发生侧偏的原因和甲壳虫形汽车易发生侧偏的原因。

第二次世界大战期间，甲壳虫形汽车暂停生产，直到 1949 年之后才重新大批量投入生产，并以一种车型累计生产超过 2000 万辆的纪录畅销世界各地，打破了福特 T 型车曾经创造的纪录。

（四）船形汽车

为了克服甲壳虫形汽车乘坐空间小和受侧向风易侧偏的缺点，各个汽车公司开始研发新车型。1949 年，福特汽车公司经过几年的努力，终于推出了具有历史意义的福特 V8 型汽车（见图 4-9）。因为这种汽车的造型颇像一只小船，所以人们称它为“船形汽车”。福特 V8 型汽车的成功之处不仅仅在于它在外形设计上有所突破，还在于它首先将人体工程学和空气动力学的理论结合在了一起，并引入汽车的整体设计，取得了令人满意的结果。

图 4-9　福特 V8 型汽车

船形汽车不论在外形上还是在性能上都优于甲壳虫形汽车。从 20 世纪 50 年代开始一直到现在，世界各地不管是大型车还是中、小型车都采用了船形车身，从而使船形造型成为世界上数量最多的一种车型。现在，福特公司开发的具有行李箱的四门四窗的轿车已被全世界公认为轿车的标准形式。

船形汽车较好地使人体工程学和空气动力学在汽车的外形设计上统一了起来，解决了甲壳虫形汽车的问题。但是新的问题又出现了：船形汽车时代的后期，人们将汽车的尾部过分地向后伸出，致使其在高速行驶时会产生较强的空气涡流（见图 4-10）。

图 4-10　汽车后部的空气涡流

（五）鱼形汽车

针对船形汽车的缺点，美国通用汽车公司于 1952 年开发出了像鱼的脊背一样的别克牌鱼形汽车（见图 4-11），开创了鱼形汽车的时代。

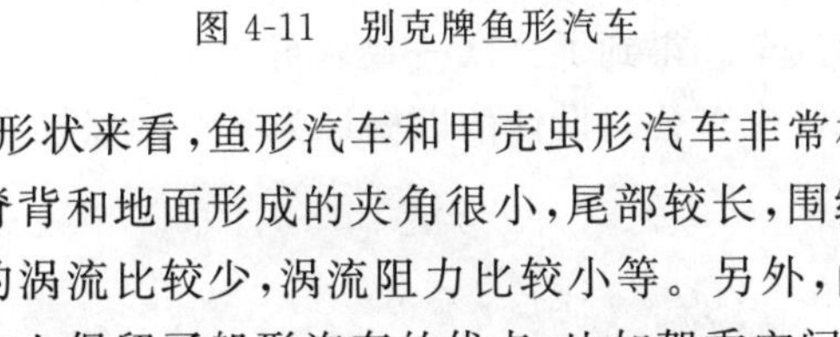

图 4-11　别克牌鱼形汽车

仅仅从汽车的后部形状来看，鱼形汽车和甲壳虫形汽车非常相似。但是如果仔细观察，会发现鱼形汽车的脊背和地面形成的夹角很小，尾部较长，围绕车身的气流可以平顺地过渡，汽车后部形成的涡流比较少，涡流阻力比较小等。另外，由于鱼形汽车是由船形汽车演变而来的，故基本上保留了船形汽车的优点，比如驾乘空间比较大、驾驶视野开阔、车身侧面的形状阻力较小等。鱼形汽车的造型更动感、美观，同时具有乘坐舒适等特性，很好地结合了机械工程学、人体工程学以及空气动力学理论，这些都远远地超过了甲壳虫形汽车的性能。同时，鱼形汽车行李舱的容积很大，适合于家庭外出旅行等使用。正因为如此，鱼形汽车得到了人们的普遍认可，得以迅速发展。

但是，鱼形汽车也存在一些致命的缺点：一是有严重的结构上的缺陷，由于鱼形车的后窗玻璃倾斜得过于厉害，致使玻璃的表面积增大了1～2倍，强度有所下降，影响了整个汽车的安全性；二是因汽车的后部与飞机机翼的断面(见图4-12)相似，当汽车高速行驶时，产生的汽车升力较大。

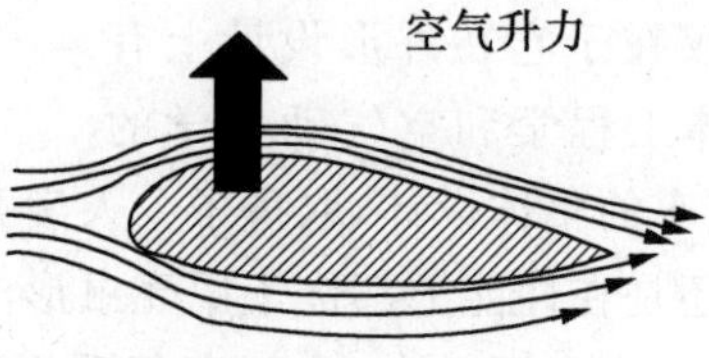

图4-12　飞机机翼断面

鉴于鱼形汽车的缺点，设计师在鱼形汽车的尾部安上了一个上翘的"鸭尾巴"，以此来克服一部分空气的升力，于是便有了"鱼形鸭尾式"汽车的出现(见图4-13)。

图4-13　"鱼形鸭尾式"汽车

(六)楔形汽车

虽然"鱼形鸭尾式"汽车部分地克服了汽车高速行驶时车辆空气升力的问题，但却未从根本上解决鱼形汽车的空气升力问题。经过不断地探求和试验，汽车设计师们最终找到了一种新外形——楔形。这种外形就是将车身整体向前下方倾斜，车身后部像刀切一样平直，以此来有效地克服升力。

最早的楔形汽车是在1963年由司蒂倍克·阿本提设计的阿本提轿车(见图4-14)，这种外形的汽车得到了汽车设计专家的极高评价。1968年，通用公司的奥兹莫比尔·托罗纳多改进和发展了楔形汽车。得到了公众一致认可的是1979年著名意大利汽车设计师乔治·雅罗为日本五十铃汽车公司设计的以楔形为基调的黑桃皇后牌汽车。

图4-14　阿本提轿车

但是考虑到车辆的使用性，楔形造型的车辆仅仅在赛车上得到了广泛应用，因为赛车首先考虑的是空气阻力问题对汽车速度的影响，而把乘坐的舒适性作为次要问题考虑，车身可以完全按楔形制造。20 世纪 80 年代出现的意大利法拉利跑车（见图 4-15）就是典型的楔形造型。对于高速汽车来说，楔形造型无论是从其造型的简练、动感方面，还是从其对空气动力学的体现方面，都比较符合现代人的主观要求，具有极强的现代气息，给人以美好的享受和快捷的速度感。

图 4-15　法拉利跑车

（七）子弹头形汽车

从理论上来说，汽车外形发展到楔形以后，基本上已经非常完美了。但人类追求至善至美的心是永不满足的，于是一种新型的汽车——多用途汽车（MPV）问世了，即我们常说的子弹头形汽车（见图 4-16）。

图 4-16　子弹头形汽车

20 世纪 80 年代以后，克莱斯勒汽车公司的道奇分部和顺风分部最早推出了“商队”和“航海家”两款 MPV 车型。这两种车的造型酷似子弹头，在外形上集甲壳虫形与楔形的优点于一身，在制造上引进了先进的航空航天技术。MPV 的前挡风玻璃倾斜度很大，外形圆滑，因此风阻系数很小，非常有利于车速的提高。

汽车外形的发展是以更好地将空气动力学设计方案与乘坐舒适性恰当地予以结合，在充分考虑到以上两个关键问题的基础上，努力开发人体工程学领域的新技术，从而设计、制造出更完美、更优秀的汽车为目标的。总有一天，汽车驾驶室会形成带有优美曲线的“玻璃罩”，与之交相辉映的是具有几何形态的车体，透着浑圆和流线风格。那时，汽车色彩的喷涂将在鲜艳中体现出柔和感和透明感，因而会格外令人赏心悦目。

二、汽车的色彩

颜色是一辆汽车给人的第一个感官刺激。就像穿衣服一样，汽车的颜色也反映了车主的品位与个性。

各种不同的颜色可代表不同的含义，给人以不同的感觉：红色能激发欢乐情绪；黄色崇尚大自然本色；蓝色显示豪华气派；白色给人以纯洁、清新、平和的感觉；黑色可以说是一种矛盾的颜色，既代表保守和自尊，又带有新潮和性感；绿色给人带来沉静和谐的气氛。

（一）颜色与汽车大小

颜色是有造型效果的，也就是说可以在视觉上改变人们对物体大小的认知。颜色的造型效果取决于其面积、亮度、纯度和匹配等因素。对于三维的轿车车身而言，其形体、质量及色差所造成的这种影响就更为明显，因此要根据车型来选择轿车颜色。

亮度和纯度高的颜色能使车体显得大一些，因此适用于微型轿车。对于中型轿车来说，采用亮度和纯度适中的颜色较宜。大型轿车最好选择低亮度和低纯度颜色，因为这类颜色所产生的压缩效应会使车体看起来较为紧凑和坚实。有时车体丰满的豪华车喷上一两种颜色作饰条，可变得"俏丽苗条"起来。

（二）颜色与地域特点

选择汽车颜色时还应考虑不同经纬度的日照量和地区的光强、湿度。在低纬度地区，比如南方的省份（广东、海南等地），日照时间长，光强相对较强，因此车身的日照面与背面颜色反差很大，而采用柔和的中间色调就可消除这种反差；而在高纬度地区，比如北方的省份（黑龙江等地），日照时间短，光强相对较弱，车身的日照面与背面颜色反差小，可采用强烈的纯色以加强车身造型效果。

（三）颜色与驾驶安全

汽车颜色与交通安全也有相当密切的关系。汽车颜色与发生车祸的概率有非常大的相关性，切不可掉以轻心。

心理学家认为，视认性好的颜色能见度佳，因此把它们用于轿车外部有利于提高行车安全性。视认性通俗点说就是颜色显眼与否。越显眼的颜色就越能引起别人的注意，发生车祸的概率就相对较低。影响视认性的因素主要有以下几点：

（1）颜色的进退性。有的颜色看起来离自己更近一些，比如红色和黄色，而有的颜色看起来就会感觉远一些，比如蓝色和绿色。看起来更"近"的颜色视认性更好，也就是更显眼。

（2）颜色的胀缩性。同样的车，涂上黄色就要比涂上蓝色或绿色看起来显得更大一些。黄色具有膨胀性，也是视认性好的颜色。

（3）颜色的明暗性。不同颜色的亮度是不同的，可分为明色和暗色。红色和黄色看起来更亮一些，它们是明色。暗色的车型看起来显得小一些、远一些和模糊一些。明色的视认性较好，显然更有利于安全。

（4）颜色的感知性。这也就是颜色对于人情绪的影响，明快的配色能给人以宽敞、舒适的感觉。汽车内饰合理的颜色搭配可以有效地减轻驾驶人的疲劳，起到提神的效果，从而减少交通事故的发生。

总结一下不难发现，浅淡而且鲜艳的颜色对于安全是最为有利的。除了我们上面提到的几点外，研究还表明，在雾天、雨天或每天清晨、傍晚时分，黄色汽车和浅绿色汽车最容易被人发现，其被发现的距离比一般深色汽车要远三倍左右。

但是，颜色提供的安全只是相对的。还有一种情况就是，开深色汽车的驾驶员在驾驶时比较谨慎，因为他们知道自己的汽车在光线不足时较不起眼，容易被其他驾驶员忽视。而开亮色车辆的驾驶员心态则相反，常会掉以轻心而发生车祸。因此，在选择了相对安全的颜色之后，驾驶安全性还与人们的心态、驾驶技术及对车况的了解程度等有关。

（四）颜色变化的历史过程

1. 黑色时代

在 20 世纪 90 年代末期以前，汽车造型设计较目前要保守很多，整体上比目前的汽车要方正，很少有刻意表现的线条。类似西装的黑色被认为是汽车最正式和最基本的颜色。

2. 银色时代

在 2000 年前后，社会经历了科技革命的巨大变革，汽车也不例外。汽车突然间被许多高科技设备包裹了起来，人们开始崇尚信息科技革命的成果，炫耀高科技产品。“科技”成了“先进”的代名词。银色和金属灰色的汽车正好能够反映人们的这种心理诉求。

根据《杜邦汽车 2008 年汽车颜色流行报告》，白色、银色和黑色仍是全球汽车消费市场上处于统治地位的三大颜色。银色连续 7 年成为全球汽车颜色的首选后，而其他有活力的颜色（如红色和橙色）也在全球范围内出现了显著的增长。自从 2000 年取代绿色成为汽车颜色的首选后，银色就创造了一个在杜邦 54 年跟踪汽车颜色选择的历史中最长时间成为全球汽车颜色首选的纪录。

（五）未来色彩趋势及原因

未来的色彩趋势将是白色，这种流行趋势并非孤立在汽车上面，也并非去年银色今年白色的骤变，而是一个积累的过程，并将保持较长的时间。其实在过去的几年间，数码、家具等产品都出现了色彩变白色的趋势。苹果公司就是这次白色趋势的领导者，它很好地迎合了消费者审美观的变化趋势。苹果的白色在短短几年间就成了“最科技、最时尚”的代名词。

白色运用在设计中更容易体现出圆润、饱满、流线的优雅效果。对于现在流行的车身有棱有角的凸凹设计而言，白色由于其阴影明显，很容易体现出车身的起伏转折和形体结构。

任务实施

项目　设计一款概念车模型并向同学们展示

1. 项目说明

为了提高学生的综合素质，检验学生的学习能力，希望学生能以小组为单位设计一款概念车，并向同学们汇报其设计思路，展示其作品。

2. 项目要求

(1)学生自由组合小组，完成此项目。

(2)各组选派代表作为评委，对每一小组的作品及综合表现进行点评。

(3)各小组派代表展示作品。

3. 评分规则(见表 4-1)

表 4-1 评分规则

项目名称	车模作品 (40 分)	语言表达 (30 分)	PPT 展示 (30 分)	评价与建议

学习评价

一、选择题

1. 确定汽车外形的三个要素是机械工程学、人体工程学和________。

A. 仿生学　　B. 流体力学　　C. 空气动力学　　D. 运动学

2. 因为箱形汽车在行驶过程中空气阻力太大，于是汽车设计师设计出了一种新的汽车外形——________。

A. 流线型　　B. 船形　　C. 鱼形　　D. 子弹头形

二、简答题

1. 简述汽车外形的演变过程。

2. 观察你周围家用轿车车身主要有哪些色彩，分析车身颜色与车型和车辆拥有者的年龄、性别、文化素养及职业的关系。

任务五　汽车公司及汽车名人

学习情境引导

自从第一辆汽车诞生以来，汽车公司便如雨后春笋般纷纷建立起来。世界汽车公司的发展兴衰记录着汽车工业的发展历程。各家汽车公司在这个舞台上进行着设计、技术、造型、管理、销售策略等方面的博弈，有的汽车公司独领风骚上百年，有的则被无情淘汰。随着经济和资源的全球化，各大汽车公司纷纷联合、兼并，形成更大的汽车集团，以此才能在残酷的市场竞争中立于不败之地。

汽车商标是汽车的名片或者说身份证，它除了具有美化装饰的作用外，也在向人们炫耀着公司和品牌辉煌的历史。它是艺术性和象征性的统一，是一家汽车生产企业汽车文化的缩影。

在汽车技术和汽车工业的发展过程中，离不开这个行业中勤劳智慧的"汽车人"，尤其是一部分汽车名人，他们在汽车发展史上留下了浓墨重彩的一笔，为汽车工业的发展作出了卓越的贡献，值得我们后人学习。

学习目标

◎**知识目标**

1. 了解世界主要汽车公司的历史，掌握目前各大公司的品牌和联盟关系。
2. 了解主要汽车的品牌标志及历史。
3. 了解目前各大汽车公司在中国市场的车型品牌。

◎**能力目标**

1. 能够识别汽车商标并介绍其含义。
2. 知道著名汽车公司及其子公司的名称，能够简要讲述其历史。

知识准备

一、世界著名汽车公司及其商标

(一)美国汽车公司及其商标

1.通用汽车公司

通用汽车公司是由威廉·杜兰特于1908年9月16日在别克汽车公司的基础上建立的,成立于美国的汽车城底特律,现总部仍设在底特律。它的标志“GM”取自其英文名称“General Motor Corporation”的前两个单词的第一个字母,如图5-1所示。

通用汽车公司是目前美国最早实行股份制和专家集团管理的特大型企业之一。通用汽车公司生产的汽车典型地表现了美国汽车豪华、宽大、内部舒适、速度快、储备功率大等特点。由于通用汽车公司尤其重视质量和新技术的采用,因而其产品始终在用户心中享有盛誉。通用汽车公司是目前全球最大的汽车制造商,在世界范围内设计、制造和销售各种轿车和卡车。

图5-1 通用汽车公司商标

通用汽车公司的产品已销往200多个国家。通用汽车公司在30多个国家建立了组装、制造、分销和仓储业务。通用汽车公司的主要市场包括北美、欧洲、亚太、拉美、非洲和中东地区,其中最大的是北美市场。通用汽车公司自1931年起就成为了全球汽车企业的领导者。

通用汽车公司斥巨资在遍布全球的汽车业务中配备了尖端科学技术和电子商务功能,并实施了电子通用汽车(e-GM)、百车通(BuyPower)、安吉星(OnStar)等多项战略。同时,通用汽车公司还拥有全球最为成功的金融机构之一——通用汽车融资公司。其他主要子公司还包括通用汽车机车部和艾里逊变速箱部。

作为全球战略的一部分,通用汽车公司与菲亚特汽车有限公司、富士重工业株式会社、日本铃木汽车株式会社以及日本五十铃汽车株式会社等企业结成了战略伙伴。此外,通用汽车公司还与丰田汽车公司和本田汽车公司开展了技术协作。

通用汽车公司旗下的轿车和卡车品牌包括别克、凯迪拉克、雪佛兰、GMC、霍顿、悍马、奥兹莫比尔、欧宝、庞蒂克、萨博、土星和沃克斯豪尔等。

(1)别克。别克汽车公司建于1903年5月19日,创建人是大卫·别克。1908年9月16日,威廉·杜兰特以别克汽车公司为核心成立了通用汽车公司。别克汽车公司是通用汽车公司的第二大部门,负责生产中档轿车。别克汽车的商标外形似三把利剑,如图5-2所示。三把颜色不同并依次排列在不同高度位置上的利剑给人一种积极进取、不断攀登的感觉。它表示别克汽车公司采用顶级技术,刀刃见锋;也表示别克汽车公司培养出的人才个个游刃有余,是无坚不摧、勇于登峰的勇士。

图5-2 别克汽车的商标

(2)凯迪拉克。1902 年,凯迪拉克汽车公司由亨利·利兰德(见图 5-3)创建。选用凯迪拉克作为公司的名称是为了纪念底特律市的创建者和法国的皇家贵族、探险家——安东尼·门斯·凯迪拉克。1909 年,凯迪拉克汽车公司并入通用汽车公司,成为通用汽车公司生产豪华轿车的分部。其商标如图 5-4 所示,盾形象征凯迪拉克军队的英勇,郁金香花瓣构成的花环表示荣誉,体现了凯迪拉克汽车的高贵与气派。

图 5-3　亨利·利兰德

图 5-4　凯迪拉克汽车的商标

(3)雪佛兰。雪佛兰的国际品牌血统已经传承了近百年,是通用汽车全球销量最大的品牌,从 1912 年至今,销售超过亿辆,其市场覆盖了 70 多个国家。雪佛兰品牌的定位是:大众化的,值得信赖的品牌。其商标是抽象化了的蝴蝶领结,象征雪佛兰的大方、气派和风度,如图 5-5 所示。

图 5-5　雪佛兰汽车的商标

(4)奥兹莫比尔。奥兹莫比尔由美国汽车业开创者之一的兰塞姆·奥兹于 1897 年建立的,1908 年并入通用汽车公司。它是美国最老的小客车生产厂,其商标如图 5-6 所示。2000 年 12 月 12 日,通用汽车公司作出了一个令全球汽车界和无数车迷伤心的决定——奥兹莫比尔品牌将退出历史的舞台。

图 5-6　奥兹莫比尔汽车的商标

(5)庞蒂克。1893 年,爱德华·墨菲建立了庞蒂克轻便马车公司。1907 年 8 月 28 日,墨菲创立了奥克兰汽车公司。1909 年 4 月 9 日,奥克兰汽车公司加入通用汽车公司。1931 年,奥克兰汽车公司改名为庞蒂克汽车公司。其商标如图 5-7 所示,十字标记象征庞蒂克汽车安全可靠;箭头则代表庞蒂克的超前技术和攻关精神,预示着庞蒂克汽车将跑遍全球。

(6)土星。1985 年,通用汽车公司决定新建土星分部,企图开发先进的土星牌轿车,以抵御外国轿车大规模进入美国市场,这也是通用汽车公司唯一从内部建立起

图 5-7　庞蒂克汽车的商标

来的公司。土星分部是通用汽车公司最晚建成的分部，也是唯一从通用汽车公司内部建立起来的分部，其主要产品有豪华轿车、旅行轿车和跑车。其标志为土星轨迹线，给人以高科技、新观念、超时空的感觉，寓意汽车技术先进和设计超前，如图 5-8 所示。

图 5-8　土星汽车的商标

2. 福特汽车公司

福特汽车公司是全世界最大的汽车企业之一，由亨利·福特先生创立于 1903 年。它的总部位于美国密歇根州迪尔伯恩市，业务遍及六大洲的 200 多个国家。福特汽车公司致力于成为全球领先的以消费者为导向的公司，始终坚持“消费者是我们工作的中心”这一经营理念。其商标形似一只飞奔的小白兔，象征福特汽车飞奔于世界各地，如图 5-9 所示。

图 5-9　福特汽车公司商标

福特汽车公司旗下拥有的汽车品牌有福特(Ford)、林肯(Lincoln)、水星(Mercury)、阿斯顿·马丁(Aston Martin)、美洲豹(Jaguar)、马自达(Mazda)和陆虎(Land Rover)。此外，还拥有世界最大的汽车信贷企业——福特信贷(Ford Financial)、全球最大的汽车租赁公司——赫兹(Hertz)及汽车维修公司。其中，林肯汽车是以美国第 16 任总统的名字命名的，借助林肯总统的名字来树立公司的形象，显示出了该公司生产的顶级性，其商标如图 5-10 所示。

图 5-10　林肯汽车的商标

1908 年，福特汽车公司生产出了世界上第一辆属于普通百姓的汽车——T 型车，世界汽车工业革命就此开始。1913 年，福特汽车公司又开发出了世界上第一条流水线，这一创举使 T 型车的产量累计达到了 1500 万辆，缔造了一个传奇的世界纪录。

3. 戴姆勒-克莱斯勒汽车公司

克莱斯勒汽车公司是美国第三大汽车公司，由沃尔特·克莱斯勒创立于 1925 年。该公司在全世界许多国家设有子公司，是一个跨国汽车公司。公司总部设在美国底特律，其商标如图 5-11 所示。克莱斯勒汽车公司下属的品牌有克莱斯勒、JEEP、道奇等。

图 5-11　克莱斯勒汽车公司商标

1924 年，沃尔特·克莱斯勒离开通用汽车公司进入威廉斯·欧夫兰公司，开始生产克莱斯勒牌汽车。1925 年，他买下破产的马克斯维尔公司，组建了自己的公司。凭借自己的技术和财力，他先后兼并了道奇兄弟公司（1890 年创立），改马克斯韦尔公司为普利茅斯（顺风）部，建立克莱斯勒部，收购美国汽车公司成立了吉普·飞鹰部，使克莱斯勒汽车公司逐渐发展成为了美国第三大汽车公司。

随着经营的扩大，克莱斯勒汽车公司开始向海外扩张，成为一个跨国汽车公司。在 20 世纪 30 年代的黄金时期，它曾一度超过福特汽车公司。20 世纪 70 年代，公司因管理不善濒于倒闭，著名企业家李·艾柯卡接管该公司。他上任后大胆启用新人，裁减员工，争取政府资助，并把主要精力投入市场调研和产品开发上，并在产品广告上出奇制胜。在 20 世纪 80 年代初，克莱斯勒汽车公司又奇迹般地活了过来，继续排在世界前五大汽车公司之列。

1998 年 5 月 7 日，戴姆勒-奔驰汽车公司和克莱斯勒汽车公司合并，组建了戴姆勒-克莱斯勒汽车集团公司，由此戴姆勒-克莱斯勒汽车公司成为全球第二大汽车生产商、世界第五大汽车公司。戴姆勒-克莱斯勒汽车公司的产品涵盖小排量汽车、跑车、豪华轿车、轻型商用车、重型载重车以及舒适型长途客车。

2007 年 7 月 3 日，欧盟正式批准戴姆勒-克莱斯勒汽车公司以 74 亿美元的价格，将旗下克莱斯勒汽车公司出售给美国瑟伯勒斯资本管理公司。根据协议，戴姆勒-克莱斯勒汽车公司将把自己在克莱斯勒汽车公司中 80.1%的股份出售给瑟伯勒斯资本管理公司。此项交易意味着戴姆勒与克莱斯勒之间长达 9 年的“联姻”行将结束。2007 年 10 月 4 日，戴姆勒-克莱斯勒汽车公司正式完成分拆程序，在股东大会投票表决通过后，其正式更名为戴姆勒股份公司，并继续拥有克莱斯勒汽车公司余下的 19.9%的股份。

（二）德国汽车公司及其商标

1. 戴姆勒-奔驰汽车公司

该公司总部设于德国斯图加特，于 1926 年 6 月由奔驰发动机公司和戴姆勒机动车公司合并组成，中国国内简称为“奔驰汽车公司”。

第二次世界大战期间，公司遭到严重破坏。战后，在美国垄断资本的扶持下，公司迅速恢复了生产。20 世纪 50 年代，公司引进多用途卡车制造工艺，生产 6 缸发动机。20 世纪 60 年代，公司小轿车和商用汽车的生产和经营业务继续获得发展。20 世纪 70 年代，公司虽多次受到石油危机和经济危机的冲击，但仍保持了以往的生产盛势。公司主要生产小轿车和商用汽车两大类。小轿车多侧重于制造各种中高级的梅赛德斯-奔驰轿车，该车是以奥地利驻法国尼斯领事埃米尔·耶利内克之女——梅赛德斯的名字命名的，其商标是海、陆、空全方位的三叉星，其演变史如图 5-12 所示。

图 5-12　梅赛德斯—奔驰商标的演变

梅赛德斯-奔驰的下属品牌有奔驰、迈巴赫、精灵。其中，迈巴赫车标有两个交叉的

M，围绕在一个球面三角形里，如图 5-13 所示，“MM”原本代表“Maybach Motorenbau”(迈巴赫发动机)，现在代表“Maybach Manufaktur”(迈巴赫制造)。精灵汽车商标(见图 5-14)中“Smart”的“S”代表了“Swatch”(斯沃奇)，“M”代表了“Mercedes-Benz”(戴姆勒集团)，而“art”则是英文中“艺术”的意思，合起来可以理解为：这部车代表了斯沃奇和戴姆勒合作的艺术。而“Smart”车名本身在英文中也有“聪明伶俐”的意思，这也契合了精灵公司的设计理念。

图 5-13　迈巴赫汽车的商标　　　　图 5-14　精灵汽车的商标

奔驰汽车公司商用汽车的品种也很多，主要有各种载重汽车、公共汽车、卡车、大篷车、矿山自卸车、改装车、公路及非公路用车等。此外，公司还生产各种汽车机件和其他机器，最主要的有汽车发动机、飞机发动机、燃气涡轮机、变速箱等。

2. 大众汽车公司

大众汽车公司是世界十大汽车公司之一，于 1938 年在德国的沃尔夫斯堡创建，创始人是世界著名的汽车设计大师波尔舍。大众汽车顾名思义是为大众生产的汽车，其商标如图 5-15 所示。

图 5-15　大众汽车公司商标

1934 年 1 月 17 日，波尔舍向德国政府提出了一份为大众设计生产汽车的建议书，建议书随后被批准。后来，波尔舍组建了一个由 34 万人入股的大众汽车股份公司，汽车年产量为 100 万辆。

1938 年，在沃尔夫斯堡的大众汽车城里，第一批甲壳虫汽车问世，但仅仅生产了 630 辆就因第二次世界大战而停产。二战后，大众公司划归西德政府，汽车生产又逐步恢复。由于甲壳虫汽车价格低廉，故很快风靡德国和欧洲。1955 年，甲壳虫汽车已出口到 100 多个国家，1981 年甲壳虫汽车停产时，已经累计生产了 2000 万辆，打破了福特 T 型车的世界纪录。1965 年，大众汽车公司收购奥迪前身——新联盟汽车公司。随着甲壳虫汽车的畅销，大众汽车公司也成长为一个强大的世界汽车生产集团，它在西班牙、墨西哥等许多国家都建立了汽车生产厂和销售公司。

继甲壳虫汽车之后，大众公司在 1980 年实现了四轮连续驱动小客车的大批量生产，推出了 20 世纪 80 年代世界最畅销的高尔夫汽车，从而成为了欧洲最大的汽车商。

大众汽车公司于 1978 年进入中国，在中国投资合作的主要公司为上海大众汽车、一汽大众汽车、大众汽车金融(中国)，在中国生产的车型有奥迪、帕萨特、宝来、高尔夫、波罗、桑塔纳、捷达等，生产基地分布在上海、吉林等。

大众汽车公司旗下子品牌有奥迪、斯柯达、布加迪、兰博基尼、西亚特等。其中，奥迪商标采用四个圆圈连接的图案，如图5-16所示，喻为四个公司的联合，充分体现了团结精神及"团结就是力量"的氛围。

图5-16 奥迪汽车的商标

3.宝马汽车公司

宝马汽车公司被认为是高档汽车生产业的先导，始建于1916年，总部设在德国慕尼黑。20世纪80年代以来，它由最初的一家飞机引擎生产厂发展成为今天以高级轿车为主导，并生产享誉全球的飞机引擎、越野车和摩托车的企业集团。宝马公司的全称是"Bayerische Motoren Werke AG"，"BMW"就是前三个单词的缩写。其商标如图5-17所示，由于宝马汽车公司是以生产航空发动机开始创业的，故商标中的蓝色代表天空，白色代表螺旋桨。

图5-17 宝马汽车公司商标

作为国际汽车市场上的重要成员，宝马汽车公司相当活跃，其业务遍及全世界120个国家。宝马汽车主要有3、5、7、8系列汽车及越野车、敞篷跑车、硬顶跑车等。欧宝和福特汽车公司使用过宝马汽车公司的6缸柴油发动机；劳斯莱斯集团不仅采用它的12缸发动机及电子设备，还与其共同研究生产新的航空发动机；1994年，宝马汽车公司收购了英国罗孚集团(Rover Group)；1998年，宝马汽车公司又购得了劳斯莱斯汽车品牌，其商标如图5-18所示；宝马汽车公司在美国南卡罗莱纳州的新厂也落成投产，这是美国的第一家外国高档汽车生产厂。

图5-18 劳斯莱斯汽车的商标

宝马汽车公司历来以重视技术革新而闻名，其不断为高性能高档汽车设定新标准。同时，宝马汽车公司十分重视安全和环保问题。宝马汽车公司在主动安全和被动安全性能方面的研究及其"整体式道路安全系统"(FIRST)为公司赢得了声誉。

宝马汽车公司致力于推动中国汽车工业在高科技应用方面的发展，与华晨汽车公司有着深入的合作。

(三)日本汽车公司及其商标

1.丰田汽车公司

丰田汽车公司是世界十大汽车公司之一，也是日本最大的汽车公司，创立于1933年，现在已发展成为以汽车生产为主，业务涉及机械、电子、金融等行业的庞大工业集团。公司总部设在日本东京。丰田汽车公司的三个椭圆的商标(见图5-19)是从1990年初开始使用的，标志中的大椭圆代表地球，中间由两个椭圆垂直组合成一个"T"字，代表丰田汽车公司。它象征着丰田汽车公司立足于未来，对未来充满信心和雄心。

图5-19 丰田汽车公司商标

丰田汽车公司早期以制造纺织机械为主，创始人丰田喜一郎于1933年在纺织机械制作所设立汽车部，从而开始了丰田汽车公司制造汽车的历史。1935年，丰田AI型汽车试制成功，第二年即正式成立汽车工业公司。但在整个20世纪30年代和40年代，该公司发展缓慢，到了二战之后，丰田汽车公司才加快了发展步伐。它通过引进欧美技术，在美国的汽车技术专家和管理专家的指导下，很快掌握了先进的汽车生产和管理技术，并根据日本民族的特点，创造了著名的"丰田生产管理模式"，并不断加以完善提高，大大提高了生产效率。丰田汽车在20世纪60年代末即大量涌入北美市场。

1967年，丰田汽车公司收购了大发工业公司。20世纪70年代的石油危机后，丰田汽车公司进入飞速发展的黄金时期，从1972年到1976年仅4年时间，该公司就生产了1000万辆汽车，年产汽车达到200多万辆。进入20世纪80年代，丰田汽车公司的产销量仍然直线上升，到20世纪90年代初，其汽车年产量已经超过了400万辆，接近500万辆，击败福特汽车公司，名列世界第二。丰田汽车公司在20世纪60～70年代处于自我成长期，20世纪80年代之后，它开始了全面走向世界的国际战略。丰田汽车公司先后在美国、英国以及东南亚建立独资或合资企业，并将汽车研究发展中心合建在当地，实施当地研究、开发、设计、生产的国际化战略。

丰田汽车公司不仅有很强的技术开发能力，而且十分注重研究顾客对汽车的需求，因而在发展的各个历史阶段，它创造出了不同的名牌产品，而且以快速的产品换型击败了美欧竞争对手。其高端品牌雷克萨斯是于1989年在美国市场推出的，其商标如图5-20所示，由圆形商标和文字商标两部分组成，其圆形商标是一个椭圆中镶嵌英文"LEXUS"的第一个英文字母"L"，下面标有文字商标"LEXUS"，喻该汽车驰骋在世界各地的道路上。

图5-20　雷克萨斯汽车的商标

丰田汽车公司在中国实施"三级跳"的发展战略：先利用日本大发公司与天津汽车公司的技术合作介入天津汽车公司；然后以天津为中心，建立自己的零部件生产体系，并建立营销服务系统；最后与天津汽车公司合资，拿到轿车项目，意图以天津汽车公司为跳板，伺机谋求更强大的合作伙伴(或实现独资)。丰田汽车公司北与一汽合作，南与广汽联姻，在中国形成了"南北夹击"之势，确立了在中国市场的强势地位。

丰田汽车公司在中国生产的车型有普锐斯、皇冠、花冠、锐志、威驰、凯美瑞、霸道、陆地巡洋舰、金杯、金龙、柯斯达等，生产基地分布在四川、天津、广东等。

2.本田汽车公司

本田汽车公司是世界上最大的摩托车生产厂家，汽车产量和规模也名列世界十大汽车厂家之列。公司于1948年创立，并用本田宗一郎的姓氏作为公司的名称和商标。本田汽车公司在20世纪80年代成立了商标设计研究组，设计确定了现在的"三弦音响式"商标，即带框的"H"，如图5-21所示。这个标志体现了技术创新、职工完美和经营扎实的特点，同时还有紧张感和轻松感。

图5-21　本田汽车公司商标

本田汽车公司总部设在东京，是一个跨国汽车、摩托车生产销售集团。它的产品除汽车、摩托车外，还有发电机、农机等动力机械产品。

本田汽车公司的经营方法十分灵活。1991 年，在美国设立的本田汽车分公司在美国市场上的销量已超过克莱斯勒汽车公司，名列第三。本田汽车公司的雅阁和思域汽车长期以来分别被用户评为质量最佳和最受欢迎的汽车。在欧洲，本田汽车公司也在英国建立了分公司。本田汽车公司的汽车年产量已达约 300 万辆。

1986 年，本田汽车公司为了进入北美高级轿车市场，创立了“讴歌”(Acura)高档品牌，其商标如图 5-22 所示。

图 5-22　讴歌汽车的商标

本田汽车公司素有“日本汽车技术发展的排头兵”之称。在技术开发和研究上，创始人本田宗一郎舍得花大本钱，因而科技成果颇丰。本田汽车公司的电子导航仪是世界上最先应用在汽车上的导航装置。本田汽车公司的摩托车产品种类繁多，运动车、赛车和普通车在世界摩托车市场也占有绝对优势，约占全球市场份额的 1/3。本田汽车公司车队也是赛场上实力强劲的运动队。无论在汽车赛场还是摩托车赛场上，本田车队每年都要拿几个世界冠军。本田汽车公司主要的汽车产品有雅阁、思域、思迪以及本田 NSX、S2000 等。摩托车产品则拥有从 50 mL 到 1800 mL 等各排量、各级别的产品。其动力机械产品则包括发电机、通用发动机、耕耘机、舷外机、草坪机、除雪机等各领域的产品。

本田汽车公司于 1997 年进入中国，在中国投资的主要公司有广州本田和东风本田。在中国生产的车型有雅阁、飞度、奥德赛、思域、CR-V 等，生产基地分布在广东、湖北。

3. 日产汽车公司

日产汽车公司创立于 1933 年，是日本三大汽车制造商之一，也是第一家开始制造小型 Datsun 轿车和汽车零件的制造商。日产汽车公司商标如图 5-23 所示，圆表示太阳，中间的字是“日产”两字的日语拼音形式，整个图案的意思是“以人和汽车的明天为目标”。

图 5-23　日产汽车公司商标

日产汽车公司于 1993 年 3 月进入中国，在中国合作的主要公司有东风日产和郑州日产。在中国生产的车型有轩逸、骐达、颐达、天籁、阳光、蓝鸟、帕拉丁等，生产基地分布在郑州、广州。

1999 年 3 月，日产汽车公司与法国雷诺汽车公司签订了一个全面的联盟协定，旨在加强日产汽车公司的财政地位，同时获得双赢的发展。在对全球业务战略具有关键意义的各种运作中，双方之间的这种联盟允许最佳的和互补的产量，包括销售、产品和生产活动。日产汽车公司和法国雷诺汽车公司作为全球伙伴一直密切合作，同时保持各自的身份和公司战略。这种联盟旨在加强品牌知名度，使这些品牌具有明显的优势和特点，而且能够在 21 世纪的全球市场上有效地参加竞争。

4. 三菱汽车公司

三菱汽车公司于 1970 年从三菱重工业公司中独立出来，是日本汽车行业中最年轻的汽车制造公司。三菱重工业公司有着生产汽车的悠久历史，早在 1917 年就在日本首次推出了成批生产的三菱 A 型轿车，接着又于 1932 年完成了 FUSO 汽车最初车型——B46 型客车的生产。

三菱商标是于1917年注册的三瓣菱形钻石图案，如图5-24所示。其体现了公司的三个原则：承担对社会的共同责任，诚实与公平，通过贸易促进国际谅解与合作。对世界各地的顾客来说，这个标志是产品维修保养、质量和服务的保证。

图5-24　三菱汽车公司商标

（四）法国汽车公司及其商标

1. 标致-雪铁龙汽车公司

标致集团（Peugeot S. A.，PSA）是由雪铁龙、太保、标致三家汽车公司于1980年联合组成的，是世界十大汽车公司之一，也是法国最大的汽车集团公司。公司的总部在法国巴黎，是一家以生产汽车为主，兼营机械加工、运输、金融和服务业的跨国工业集团。

标致汽车公司创立于1890年，创始人是阿尔芒·标致。标致汽车公司采用一头威武的雄狮作为标志，这是它的创始地蒙贝利亚尔所在省的标志，如图5-25所示。

图5-25　标致汽车公司商标

标致汽车公司创始之初以生产自行车和三轮车为主，1891年开始涉足汽车领域并取得成功。由于不断采用新技术，公司的产量与日俱增。到第一次世界大战前，该公司的产量已超过法国所有其他的汽车生产厂家，达到1.2万辆。第一次世界大战中，阿尔芒·标致及时调整经营战略，使标致汽车公司在战争中发展起来，1939年的汽车年产量即达4.8万辆。标致汽车公司的第二次大发展时期是二战后的20世纪50～60年代，汽车产量在20年间猛增十几倍，一跃成为法国第二大汽车公司。

1890年，安德烈·雪铁龙发明了人字形齿轮。1912年，安德烈·雪铁龙开始用人字形齿轮作为雪铁龙汽车公司的商标，如图5-26所示。雪铁龙汽车具有典型的法国情调，其大弧度曲线和倾斜式的车首让汽车显得轻松自在。

图5-26　雪铁龙汽车公司商标

1976年，标致汽车公司以自己的经济实力收购了处于财务困境中的雪铁龙汽车公司60%的股份，从而扩充了自己的实力，这使得其汽车总产量超过雷诺汽车公司而居法国第一。

标致-雪铁龙汽车公司在中国合作的主要公司是神龙汽车公司，生产的车型有标致206、标致307、标致408、雪铁龙C5、爱丽舍、世嘉、C3-XR、凯旋、赛纳、毕加索、富康等，生产基地在武汉。

2. 雷诺汽车公司

雷诺汽车公司以创始人路易斯·雷诺（Louis Renault）三兄弟的姓氏命名，其商标是由四个菱形拼成的图案，如图5-27所示，象征雷诺三兄弟与汽车工业融为一体，表示雷诺公司能在无限的四维空间中竞争、生存和发展。公司总部设在法国比杨古。

图5-27　雷诺汽车公司商标

雷诺汽车公司是法国第二大汽车公司，由路易斯·雷诺三兄弟于1898年在法国比杨古创建。而今的雷诺汽车公司已被收为国有，是法国最大的国营企业，也是世界上以生产各型汽车为主，并涉足发动机、农业机械、自动化设备、机床、电子、塑料橡胶的垄断工业集团。

雷诺汽车公司第一次大发展是在第一次世界大战期间，它为军队生产枪支弹药、飞机，还设计出了轻型坦克，使雷诺汽车公司大发战争财。战争结束后，公司转向农业机械和重型柴油汽车的生产，其柴油机核心技术处于世界领先地位。二战期间，雷诺汽车公司为德国法西斯效劳，为德国军队提供了大量坦克、飞机发动机和其他武器。因此，战争结束后雷诺汽车公司被法国政府接管，路易斯·雷诺也被逮捕。战后，在法国政府的支持下，雷诺汽车公司迎来了第二次大发展，公司利用国家资本兼并了许多小汽车公司，并发挥雷诺汽车公司的技术潜力，开发出了多品种的汽车新产品。

（五）意大利汽车公司及其商标

1899年7月，菲亚特汽车公司始建于意大利都灵市，创始人是乔瓦尼·阿涅利。该公司是世界十大汽车公司之一，也是世界上第一个生产微型车的汽车生产厂家。这家公司的全称是“意大利都灵汽车制造厂”，“菲亚特”是该公司缩写“FIAT”的译音，“FIAT”也是该公司的商标，如图5-28所示。

图5-28 菲亚特汽车公司商标

菲亚特汽车公司总部设在意大利都灵市，在100多个国家设有子公司和销售机构。其轿车公司主要有菲亚特、法拉利、阿尔法和蓝旗亚等公司，工程车辆公司是依维柯公司。菲亚特汽车公司是意大利最大的综合工商金融公司，它是所有汽车公司中涉足其他领域最多的汽车公司。在意大利，它几乎垄断了汽车、拖拉机、工程机械、飞机制造、生物工程、土木工程、能源工程等许多技术生产领域，并在全世界开办了许多分支机构。

菲亚特汽车公司于1999年4月进入中国，在中国合作的主要公司是南京菲亚特公司，生产的车型有蓝旗亚、多宝、熊猫、派力奥、西耶那、依维柯等。

菲亚特汽车公司旗下的品牌有法拉利、玛莎拉蒂等。前者的商标用法拉利的英文“Ferrari”作为文字商标，用“腾马”作为图形商标，如图5-29所示。后者的商标是在一个椭圆中放置一个三叉戟，相传这个兵器是罗马神话中的海神手中的武器，它显示了海神巨大无比的威力，如图5-30所示。

图5-29 法拉利汽车的商标

图5-30 玛莎拉蒂汽车的商标

（六）韩国汽车公司及其商标

1. 现代汽车公司

现代汽车公司是韩国最大的汽车企业，也是世界二十家最大的汽车公司之一。公司创立于 1967 年，创始人是郑周永。公司总部在韩国首尔，汽车年产量为 100 万辆，主要产品有小马牌、超小马牌、斯拉塔牌小客车及载货车。目前，现代汽车公司已发展成为现代集团，其经营范围由汽车扩展到建筑、造船和机械等领域。

现代汽车公司的商标图案为现代公司英文拼写的第一个字母“H”，如图 5-31 所示。“H”为斜花体，并被椭圆包围，椭圆象征现代汽车遍及全球。

图 5-31　现代汽车公司商标

现代汽车公司的发展可分三个阶段：

第一阶段是 1967～1970 年的创业期。在这段时间，现代汽车公司和美国福特汽车公司合作，引进福特技术生产哥蒂拉牌小汽车，并在 1970 年建成了拥有年产 2.6 万辆汽车生产能力的蔚山厂。

第二阶段是 1970～1975 年的消化吸收期。在这段时间，现代汽车公司花费巨额资金消化吸收了福特的技术。1974 年，现代汽车公司投资 1 亿美元建设了年产 5.6 万辆汽车的新厂，1975 年该厂建成，这使得韩国小汽车国产化率达到了 100%。

第三阶段是 1975 年以后的走向世界时期。1976 年，现代汽车公司设计生产的福尼牌小轿车下线，现代汽车公司走向成熟。20 世纪 80 年代，现代汽车公司垄断了韩国市场，并和丰田汽车公司“分手”，与三菱汽车公司结盟生产小马牌汽车。小马牌汽车于 1983 年销往加拿大而大为走红，仅 1985 年就卖出了7.9 万辆。1986 年，现代汽车公司的超小马汽车投入美国市场，当年即售出 16 万辆，创下了汽车业销售的奇迹，从而奠定了现代汽车公司的国际地位。

2. 起亚汽车公司

起亚汽车公司成立于 1944 年，是韩国最早的汽车制造商。公司开始时是一家手工制作自行车零部件的小厂，现在拥有完善的乘用车和商用车生产流水线。起亚汽车公司现行的标志由红色的椭圆、白色的背景和红色的英文“KIA”字样组成，如图 5-32 所示，形似一只飞鹰，象征公司如腾空飞翔的雄鹰。

图 5-32　起亚汽车公司商标

（七）中国汽车公司及其商标

1. 第一汽车集团公司

第一汽车集团公司（原第一汽车制造厂）简称“一汽”，其商标以“一汽”二字为核心元素，经组合、演变，构成“雄鹰”图案，如图 5-33 所示。

图 5-33　一汽商标

1953 年 7 月 15 日，一汽破土动工，中国汽车工业从这里起步。一汽肩负着中国汽车工业发展的重任，经历了建厂创业、产品换型和工厂改造三次大规模发展阶段，产品生产由单一的卡车向轻型车和轿车方面发展。1991 年，一汽与德国大众汽车公司合资建立年产 15 万辆的轿车生产基地。2002 年，一汽又与天津汽车工业(集团)有限公司联合重组。后来,一汽与日本丰田汽车公司实现合作。目前,一汽的产品结构以轿车为主。

一汽拥有全资子公司32家和控股子公司17家,其中包括一汽解放汽车有限公司、富奥汽车零部件有限公司等全资子公司和一汽轿车股份有限公司、天津一汽夏利汽车股份有限公司、一汽四环股份有限公司等上市公司及一汽大众汽车有限公司、天津一汽丰田汽车有限公司等中外合资企业。一汽在东北、华北、西南建成了布局合理的三大生产基地,在国内建立了具有产品开发和工艺材料开发领先水平的技术中心。一汽拥有的自主轿车品牌包括红旗、奔腾等。

2. 东风汽车公司

东风汽车公司始建于1969年,是中国汽车行业的骨干企业,公司标志为"双飞燕"(见图5-34)。经过30多年的建设,公司已陆续建成了十堰(以中、重型商用车,零部件,汽车装备事业为主)、襄樊(以轻型商用车、乘用车为主)、武汉(以乘用车为主)、广州(以乘用车为主)等主要生产基地。公司运营中心于2003年9月28日由十堰迁至武汉。公司主营业务包括全系列商用车、乘用车、汽车零部件和汽车装备。目前,东风汽车公司的整车业务产品结构基本形成了商用车、乘用车各占一半的格局。

图5-34 东风汽车公司商标

公司总股本为20亿股,现主要由汽车、铸造两个分公司,皮卡、工程车、海外三个事业部,东风康明斯发动机有限公司、东风标致汽车有限公司、郑州日产汽车有限公司、东风裕隆汽车销售有限公司、东风襄樊旅行车有限公司等控股公司组成。

2009年2月,东风汽车公司决定用"东风风神"作为自主品牌轿车的名称,并启用"双飞燕"标志。

3. 上海汽车工业(集团)总公司

上海汽车工业(集团)总公司(简称"上汽集团")是中国三大汽车集团之一,主要从事乘用车、商用车和汽车零部件的生产、销售、开发、投资及相关的汽车服务贸易和金融业务,其公司商标如图5-35所示。

上汽集团坚持自主开发与对外合作并举,一方面通过加强与德国大众汽车公司、美国通用汽车公司等全球著名汽车公司的战略合作,形成了上海通用、上海大众、上汽双龙、上汽通用五菱、上海申沃等系列产品;另一方面集成全球资源,加快技术创新,推进自主品牌建设,推出了荣威等品牌,逐步形成了合资品牌和自主品牌共同发展的格局。

上汽集团
SAIC MOTOR

图5-35 上汽集团商标

上汽集团除在上海当地发展外,还在柳州、烟台、沈阳、青岛等地建立了自己的生产基地;直接管理持股51.16%的韩国双龙汽车公司,拥有韩国通用大宇汽车公司10%的股份;在美国、欧洲、日本和韩国等设有海外公司。上汽集团除直接经营汽车零部件、服务贸易等业务外,其核心的整车业务已于2006年10月注入持股83.83%的上海汽车股份有限公司(简称"上海汽车")。目前,上海汽车已成为国内A股市场规模最大的汽车公司。

二、汽车名人

(一)欧洲汽车名人

1. 汽车之父——卡尔·本茨

卡尔·本茨(Karl Benz,1844～1929 年,见图 5-36)发明了世界上第一辆三轮汽车,是现代汽车工业的先驱者之一,被世人尊称为“汽车之父”。

图 5-36 卡尔·本茨

1844 年,本茨以遗腹子的身份出生于德国,父亲原是一位火车司机,但在他出世前的 1843 年因事故去世了。从中学时期开始,本茨就对自然科学产生了浓厚的兴趣。1860 年,本茨进入卡尔斯鲁厄综合科技学校学习。在这所学校,他较为系统地学习了机械构造、机械原理、发动机制造、机械制造经济核算等课程,为他日后的发展打下了良好的基础。在经历过学徒工、服兵役、娶妻生子等人生经历后,他于 1872 年组建了奔驰铁器铸造公司和机械工厂,专门生产建筑材料。由于当时建筑业不景气,本茨工厂经营困难,面临倒闭危险,万般无奈之际,他决定制造发动机获取高额利润以摆脱困境。于是,他取得了生产奥托四冲程煤气发动机的营业执照,经过一年多的设计与试制,于 1879 年 12 月 31 日制造出了第一台单缸煤气发动机(转速为 200 r/min,功率约为0.7 kW)。不过,这台发动机并没有使本茨摆脱经济困境,他依然面临着破产的危险,生活十分艰苦。但是,清贫的生活并没有改变本茨投身发动机研究的决心,经过多年努力,他终于研制成单缸汽油发动机,并将其安装在自己设计的三轮车架上,取得了世界上第一个汽车制造专利(1886 年 1 月 29 日)。

1893 年,本茨研制成功了性能较先进的维克托利亚牌汽车(见图 5-37)。它采用本茨专利的 3L 发动机,方向盘安装在汽车中部。尽管该车性能先进,但由于价格高达 3875 马克(1 马克等于 3.48 元),因而很少有人购买得起,成为了公司的滞销品。结果,这种在技术上为本茨带来了极高荣誉的汽车,在经济上并没有给他带来多大的好处。后来,本茨听从了商人的建议,于 1894 年开发生产了便宜的“自行车”(定价 2000 马克)。这种“自行车”销路很好,在一年内就销出了 125 辆。由于这是世界上第一种批量生产的机动车,因而给本茨带来了较高的利润。后来,本茨又对前期生产的维克托利亚牌汽车进行了改进,将车厢座位设计成面对面的 18 个,它也因此成为了世界上第一辆公共汽车。

图 5-37 本茨研制的维克托利亚牌汽车

本茨是十分令人钦佩的:首先,他甘心清苦,埋头于自己的发明工作;其次,他果敢地摒弃了在技术上已十分成熟的蒸汽机而选用了并不被人看好的内燃机作动力,反映了他在观念上的巨大转变;再次,他既能开发生产反映汽车技术最高水平的高档车,又能及时调整产品结构，组织生产适销对路的普通车，为公司赢得可观的利润，说明他既有工程师的基本素质，又有企业家的经营技巧。

2. 汽车鼻祖——戈特利布·戴姆勒

戈特利布·戴姆勒（Gottlieb Daimler，1834～1900年，见图5-38）发明了世界上第一辆四轮汽车，与本茨同称"汽车之父"。同时，他也是摩托车之父和三叉星商标的最早设计者。

图5-38 戈特利布·戴姆勒

戴姆勒出身于一个面包师家庭，毕业于斯图加特技术学校。他从小热爱机械，特别对发动机有着浓厚的兴趣，学徒生活结束后即能制造双管手枪。他曾就职于奥托建立的道依茨发动机公司，还改进了奥托四冲程发动机。

1883年8月15日，戴姆勒和迈巴赫在奥托四冲程发动机的基础上，通过改进开发了第一台卧式汽油机，如图5-39所示。1884年5月，戴姆勒制造出一台立式发动机，取名"立钟"，并于1885年4月3日取得德国专利，成为世界上第一台立式发动机。1885年8月29日，戴姆勒将它安装在一辆车子上，取得了"骑士"式双轮车的专利权，它实际上是世界上第一辆摩托车，如图5-40所示。1886年，为了庆祝妻子埃玛的43岁生日，戴姆勒将该发动机装在一辆四轮马车上，制成了世界上第一辆四轮汽车（见图5-41）。1890年，戴姆勒建立了戴姆勒发动机公司，主要生产发动机，并在英国和奥地利开设了分公司。1926年，戴姆勒公司与奔驰公司合并，改名为戴姆勒-奔驰汽车公司。

图5-39 第一台卧式汽油机

图5-40 戴姆勒制造的第一辆摩托车

图5-41 戴姆勒研制的四轮汽车

3. 设计天才——费迪南德·波尔舍

在汽车发展史上，费迪南德·波尔舍(Ferdinand Porsche，1875～1952 年，见图 5-42)是最为杰出的汽车设计大师之一。波尔舍对汽车的杰出贡献主要体现在其高超的产品设计水平和使汽车大众化的设计概念两个方面。

图 5-42　费迪南德·波尔舍

1875 年 12 月 3 日，波尔舍出生于波西米亚的一个铁匠之家，15 岁进入夜大学习。后来，他一边在电厂工作，一边在维也纳工学院进修。

22 岁那年，波尔舍设计了一台能安装在汽车轮内的电动机，以替代当时在汽车上普遍使用的链条传动系统，并因此而获得了第一个专利——"混合传动系统"专利。1900 年，他首创的电动汽车出现在巴黎世界工业产品博览会上，从此他以"电动汽车之父"而为世人所知晓。1905 年，他被聘任为戴姆勒公司奥地利分公司技术部经理，由于成功设计了玛哈牌汽车而获得了他有生以来的第一枚勋章。1910 年，他成功设计出了更为完善的公爵牌轿车。一战后，面对萧条的德国经济，他曾建议戴姆勒公司的老板开发平民轿车，可惜对方未能采纳。1926 年，戴姆勒公司与奔驰公司合并，他由于许多意见与老板相左而于 1929 年辞职。

辞职后的波尔舍于 1930 年建立了自己的公司——保时捷汽车设计所。他打算先在运动车和赛车领域做出一番成绩。1934 年，他以全新的角度设计出了具有 16 缸增压式发动机的第一辆保时捷赛车(车头约占 1/3，车尾约占 2/3，车的前后配重比为 1∶1，油箱安置在车的中部——无论油量多少都不影响车的重心位置)，并以 7.5 万美元的价格将图纸卖给了德国汽车联盟。这辆外形新颖、性能优良的赛车模型车轮上的轮辋和车身的铆钉都是手工装配，内部结构精细异常，连电线的走向也交代得一清二楚。它在以后举行的多次比赛中都有出色表现，成为唯一能与早已成名的梅赛德斯赛车进行较量的车型，先后打破了 8 项世界纪录，夺得过场地赛、越野赛、登山赛等各项赛事的冠军。德国民众虔诚地将这辆赛车取名为"银箭"，表达了他们对它的无限敬意。由于它的出色表现，银箭造型成为了自那以后的国际环形赛车场地用车的基本外形(见图 5-43)。

图 5-43　波尔舍设计的"银箭"赛车

设计和制造赛车的巨大成功并没有使波尔舍忘记自己开发平民车的理想。从1935年起，他带领设计小组按照“坚固可靠，经济实用，技术全面成熟”这三条原则开发设计了大众型轿车。1936年10月12日，三辆大众型V-1轿车开发成功，并通过了技术鉴定。1937年5月，大众汽车公司成立。1939年8月，公司生产出第一批“大众”轿车。但是，由于受二战影响，他生产平民车的梦想破灭了，战前累计生产的210辆甲壳虫车全部装备给了德军军官。二战结束后，大众公司开足马力，加紧生产由波尔舍先前设计的甲壳虫汽车。由于该车占领了平民车这个最大的市场，故取得了极其辉煌的成就，累计产销2100多万辆。

二战期间，波尔舍由于曾参与过德军坦克的研制工作，战后被盟军指控为战犯，被关进法国监狱。1948年，获释后的波尔舍重操旧业，他所组建的保时捷设计有限公司精心设计、制作了50辆功率为30 kW、铝质车身的保时捷356型(因先后进行过356次设计变动而得名)跑车。由于该车在一次重大比赛中出人意料地战胜了许多欧美名车，遂在一夜之间成为了妇孺皆知的英雄，波尔舍在汽车设计领域的重要地位由此得以确定。

1952年1月30日，就在保时捷356型跑车开始为公司赢得荣誉时，波尔舍因病去世，终年77岁。

4. 设计之王——威廉·迈巴赫

1846年2月9日，威廉·迈巴赫(Wilhelm Maybach，1846～1929年，见图5-44)出生于德国的海尔布隆，后来全家搬到了斯图加特。在迈巴赫10岁的时候，父母相继去世，小小的他成为了一个孤儿。在迈巴赫生活困难的时候，一家慈善机构在报上看到了领养启事并答应照顾他。迈巴赫在罗依特林根上学期间，学校的创建者和负责人发现了迈巴赫的技术才能，并很好地培养了他。

图5-44 威廉·迈巴赫

1865年，迈巴赫在罗依特林根见到了戈特利布·戴姆勒，年仅19岁的迈巴赫凭借自己在绘图方面非凡的天分，很快引起了戴姆勒的注意。相同的兴趣和爱好使他们成为知音，两人保持着友好亲密的关系，一直到戴姆勒去世。

1882年，迈巴赫跟随戴姆勒一起来到斯图加特附近的巴特坎施塔特，在那里两人着手研究和开发了轻型高速内燃机。经过大量的研究，迈巴赫发明了“不规则热管点火系统”(见图5-45)，该系统是高速发动机的重要组成部分。继1883年发明卧式发动机之后，他又发明了一种叫作“立钟”的轻小型发动机，这种发动机于1885年第一次被安装到一辆二轮木制摩托车上，后来被安装到四轮马车上。

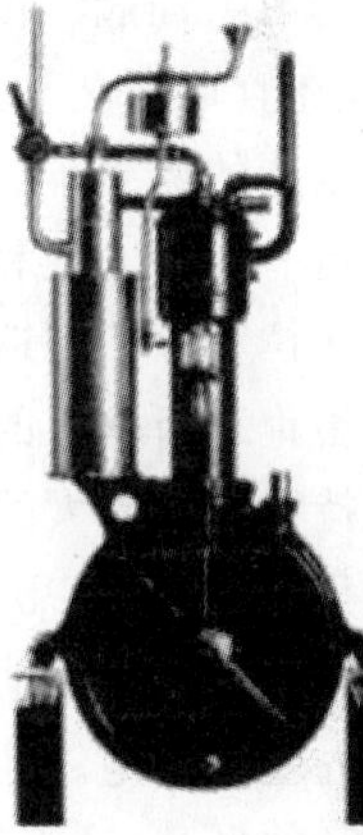

图5-45 不规则热管点火系统

戴姆勒与合伙人在1890年建立戴姆勒发动机公司(DMG)后，迈巴赫被任命为总工程师。然而，在1891年2月他以不能接受合同条款为由离开了公司。在随后的一年半的时间里，迈巴赫在戴姆勒的资助下继续在他的车间里进行设计工作，完成了许多重要设计，包括喷嘴化油器、凤凰牌发动机，他还对皮带驱动系统进行了改进。

1895 年，戴姆勒公司经营状况恶化，英国实业家弗雷德里克·西蒙司对戴姆勒发动机公司施压，让迈巴赫在 10 月重返戴姆勒公司，并重新任命其为公司的技术主管。

1907 年，由于戴姆勒公司领导层无休止的争斗，迈巴赫愤然离开了戴姆勒公司。

1909 年 3 月 23 日，迈巴赫与儿子卡尔·迈巴赫建立了“飞机发动机制造股份有限公司”，1918 年更名为“迈巴赫发动机股份有限公司”。1919 年，公司重返汽车行业，进行汽车发动机设计。

5. 赛车之父——恩佐·法拉利

恩佐·法拉利(Enzo Ferrari，1898～1988 年，见图 5-46)是法拉利公司的创始人，就像本茨、福特、波尔舍等人一样，他在汽车制造业也享有盛誉，人称“赛车之父”。

图 5-46　恩佐·法拉利

法拉利于 1898 年 2 月 18 日出生于意大利，其父为一个小工厂主。在他 10 岁那年，父亲带他到波伦亚观看了一场汽车比赛。赛车场那集惊险、刺激于一体的惊心动魄场面深深地吸引了他，他盼望着自己也能成为一名优秀的赛车手。13 岁那年，他千方百计地说服了父亲，允许他单独驾驶汽车，从此，他与汽车结下了不解之缘。

1916 年，法拉利的父亲因病去世，不久，战争又夺去了其兄的性命，他本人也不得不应征入伍。退役以后，迫于生计，他只好到都灵做工，并最终在阿尔法·罗密欧汽车厂找到了工作。在这家工厂，他先后干过技工、试车员、赛车手、地区市场负责人等，其中他对参加赛车最感兴趣。1929 年，法拉利回到家乡创立了法拉利赛车俱乐部，并且在所参加的一系列比赛中取得了辉煌的战绩。

1947 年，法拉利生产出了第一辆车，并以自己的名字进行命名——法拉利 Tipo125，以“跳马图”为商标。在以后 3 年的时间里，法拉利又相继生产了 Tipo166、Tipo195、Tipo212、Tipo225 等赛车。由于赛车的性能需要在赛车场上才能得到检验，因此，法拉利积极参加各种汽车大赛，借以检验、宣传自己的赛车。法拉利赛车没有辜负他的期望，先后夺得过多项桂冠。在 1951 年的迈勒·米格拉尔汽车大赛上，排量 4.1 L 的 Tipo375 获胜；在布宜诺斯艾利斯 1000 km 汽车赛上，排量 4.9 L 的 Tipo410 夺魁；1956 年，经过法拉利改造的蓝旗车一举夺得了世界汽车竞赛的最高荣誉——一级方程式赛车年度总冠军。这一连串的胜利，奠定了法拉利赛车在世界车坛至高无上的地位。

法拉利除了制造赛车并参加大赛以外，还积极策划制造法拉利跑车，以求以车养车，用出售跑车所获得的利润来支持自己的赛车计划。可惜小规模的跑车生产获利有限，难以支持赛车队庞大的开销，导致经济常常陷入困境。不过，由于法拉利声誉极高，多次为国家争得过荣誉，几乎成为了意大利汽车业的形象代表，因此，财大气粗的菲亚特公司在财政方面经常给予他无私的帮助。美国福特公司一度有意收购法拉利公司，但却被法拉利本人坚决拒绝。他担心自己的公司归于福特公司以后，一来对方会借法拉利的成绩宣传自己的形象，这不利于意大利的汽车工业；二来自己的赛车计划会受到一定程度的干扰。1969 年，法拉利答应让本国的菲亚特公司收购，条件就是对方在今后的岁月里不得干扰其赛车活动。

多年以来，汽车界的人们已经形成了这样的共识：只要提到法拉利，大家就会想到那超级的法拉利赛车和跑车；只要提到汽车科技的先进水平，大家就会想到红色的法拉利。法拉利汽车集技术性、艺术性于一体，采用了类似于劳斯莱斯、保时捷、兰博基尼等世界名车那样的半机械、半手工化的加工工艺精心制作，质量一丝不苟，堪称稀世珍品。

1988 年 8 月 14 日，汽车界的巨星法拉利去世，终年 90 岁。他留给后人的是那不朽的事业和艺术品一般的法拉利跑车。

6. 经销之杰——安德烈・雪铁龙

1878 年 2 月 5 日，作为父母五个孩子中最小的一个，安德烈・雪铁龙（Andre Citroen，1875～1935 年，见图 5-47）在法国巴黎出生。他原籍荷兰，父亲是个从事珠宝生意的商人，母亲是波兰人。雪铁龙年轻时就认定科技进步将给人类带来幸福，所以他选择在巴黎综合工科学院就读，准备将来当一名工程师。22 岁那年他去波兰外婆家探亲度假，途中因注意到一装置上按人字形拼成的齿轮而得到灵感，回来后发明了人字形齿轮传动系统，并获得了专利。在获得文凭、服完兵役后，他于 1913 年创立了自己的公司，专门从事齿轮传动机的生产。

图 5-47　安德烈・雪铁龙

一战期间，雪铁龙应征担任炮兵队长。当发现弹药不足时，他主动请缨组建工厂，生产炮弹。在这里，他的组织管理才能得到了极大的发挥，不仅使炮弹日产量创下了 5 万枚的纪录，而且由于组织得法，使妇女也可参与工作，从而让更多的男人可以抽身参战。

1912 年，雪铁龙去美国旅游。在那里，他亲眼看到了科学化生产组织使福特汽车公司大幅度降低了 T 型车的生产成本。于是，他决定以同样的方式来管理自己的工厂。回国以后，他向众人夸下海口说："以后要每天生产 100 辆汽车！"开始人们认为他是痴人说梦，没想到自 1919 年他在欧洲率先批量生产 A 型车以后，产量迅速提高，到 1923 年，日产量已达 200 辆，到 1924 年，日产量则达 300 辆。1924 年 7 月 28 日，雪铁龙汽车公司正式挂牌成立。

雪铁龙坚持认为：汽车厂卖的不只是汽车，还有无微不至的服务。他逐步完善了汽车的买卖方式，创立了一年保证期制度，建立分销网，列出零件目录及维修费用一览表，使所有销售点、维修点的费用得以统一。1922 年，他大力推广付款售车方式，成立了法国第一个专司分期付款的机构，并在国外创办了不少汽车出租公司，在法国各地形成了一个汽车服务网。

雪铁龙在对公司和产品的宣传方面可谓煞费苦心：他在法国各地十字路口竖立起雪铁龙标牌，强化了人们对其标志的印象；他让汽车从高山上翻滚而下以证明车身的坚固耐用；他雇用飞机以五彩的烟火在空中画出"雪铁龙"字样；更为绝妙的是，他于 1925 年在巴黎埃菲尔铁塔上以霓虹灯的方式做广告，使铁塔四周半径 30 km 以内的人都可看到；1923 年，他发起了穿越撒哈拉大沙漠的大型拉力赛；1924 年又组织了贯穿全非洲的"黑色之旅"赛车活动；1927 年，美国人林白驾飞机穿越北大西洋成功，他竭力说服这位英雄去自己的工厂接受工人们的祝贺，结果第二天的报纸就登了这样的文章——林白访问雪铁龙；自1928年起，雪铁龙每月月末都会在法国100家大型报刊上登大幅广告；1931年，他在法国巴黎开办了当时全球最大（长400 m）的汽车商场，除了经销汽车外，也在场内放映电影和开办音乐会。

富有的雪铁龙在生活上不求豪奢，只是不断地投资于工厂和开发新车型，追求技术上的不断进步。他甚至声称："只要主意好，代价不重要。"在工程师勒费伯的建议下，雪铁龙决定在新研制的汽车上采用一系列全新的技术——前轮驱动、流线型车身、自承重设计、扭力杆悬挂装置、液压制动、悬浮马达、自动变速器。由于所需经费庞大，他只好向部分经销商及米其林公司请求赞助。虽然这种后来被人们称为"强盗车"的前轮驱动车给雪铁龙公司带来了极大的荣誉和滚滚利润，但在当时却因研究周期过长而使产品未能如期推出，加之匆匆投产后又存在着许多设计、制造方面的缺陷，销路受阻，雪铁龙顿时负债累累，不得不将公司卖给米其林公司。从此，他因忧郁住进了医院。1937年7月，雪铁龙去世。

在他死后的两天时间里，数不清的工人、经销商甚至普通顾客，纷纷涌进雪铁龙公司向他行礼致哀，法国政府也给他颁发了一枚二级荣誉勋章。实际上，今天的雪铁龙公司仍然名振全球，他的前轮驱动设计方案在60多年后仍没过时，这些才是对他最大的褒赏与怀念。

（二）美国汽车名人

1. 虎头蛇尾——威廉·杜兰特

威廉·杜兰特（William Durant，1861～1947年，见图5-48）是世界汽车发展史上的一位传奇式的人物。当他看到了汽车的发展前景时，果断地利用自己手中掌握的巨额资金创建了今天名震全球的通用汽车公司。

图5-48 威廉·杜兰特

杜兰特于1861年出生于美国马萨诸塞州的波士顿市。自小就和其母一起被嗜酒成性的父亲丢弃，10岁起与母亲一起住在家境颇为富裕的外婆家。在那里，小杜兰特受到了外婆的精心教导。大学毕业以后，杜兰特先后干过若干工作。1886年，他对马车制造产生了极大的兴趣，于是投资1500美元在弗林特市成立了一家马车制造公司。尽管这笔钱对他来说是一笔巨款，但他还是想尽一切办法如数筹足了款子。

杜兰特的马车公司成立以后，由于产品质量较好、经营管理得法，所以发展迅速，很快成为了美国马车时代的著名厂家之一。但杜兰特却并未因此而自满自足，他以自己商人的敏锐眼光看到了汽车业蓬勃发展的远大前景，密切注意着汽车制造行业的经营动态，寻找进入这一领域的合适时机。1904年，别克汽车公司的经营陷入了困境，杜兰特预感到这是一个使他涉足汽车制造领域的天赐良机，于是果断地拿出了50万美元的资金对其进行资助。后来，随着进一步的资金投入，他完全控制了这家公司。别克汽车公司是杜兰特在汽车制造领域赖以成名的起点。1905年，杜兰特在未与任何合股人商量的前提下，擅自决定参加纽约汽车展览会，并在展览会上包揽了1500辆汽车的制造任务。由于公司生产能力有限，结果只造出了 20 辆，公司在经济和信誉两个方面蒙受了损失，杜兰特因此被停职。停职后的杜兰特不甘寂寞，仍在为公司四处活动，这是别克公司在当时得以发展的重要原因之一。

1908 年 9 月 16 日，乔治・丹尼尔等三人以 2000 美元的资金在新泽西州联合组建了早期的通用汽车公司。同年 9 月 28 日，杜兰特出席了通用汽车公司的内部会议，并表示自己愿意将别克公司卖给通用汽车公司，他本人愿意为通用汽车公司效力。三天后，通用汽车公司以 375 万美元的价格收购了别克公司，杜兰特也如愿以偿地进入了通用汽车公司。公司规模的扩大使杜兰特十分乐观，他认为通用汽车公司每年在美国市场上出售 50 万辆汽车是一件轻而易举的事情。为此，他认为应该将当时的一些汽车产销商合并起来，组成一家大的汽车公司。于是，他采用了以股票换股票的方式将 20 多家汽车制造厂、汽车零部件制造厂及汽车推销公司合并起来，其中包括奥兹莫比尔、凯迪拉克、庞蒂克等知名汽车企业，形成了一家巨型汽车企业。不过，当时的通用汽车公司只是一家控股公司，下属各企业是各自独立的经营单位。杜兰特既没有建立必要的公司管理机构，也没有进行必要的现金储备，仅凭销售汽车所获得的现金来支付原材料费用及职员工资。1910 年，通用汽车公司的汽车销量在福特汽车公司的激烈竞争下大幅下滑，出现了严重的资金危机。为渡过难关，杜兰特在走投无路的情况下，只好向财团求救。财团接受了通用汽车公司的举债请求，但同时也开出了极为苛刻的条件，既要杜兰特辞职，又要通过信托方式控制通用汽车公司。在这一背景下，杜兰特被解除了总经理的职务。

退出通用汽车公司的杜兰特并不甘心于自己的失败，他伙同路易斯・雪佛兰成立了雪佛兰汽车公司。在这家新成立的公司里，他与合伙人一起励精图治，取得了辉煌的经营成就。杜兰特于 1916 年将通用汽车公司从银行家的控制下重新夺了回来，使其变成了雪佛兰的一家子公司。后来，杜兰特成立了股份制的新通用汽车公司，并用新股票调换通用汽车公司股票，取得了老通用汽车公司的全部股权。1917 年 8 月 1 日，新通用汽车公司成立。

在重新获得了通用汽车公司的领导权以后，杜兰特又自满自足起来，他无意接受董事会的领导，完全凭个人的力量经营公司；他不去研究公司的内部管理，只是热衷于公司规模的扩大(在他担任总经理的 4 年时间内，通用汽车公司的规模扩大了 8 倍)；他不去协调各经营部门相互之间的关系，导致分公司各自为政；他不去关心公司的整个产品战略规划，以致分公司之间的产品相互重复，无法形成“一致对外”的市场竞争格局。杜兰特的一系列失误，导致通用公司在 1920～1921 年间出现了严重危机。由于产品质量下降，汽车销量急剧减少，而原先订购的原材料又源源不断地运到，致使库存日益加大，周转资金严重不足，公司濒临倒闭。在公司上下的一片反对声中，杜兰特被迫于 1920 年 11 月辞职，永久地离开了通用汽车公司。

后来，杜兰特在默默无闻中度过了他的余生。但是，他毕竟留给了后人一家公司的雏形。

2. 汽车大王——亨利·福特

在全世界，号称“汽车之父”的只有卡尔·本茨一人，同样，享有“汽车大王”美誉的也只有亨利·福特(Henry Ford，1863～1947 年，见图 5-49)一人，可谓是“前无古人，后无来者”，是他将人类社会带入了汽车时代。

图 5-49　亨利·福特

福特出生于 1863 年 7 月 30 日，其父是一位农场主。他自小就对从事农事颇有怨言，反而对鼓捣机械充满了浓厚的兴趣，并因此而闯过不少次祸。幸运的是，父亲对他的“胡闹”从来没有任何埋怨。

17 岁那年，他独自一人到位于底特律的密西根汽车制造公司上班去了。但在这家拥有 2000 人的底特律最大的工厂，福特只工作了 6 天就辞职不干了。他说：“该公司优秀的员工需要花费好几个小时才能修复的机器，我只要 30 分钟就可以修好，因而其他员工对我十分不满。”后来，他又先后从事过机械修理、手表修理、船舶修理等工作，并且还一边工作一边参加夜校学习，以便将来能够“不屈居于人下被别人利用而过一生，自己开一家制造机械的工厂”。为了实现这一目标，他还告别了富庶而温馨的家，到爱迪生电气公司边工作边学习电气知识。

1893 年圣诞节，福特汽油机试验成功，这给了他极大的鼓舞，他决心再接再厉，研制出自己的“不用马拉的马车”。1896 年春，他的第一辆汽车研制、试验成功，福特感到无比高兴。1899 年，福特又成功地制作出了三辆汽车，他因此而在当地被公认为是这一领域的杰出人物。于是，他与别人合作成立了底特律汽车公司并担任制造部经理。然而公司在一年后就解散了，原因是几乎所有的员工都没有制造汽车的经验；零件质量不好，采购不及时，常常延误工作流程；高成本制造出的汽车无法销出。所以，在制造了 20 辆汽车以后，公司就关门了。

1901 年 10 月 10 日，福特接受主要凭赛车建立起了商业信誉的温顿的挑战，亲驾自制赛车参赛，结果他出人意料地获得了胜利。于是，在商人们的支持下，他又成立了第二个汽车公司。可是批量生产汽车所需的技术完全不同于生产单一的汽车，修理工出身的福特在当时显然还不能胜任这一重任。当投资者发现他只热心于将金钱花在研制一种无法销售的高价竞赛车上时，便毫不客气地将其赶出了厂门。这样，福特第二次办汽车厂也以失败而告终。

两次失败经历没将福特吓倒，他仍然谋求在汽车业的发展，并付出了比以往更大的努力。他自驾赛车四处表演，不断改进汽车结构。由于经常获得各种比赛的胜利，他一跃成为“全美第一流的汽车司机”，并被新闻界誉为“速度之魔”(他的赛车曾在一条 0.8 km 长的大街上创下了 11 km/h 的速度纪录)。

1903 年 6 月，福特第三次与别人合作，按股份制模式成立了汽车公司，尽管公司只有 10 位雇员，但他们却制造了性能稳定的 A 型汽车。A 型汽车为福特日后的发展奠定了物质基础，它在不到一年的时间内就销出了 650 辆，实现了“开门红”。第二年，A 型车月产量稳定在 300 辆，第三年的月产量达到 360 辆，福特公司因此而成为了全底特律最为忙碌的工厂。1906年，N型车问世，这是一种物美价廉的汽车，外形美观、性能良好，加之随后推出的R型、S型等车，两年之内共售出8000多辆。N型车是福特的得意作品之一，它的成功不仅使福特彻底摆脱了贫困的生活，而且为福特公司日后的大发展提供了良好的经验。

1908年秋，令人注目的T型车隆重问世了。T型车在设计思路、生产制造、零售定价、销售组织、售后服务等许多方面都采用了与众不同的方法。T型车的各种零件被首次设计成统一规格，实现了总成互换；在大型总装车间，别人发明的流水线装配法被发展成为了由机械传送带运送零件和工具，极大地提高了工作效率；采用低价（每辆车只售850美元，后又降至360美元）的销售策略，使大多数人都能买得起；提供充足的零部件和及时的售后保障服务，消除了用户的后顾之忧；大幅度提高工人工资（实行"每日8小时5美元"工作制，相当于原工资的200%以上，汽车界及金融界一致反对，纷纷预言他将破产），以求提高工作效率，降低生产成本（1914年，公司以不足1.3万人生产了73万辆汽车，获利3000万美元）。由于该车价格低廉、使用方便、维护容易，因此销售异常火爆，其累计1500多万辆的产量更是创造了空前的纪录。T型车既使福特获得了巨大的成功，也成为了普通民众的交通工具，改变了人们的生活方式、思维方式和娱乐方式，将人类带入了汽车时代。

20世纪20年代后期，美国开始形成了一个巨大的旧车市场，大批质量相当不错的二手车只需几十甚至十几美元就可买到，这对一向以"价廉物美"而著称的T型车是一个极大的冲击。同时，由斯隆领导的通用汽车公司生产出了许多时髦多样和先进豪华的汽车，满足了不同阶层的购买需求，也对T型车形成了较大的竞争压力。1927年，顽固的福特不得不让自己心爱的黑色T型车"死亡"，整个公司停产一年，转产新的A型车。由于转产组织匆忙、耗资巨大，加之接踵而来的经济大萧条的影响，福特公司元气大伤，整个20世纪30年代都未能恢复，分别被通用汽车公司（1927年）和克莱斯勒汽车公司（1936年）超过。后来，经过全公司员工的拼力追赶，才算在全国第二的位置上站稳脚跟，但那种产量独占全国一半以上的日子一去不复返了。1945年，福特不得不让位于孙子亨利·福特二世。1947年4月7日，福特因脑出血死于底特律，终年83岁。

3. 管理天才——沃尔特·克莱斯勒

1875年4月2日，美国一位铁路工人的妻子生下了一个男孩，取名为沃尔特·克莱斯勒（Walter Chrysler，1875～1940年，见图5-50）。当年的这位男孩就是今天克莱斯勒汽车公司的创始人。17岁时，克莱斯勒立志当一名机械师。18岁时，他制造了一辆微型蒸汽车，虽然这辆车更像是一件玩具，但却"五脏俱全"，可以在后院里他专门铺设的轨道上行驶。20岁那年，他被一家工厂聘为机械师，可以拿到一份令人羡慕的薪金。但是，克莱斯勒具有一颗对任何事情都十分好奇之心，不愿意始终待在一个岗位上，总想寻找其他发展自己的机会。年轻的克莱斯勒到底换过多少次工作，恐怕连他自己都无法记清楚，直到33岁那年，他才相对稳定地受聘担任了芝加哥西部铁路公司的动力总负责人。

图5-50 沃尔特·克莱斯勒

1908年，他参观了芝加哥汽车展览会，会上展出的形态各异的汽车使他大开眼界，让他决心投身于这一富有竞争性的事业当中。1910年，克莱斯勒辞掉了年薪1.2万美元的工作，受聘担任了通用汽车公司别克分部中一家工厂的技术经理，年薪只有6000美元。由于精通机械、技术超群，他在通用公司的作用越来越重要，1912年时年薪增加到2.5万美元，1915年增加到5万美元。通用汽车公司一心一意想留下他为公司效力，但克莱斯勒本人却产生了离开通用汽车公司、独自去干一番事业的想法。正在此时，杜兰特重返通用汽车公司，他为了振兴通用汽车公司，急于招揽一批人才，对克莱斯勒竭力挽留，不仅委任他担任了别克部的主要负责人和公司第一副总经理，而且还将其年薪一下子提高到了50万美元。然而，由于与杜兰特难以合作，克莱斯勒还是于1920年3月25日离开了通用汽车公司。

赋闲在家的克莱斯勒受聘担任了经营困难的威利斯-奥弗兰汽车公司和马克斯威尔公司的顾问，同时经营起了两家公司，其中在马克斯威尔公司的待遇是每年10万美元和认股权。1921年，当马克斯威尔公司行将倒闭时，他正式接管了公司的经营大权，名正言顺地对其进行了整改。1924年，由克莱斯勒本人主持开发的第一个车型终于问世了，这种采用了高压缩比发动机的汽车在市场销售中很受欢迎，问世当年就销出了3.2万辆，公司商誉由此得以提高。利用这一难得的良机，克莱斯勒接手并改组了马克斯威尔公司，并于1925年6月6日正式宣布成立克莱斯勒汽车公司，自己就任总经理。

克莱斯勒汽车公司成立以后，发展极其迅速。相继推出的克莱斯勒4号和58系列两种新车为其发展作出了贡献。公司在1925年的国内排名只在第二十七位，1926年末升至第五位，1927年又上升至第四位。1928年，公司通过股票交易的方式买下了道奇公司和普利茅斯汽车公司。道奇公司当时在美国排名第三，有良好的商誉和可靠的销售网，买下它之后，克莱斯勒公司在1929年即跃升为美国三大汽车公司之一，后来还有过超过福特汽车公司位居第二的辉煌。1930～1934年间，克莱斯勒公司相继成立了安普莱部和爱尔坦普部，从事轴承和散热器的生产。

1935年7月22日，克莱斯勒在过完60周岁的生日后，辞掉了公司总经理的职务改任董事长，直至1940年7月22日去世。

4. 天才救星——李·艾柯卡

李·艾柯卡(Lee Iacocca，1924年至今，见图5-51)在1924年10月出生于美国宾夕法尼亚州的阿伦敦。他大学是学工科的，却对推销很感兴趣，认为销售是企业的精华。进入福特汽车公司后，他创造性地提出了购车分期付款的方案，获得了很大成功，被福特公司作为全国性的销售策略。他于1960年担任福特汽车公司轿车部经理，1970年荣升福特汽车公司总裁。他在就任的8年里，为福特汽车公司净挣了35亿美元的利润，在该公司的历史上留下了最辉煌的业绩，人称“世界汽车巨子”。但成功易招来别人的忌妒，他于1978年被解除了总裁职务。

图5-51　李·艾柯卡

当时正值克莱斯勒公司濒临破产之时，1981年，艾柯卡受命于危难之际，担任克莱斯勒汽车公司总裁。他大智大勇、大刀阔斧地进行了一系列惊人的改革，改组领导班子，辞退了35个副总裁中的33个，关闭了公司的20个工厂，三年裁员7.4万人，削减高级职员10%的薪金，他自己也主动放弃每年36万美元的年薪，只领取1美元的象征性工资。最终，公司取得了美国政府的15亿美元贷款，开发了新型轿车——道奇400新型敞篷车，并畅销市场。他经常下厂与工人直接对话，以促进劳资双方通力合作。

艾柯卡通过上述一系列改革，使克莱斯勒汽车公司起死回生，经过三年的努力，公司扭亏为盈，1984年一年盈利2.4亿美元，并提前7年偿还了15亿美元的政府担保贷款。

5.通用之杰——艾尔弗雷德·斯隆

艾尔弗雷德·斯隆(Alfred Sloan，1875～1966年，见图5-52)于1923年开始担任通用汽车公司的总经理，人称“经营之神”。他是电气工程师，原本供职于联合汽车公司，因公司并于通用汽车公司，故又任通用汽车公司的副总经理。他于1923年受命于危难之时，担任通用汽车公司总经理，一直到1966年以91岁高龄离开人世，始终担任着通用汽车公司的总经理、董事长、名誉董事长等职，为通用汽车公司的振兴、发展和壮大立下了汗马功劳。

图5-52 艾尔弗雷德·斯隆

面对濒临倒闭的通用公司，斯隆进行了一系列的整顿与改革：提出了“集中政策、分散经营、财务独立”的经营管理体制；对产品生产进行专业化分工、标准化生产、协作价结算；根据市场需求，生产不同档次、价格的汽车，最大限度满足市场竞争的需要；建立了公司计划制度和报表制度，形成了完整的公司管理体系。

改革使下属各分公司的经营积极性被充分地调动起来，又在公司的总体控制下进行分工合作，运作有序。这使通用汽车公司的汽车产量逐年上升，自1928年超过福特汽车公司之后便一直稳居世界首位，其国内市场占有率也由1921年的12%增加到1941年的44%。斯隆所建立的管理体制被后人称为“企业管理上的一场革命”，有极强的生命力，至今仍没有太大的变化。

(三)日本汽车名人

1.摩托车之父——本田宗一郎

美国机械工程师学会设有一个“荷利奖”，专门用于奖励那些在机械工程领域做出了杰出贡献的人。迄今为止，该奖项一共颁发过两次——1936年奖励给了有“汽车大王”之美称的美国人亨利·福特；1980年奖励给了日本人本田宗一郎(1906～1991年，见图5-53)。据此，人称本田宗一郎为“日本的福特”。

图5-53 本田宗一郎

本田宗一郎于1906年11月7日出生在日本静冈县的一个穷苦家庭，他自幼便对机械表现出了一种特殊的偏好。高小毕业后，16岁的他不顾父亲的坚决反对，毅然来到东京一家汽车修理厂当学徒。6年学徒生涯结束后，他回到家乡在滨松市开设了一家汽车修理厂——技术商会滨松支店。由于他技艺高超、待人诚恳，修理厂的生意非常兴隆。然而，目光远大的他在修车店生意十分兴旺的时刻毅然关闭了自己的修理厂，因为他觉得修理汽车不会有太大出息，自己应该从事更富创造性的制造业。

1934 年，宗一郎创建了“东海精机公司”，虽然初出茅庐，但在他的惨淡经营下，公司总算生存了下来。二战以后，作为战败国的日本在经济上同样受到了毁灭性的打击，东海精机公司处境艰难，加之在此以前丰田公司已持有东海较多的股份，个性较强的宗一郎不甘受制于人，于是，他在 1945 年将自己拥有的股份以 45 万日元的价格转让给丰田公司，自己彻底退出了东海精机公司。

1946 年 10 月，宗一郎在滨松设立了本田技术研究所，主要生产纺织机械，这是他人生旅途中的一个重大转折点。当时，战争刚刚结束，各种物品十分匮乏，城镇居民只能依靠明显不够的定量粮食生活，许多家庭不得不到黑市甚至农村高价购买粮食。由于交通不够发达，频繁流动的人口使汽车、火车等各种交通工具超负荷运行，而日本崎岖不平的山路又使骑自行车收粮十分费力。本田宗一郎看到这一点后，马上想到了陆军在战争期间留下的许多无线电通信机，它们不正是可以安装到自行车上去的动力机吗?! 于是，他以低价购到一批通信机，拆下其上的小汽油机，并用水壶作油箱，改制成一架小发动机后安装到自行车上，做成了一种新型的“机器脚踏车”。产品由于适销对路，马上成为抢手货。

1947 年，当旧通讯机用尽以后，本田宗一郎又亲自动手研制了 50 mL 双缸“A 型自行车马达”，这就是最早的本田摩托车发动机，也是本田 A 型摩托车批量生产的开始。他的成功引起了人们的注意，许多人都在仿制本田式的“机器脚踏车”。为在摩托车领域站稳脚跟，本田宗一郎决定生产真正意义上的摩托车。1948 年 9 月，他正式组建了本田技术研究工业总公司，并自任社长，从此揭开了本田公司大发展的序幕。

作为一个技术员出身的实业家，本田宗一郎不仅有着极其旺盛的创造热情和能力，而且还有一种与众不同的超凡预见能力及冒险精神。他明白只有使发动机有力、耐用、廉价，才能使所产摩托车销量增加，于是，他于 1948 年 9 月亲自主持研制了双缸 98 mL、1.7 kW的 D 型发动机，并以此为基础推出了本田-梦幻 D 型摩托车。1951 年，他又主持研制了性能更好的四冲程 E 型发动机及本田-梦幻 E 型摩托车。这两种摩托车的销售都获得了成功，为公司赢得了利润。他懂得自己在技术开发和经营管理两个方面更擅长于前者，于是，他主动出击，联系到了一个负责销售和公司管理的合股人藤泽武夫，当对方于 1949 年 10 月以常务董事的身份加入本田后，他就将公司的全部经营实权放心地交给了藤泽，自己则只埋头于技术开发，不断拿出技术先进而又适销对路的产品。两人几十年的合作发展壮大了本田公司，使其成为名震全球的跨国集团。本田宗一郎清楚，只有提高产品质量才能保证公司在激烈的市场竞争中站得住脚。除了开发性能先进的产品及加强对员工的技术培训以外，他还积极引进先进的加工设备。当其他公司看到本田成功以后，纷纷学着他的样子搞起了摩托车生产，日本全国一下子冒出了 100 多家摩托车生产厂，市场竞争异常激烈。

1952 年，虽然本田的资金比创业时增加了 10 倍，达到了 1500 万日元，但他却从美国、德国、瑞士等地采购了价值 4.5 亿日元的设备投入生产，这让他人惊得目瞪口呆。后来的事实证明，他的这一步险棋没有走错，由于加工设备先进，加之其他多方面因素的综合作用，本田的产品一直保持着优质畅销，在激烈的市场竞争中站稳了脚跟。日本的摩托车生产厂家在20世纪50年代后期就只剩下了50多家，1960年剩下30家，1965年剩下8家，而到1970年则只剩下了4家——本田、雅马哈、铃木、川崎。在这场激烈的竞争中，本田始终保持着赢家的本色。

本田宗一郎知道，必须走多元化产品的战略路线，才能在激烈的市场竞争中永远立于不败之地。在经营摩托车获得成功以后，本田于1962年开始涉足汽车生产。他们利用在摩托车开发、经营中获得的丰富经验及大量资金，不顾一切地投入汽车开发，结果获得了极大成功。公司先后推出过T360型卡车、S500型轿车、N360型轿车等汽车产品，其中N360型轿车成为全球畅销车。他们设计开发了CVCC发动机以及安装此种发动机的汽车，此种汽车因其控制排污效果好而于1975年在世界汽车界引起了极大轰动，为公司赢得了巨大的利润及商业声誉。

本田宗一郎充分利用各种机会宣传自己的企业和产品，积极参加各种类型的车辆竞赛活动。1961年，他的摩托车在英国举行的比赛中击败长期居于垄断地位的英国摩托车，在以后的比赛中也经常获胜，这确定了丰田的摩托车在国际摩托车市场的地位。后来，他又通过在标志着世界汽车最高水平的一级方程式汽车大赛中获胜的方式，奠定了自己在这一领域的地位。1991年8月5日，为世界汽车业留下了光辉一笔的本田宗一郎去世了，但他“三个喜悦”（购买的喜悦、销售的喜悦、制造的喜悦）的企业口号和“三个尊重”（尊重理论、尊重创造、尊重时间）的经营经验还会继续发挥其应有的作用。

2. 小发明狂——丰田喜一郎

丰田喜一郎（1895～1952年，见图5-54）出生于1895年，其父亲丰田佐吉既是日本有名的纺织大王，也是日本大名鼎鼎的发明狂。

图5-54 丰田喜一郎

丰田佐吉为了发展自己的工厂，将长子丰田喜一郎送到东京帝国大学工学系机械专业读书。大学毕业后，丰田喜一郎来到父亲的丰田纺织株式会社当了一名机师。经过10年的磨炼，丰田喜一郎担任了管技术的常务经理。然而，目光远大的他并不满足于眼前的成就。当发现汽车能给人们带来极大方便时，他预感到这一新兴行业具有广阔的发展前景，决定将其作为自己的重要事业。他的这一想法得到了父亲的大力支持。

1929年底，为了将纺织机专利卖给当时势力强大的普拉特公司，丰田佐吉派丰田喜一郎全权代表自己前往英国签订契约。在国外，他除了完成父亲嘱托的任务以外，还花费了四个月的时间体验了英国的汽车交通，走访了英、美尤其是美国的汽车生产企业，彻底弄清了欧美国家的汽车生产状况。这次国外之旅给他留下了极为深刻的印象，坚定了他发展自己的汽车事业的决心。

不久，丰田佐吉去世，临终前，他将儿子叫到眼前，给他留下了作为父亲的最后一句话：“我搞织布机，你搞汽车，你要和我一样，通过发明创造为国效力。”他还亲手将转让专利所获得的100万日元专利费交给了儿子，作为汽车研究的启动经费。当时，美国平均每

4 人就拥有一辆汽车。丰田喜一郎作了这样的构想：如果日本国内每 10 人拥有一辆汽车的话，1 亿日本人就需要 1000 万辆；按汽车的平均使用寿命 10 年计算，每年需要新车 100 万辆。这是一个十分令人神往的巨大市场。当然，他所没有想到的是，今天的日本已达到每 3 个人拥有一辆汽车的水平，而且还有大量的汽车出口到世界各国，其汽车总产量多年以前就已超过美国，成为世界第一。

丰田佐吉去世以后，公司总裁的职位由丰田喜一郎的妹夫（丰田佐吉的上门女婿）丰田利三郎担任。尽管利三郎是一个见识广博的企业家，但却自命清高、脾气暴躁，与丰田喜一郎在许多问题上"政见不同"。1933 年，在丰田喜一郎的一再要求下，他同意公司设立汽车部，并将一间仓库的一角划作汽车研制的地点。丰田喜一郎以此为基地，于当年 4 月购回一台美国雪佛兰汽车发动机进行反复的拆装、研究、分析、测绘。在研究这台发动机的过程中，他产生了指导日后公司发展战略的认识观点："贫穷的日本需要为全家人服务的汽车，生产廉价汽车是我的责任。"1933 年 9 月，他着手试制汽车发动机，拉开了汽车生产的序幕。1934 年，他托人从国外购回一辆德国产的 DKW 前轮驱动汽车，经过连续两年的研究，于 1935 年 8 月造出了第一辆丰田 GI 牌汽车。在此之前的 1934 年，他擅自做主购买了约 180 公顷土地，积极准备创建汽车厂。丰田喜一郎这一系列举动使丰田利三郎十分不满，作为上门女婿，他认为能够守住岳父留下的家业就是自己最大的成就，再加上当时许多人认为从事汽车生产具有很大的风险，所以他不支持大舅子搞汽车。而丰田喜一郎则不同，他认为厂子是自家的，自己想做什么就做什么，加之父亲要他搞汽车的遗言不时地回响在耳边，所以他非要从事大规模的汽车生产不可。两人在意见如此对立的情况下，只好分手单干。

于是，丰田利三郎同意丰田喜一郎于 1937 年 8 月 27 日另立门户成立丰田汽车工业株式会社，地址在爱知县举田町，创业资金为 1200 万日元，拥有职员 300 多人。丰田汽车公司刚刚成立，马上就遇上了一场几乎使其倒闭的危机。总厂的兴建、设备的引进、原材料的采购等急需大量的资金，但当时席卷资本主义世界的经济危机强烈地冲击着日本经济，市面上银根奇缺、借贷无门，而此时初期的投资已经消耗殆尽，公司已经到了山穷水尽的地步。此时侵华战争爆发，丰田汽车公司与其他许多生产厂家一道被纳入了战时军需工业品的生产轨道，陆军将其所有库存货车一次购光，这才使其摆脱了危机。

丰田喜一郎颇有战略家的眼光，他自一开始组织汽车生产就注意到了要从基础工业入手着眼于整体素质的提高，使材料工业、机械制造业、汽车零部件业与汽车工业同步发展，为汽车的大批量生产创造必要的条件，因此，日本人称他是"日本大批量汽车生产之父"。他十分清楚，汽车生产所涉及的相关产业较多，它们的发展水平直接影响着汽车的质量，其中以材料和机器制造两个行业的影响最大。这一点早在试制发动机时他就有所体会了：利用美国进口的钢生产齿轮，每天可以比较轻松地生产 30 件，而用日本自己生产的钢生产齿轮，每天则只能生产 12 件。如果想提高产量而增加机床转速，又会损坏机器夹具。为增加产量，只有添加设备、多雇职员，但这样又提高了汽车的生产成本。为解决此矛盾，他一面向日本政府提出了发展材料和机器制造两个行业的建议，一面在自己的公司里着手开发炼钢和机器制造技术。

丰田喜一郎对汽车工业的另一项重大贡献体现在对生产过程的科学管理方面。为了确保产品质量、实现大批量生产，他在自己的企业中进行了一系列试点。首先，他将全公司的工厂结构进行了调整：将炼钢部改为爱知钢铁公司；将机床生产部改为丰田机械公司；将新川工厂改为爱新精密机械公司；将车身部改为丰田车身公司；将电气安装部改为日本电气安装公司。经过调整，公司实现了自身结构的专业化、合理化、科学化，从而改变了大一统的混乱生产格局，使公司的专业化程度、管理水平、技术水平、生产能力都有了大幅度提高。

其次，他将工厂内部的生产结构进行了调整，使其适合于专业化生产。他以汽车总装厂为中心，把社会上零散的零部件厂组织起来，有计划地把自己的生产需要同他们的技术结合起来，利用外部订货的方法，实行零部件生产的扩散。他将组装汽车所用到的所有零部件分为内制品和外购品两大类，其中，内制品又分为内部制造件（技术难度大、进货价格高者）和准内部制造件，外购品分为一般外部订货（一般工厂就可生产）、特殊订货（需要给予技术指导或需要使用特殊设备制造的零部件）、专门订货（只有使用专门设备才能加工的零部件）三种。

再次，他创出了后来风靡全球的“丰田生产方式”。按照传统做法，汽车生产从铸件开始，一半成品都要先入库，需要时再取货、加工，加工好的零部件每天也要依工厂生产需要办理入库、出库。这一程序无形之中加大了库存。丰田喜一郎的创新之处在于将传统的整批生产方式改为弹性生产方式。按照他的模式组织生产，工人和工厂都可得到好处：工人每天只做必要的工作量即可，早做完者早下班，做不完者可加班；工厂无须设置存货仓库，无须占用大量周转资金，许多外购零部件在付款之前就已被装车卖出了。他为推广这一生产方式而喊出了“恰好赶上”的口号。后来，公司副总裁大野耐一进一步发展了这种生产方式，使其成为完善的“丰田生产方式”。今天，“丰田生产方式”已超越国别、行业而成为世界许多国家争相学习的先进经验。

1952 年 3 月 27 日，丰田喜一郎患脑出血去世，终年 57 岁。

（四）中国汽车名人

1. 中国汽车工业的奠基人——饶斌

饶斌（1913～1987 年，见图 5-55）曾任中国第一、第二汽车制造厂厂长，中国汽车工业总公司董事长，国家机械工业部部长，是中国汽车工业的奠基人。

图 5-55 饶斌

饶斌原名饶鸿喜，1913 年 1 月 26 日出生于吉林市，祖籍江苏南京。

1952 年 12 月，他任第一汽车制造厂厂长，带领一汽职工生产出了我国第一辆解放牌载货车和红旗牌轿车。他于 1965 年任第二汽车制造厂厂长，带领二汽职工生产出了东风牌载货车和越野车。

20 世纪 80 年代初，饶斌先后担任原机械工业部部长和中国汽车工业公司董事长。他指挥全国汽车行业建立起了一个“重、中、轻、微”的卡车系列布局。他还组织上海汽车制造厂和德国大众公司合作，小批量生产桑塔纳牌轿车。

1987 年 8 月，饶斌在上海考察工作期间突然患病，因抢救无效逝世，终年 74 岁。

2. 中国汽车技术的奠基人——孟少农

孟少农(1915～1988 年，见图 5-56)，原名孟庆基，祖籍湖南省桃源县仙人乡，汽车设计制造专家，中国科学院学部委员，中国汽车工业的创始人之一，中国汽车技术领域的奠基人。他成功地领导了中国第一汽车制造厂、陕西汽车制造厂和第二汽车制造厂几代产品的研制和开发，为我国汽车工业的发展作出了重要贡献。

图 5-56　孟少农

孟少农于 1935 年考入清华大学，1937 年卢沟桥事变后转入长沙临时大学，1940 年于西南联大机械工程系毕业。他于 1941 年考取了学院留美公费生，1943 年获麻省理工学院汽车专业硕士学位。1946 年回国后，他任清华大学机械系教授，并创办了我国第一个汽车专业。

中华人民共和国成立后，孟少农任长春第一汽车制造厂总工程师、副厂长。在这期间，他组织主持技术引进和人员培训业务，为第一汽车制造厂按时投产作出了卓越贡献。在第一汽车制造厂期间，他还倡导建立了长春汽车学校和长春汽车拖拉机学院(即后来的吉林工业大学)。

1971 年 5 月，孟少农调到陕西汽车制造厂主管技术工作。他针对陕西汽车厂的产品发展问题，大胆改革设计，使“延安 250”型军用越野车于 1973 年通过国家定型，成为全国最好的车型之一。

1978 年，孟少农由陕汽转战到了第二汽车制造厂，主持对东风牌 5 吨卡车的质量问题攻关项目，解决了 64 项产品的重大质量问题。在第二汽车制造厂工作期间，他主持创建了湖北汽车工业学院。该学院为中国的汽车工业培养了大批技术和管理人员。

小思考：

汽车名人发明和发展了汽车。请同学们查阅资料，讲述文中没有提及的其他汽车名人的故事。

任务实施

项目(一)　汽车公司和商标的识别

1. 项目说明

作为一名将来的汽车行业从业人员，认识各种汽车品牌是必需的。该项目旨在提高学生的综合素质，锻炼学生独立思考、解决问题和团队协作的能力。

2. 项目要求

(1)了解常见的汽车公司。

(2)识别不同的汽车商标，了解汽车商标的含义。

(3)能区分日常生活中经常见到的车辆的国别。

3. 学习资源

网络、电子书、图书、课本、宣传画等。

4. 项目实施过程

(1)分组(5 min)。将全班同学进行分组,6～7 人为一组。

(2)布置任务(10 min)。讲解任务目标,主要有两个:①识别汽车公司及其商标,并说明其含义。②在所给商标中,区分出属于美国、日本、德国、意大利、英国、法国、韩国的各有哪些。

(3)任务实施(70 min)。组长对任务进行分解,分别查阅资料,完成任务工单。资料形式有网络、电子书、图书、课本或者教学楼长廊上的宣传画等。每个同学完成分配好的任务,最后以小组为单位进行汇总。

(4)任务检查。教师在实施过程中进行指导,答疑解惑。

(5)任务评价 (5 min)。根据任务目标,由老师引导对本次实验的内容进行一次分析和评价,填写任务工单,对在实训过程中遇到的问题进行总结。

5. 评分规则(见表 5-1)

表 5-1　汽车公司和商标的识别项目评分表

姓名:　　　　学号:　　　　成绩:

序号	项目	标准分	评分
1	任务单的填写	40	
2	团队创意/分工协作	20	
3	合理利用多种教学资源	20	
4	语言表达能力	20	

附:任务工单

1. 识别汽车公司及其商标,并说明其含义。

(1)　(2)　(3)　(4)　(4)　(6)

(7) (8) (9) (10) (11) (12)

(13) (14) (15) (16) (17) (18)

(19) (20) (21) (22) (23) (24)

(25) (26) (27) (28) (29) (30)

(31) (32) (33) (34) (35)

2. 以上商标中，属于美国、日本、德国、意大利、英国、法国、韩国的各有哪些？

3. 在表 5-2 中列出 5 个你最喜欢的汽车商标，具体分析其商标的含义，并说明喜欢它的理由。

表 5-2 汽车商标及其含义等

序号	商标	对应车型	商标含义	喜欢的理由
1				
2				
3				
4				
5				

1. 项目说明

了解汽车名人的故事,从汽车名人的经历中获得启迪,有利于学生进行汽车领域的学习生涯规划。该项目旨在提高学生的综合素质,锻炼学生独立思考、解决问题和团队协作的能力。

2. 项目要求

(1)了解世界主要汽车品牌的发明者。

(2)熟悉世界主要汽车公司的创始人。

(3)能介绍汽车名人的故事。

3. 学习资源

网络、电子书、图书、课本、宣传画等。

4. 项目实施过程

(1)分组(5 min)。将全班同学进行分组,6~7 人为一组。

(2)布置任务(10 min)。讲解任务目标:对选取的汽车名人进行故事介绍,提交成果的形式是任务报告和 PPT。

(3)任务实施(70 min)。主要任务有两个:①每组选取 2 个汽车名人,然后由老师进行协调,尽量各组之间不重复。②根据任务要求,借助工具,搜集资料,撰写汽车名人故事,并制作成 PPT。

(4)任务检查。教师在实施过程中进行指导,答疑解惑。

(5)任务评价 (5 min)。根据任务目标,由老师引导对本次任务的内容进行一次分析和评价,对在实训过程中遇到的问题进行总结。学生需要提交任务报告和 PPT。

5. 评分规则(见表 5-3)

表 5-3　汽车名人故事介绍项目评分表

姓名：　　　　学号：　　　　成绩：

序号	项目	标准分	评分
1	PPT 展示	40	
2	团队创意/分工协作	20	
3	合理利用多种教学资源	20	
4	语言表达能力	20	

学习评价

简答题

1. 宝马和奔驰同属于高档汽车品牌,为什么都能在竞争中获得长足的发展?

2. 韩国汽车工业的起步远远落后于我国,为什么在很长一段时间内,韩国的汽车工业发展得比我国要快?

3. 英国属于老牌的工业帝国,所产汽车至今也是高档车的代名词,但为什么英国的汽车厂家却几乎都被外国的生产厂家所兼并?

4.本田汽车公司本来只是一个摩托车生产厂家，从事汽车生产的时间很短，为什么能在汽车生产厂家中占有一席之地？

5.自1928年以来，通用汽车公司一直是全球范围内最大的汽车生产厂家，却因遭遇2008年的金融危机而破产。这给你什么样的启示？

6.卡尔·本茨和戈特利布·戴姆勒发明的第一辆汽车有何区别？

7.亨利·福特如何让汽车走进美国家庭？

8.艾尔弗雷德·斯隆对社会最大的贡献是什么？

9.如何评价威廉·杜兰特的一生？他的经历对我们而言有何经验和教训？

10.沃尔特·克莱斯勒是如何创建克莱斯勒汽车公司的？

11.丰田喜一郎对日本汽车工业有何贡献？

12.谁是中国的“汽车工业之父”？他对中国的汽车工业有何贡献？

任务六　汽车时尚

学习情境引导

“赛车”一词来自法文“Grand Prix”，意思是“大奖赛”。在国外，汽车比赛几乎与汽车具有同样长的历史。今天，各式各样的汽车比赛被统称为“现代汽车运动”，它是世界范围内一项影响较大的体育运动。多姿多彩的汽车运动使汽车这一冷冰冰的钢铁机器充满了柔情蜜意，同时，汽车运动的激烈、惊险、刺激不仅使成千上万的观众为之痴迷，而且还带动了世界汽车技术日新月异的发展。

汽车展览（motor/auto show）即集合各国汽车制造公司的新型汽车所举办的展览会。消费者可经由汽车展览会所展示的汽车或汽车相关产品，感受汽车制造工业的发展动向与时代脉动。展览多数以一年或两年一次的方式举办。

学习目标

◎知识目标

1. 了解汽车运动的起源。
2. 了解汽车运动的管理机构及国际赛事。
3. 了解一级方程式锦标赛及其他著名汽车大赛的有关内容。
4. 掌握汽车运动魅力的表现方面。
5. 了解汽车俱乐部的作用及运作。
6. 掌握世界范围内著名的汽车展览会。

◎能力目标

1. 能够看懂汽车运动。
2. 能够区分世界范围内著名的汽车展览会。

知识准备

一、汽车运动的起源

汽车运动是指汽车在封闭场地内、道路上或野外比拼速度、驾驶技术和性能的一种运动项目。19 世纪 80 年代，欧洲大陆出现了最早的汽车，汽车运动也随着汽车工业的发展而兴起。从第一辆汽车被生产出来到第一次汽车比赛的举行，只不过隔了 10 年的时间。起初，汽车比赛的目的只是汽车生产厂家为了检查车辆的性能，宣传使用汽车的安全性和可靠性，因此汽车生产厂家积极资助，以推销其产品。1894 年，法国人 Pierre Gifard 组织了世界上第一次汽车比赛，线路是由巴黎到鲁昂，共 129 km。这次比赛远不及今天的大奖赛扣人心弦，引用当时的话说就是"without danger, easy to handle and cheap to run"。

1895 年 6 月 11 日，法国汽车俱乐部和《鲁・普奇・杰鲁纳尔报》联合举办了世界上最早的长距离汽油车公路赛，线路是由巴黎到波尔多往返，全程长 1178 km。获得比赛第一名的埃威尔・鲁瓦索尔，共用 48 小时 45 分钟，平均车速为 24.55 km/h。但是由于比赛规定车上只许乘坐一人，而他的车上却乘坐了两人，因而被取消了冠军的头衔。此次比赛共有 23 辆车参赛，跑完全程的只有 8 辆汽油车和蒸汽车。

虽然德国人发明了汽车，而英国当时是工业强国，但这两个国家对汽车都不感兴趣，甚至在国内禁止车赛。相反，法国人不但重视汽车，而且还建立了世界上最大的汽车工业。赛车运动在法国也随之产生，标致和潘哈德等都是很有名的赛车，法国人靠它们开始统治赛车车坛，一直到 19 世纪末。

早期赛车的结构和性能与现在的相比有天壤之别。潘哈德车通过一个控制杆来操纵方向，类似船头的舵柄，而标致车用手动棒完成赛车的转向。不久，方向盘取代了它们。而赛车的木制实心轮胎被空气胎取代则经历了漫长的时间。

早期的赛事采取"城镇到城镇"(town-to-town)的比赛形式，和现在的拉力赛一样，赛车依次间隔相同时间发车，根据总用时排出成绩，分出胜负。1896 年，法国汽车俱乐部(Automobile Club de France, ACF)组织了一次从巴黎到马赛并返回的比赛。在 1897 年的赛事上，赛车有别于家用车的特征开始出现：它去掉了不必要的挡泥板，车座也不再采用舒适的软结构，赛车制造商还开发出了大功率的发动机。

随着赛车的改装，赛车的性能不断提高，随之也产生了许多伤亡事故。当时比赛的赛道两旁有很多人围观，而人们并不知道这些铁家伙能干什么。1898 年，赛车史上第一次出现了死亡事故：从巴黎到尼斯的公路赛上，发车不久，站在路边的奔驰车手 Marquis de Montariol 向正在驾驶赛车的朋友 Marquis de Montaignac 挥手致意，而 Marquis de Montaignac 竟手脱方向控制杆向 Montariol 招手，结果汽车跑偏，撞飞了 Montariol 的赛车，翻了的赛车又伤到了 Montariol 的技师，使其脑部受到致命伤。事后，巴黎警长曾试图阻止后来的巴黎至阿姆斯特丹的比赛，但他失败了。车手用火车把赛车运到了比赛地点，超出了他的管辖范围。而他本人后来也觉得有些欠考虑，因为与庆祝冠军 Fernand Charron 胜利的人山人海的车迷相比，他确实显得有些势单力薄。

赛车运动开展的初期出现过两次危机。一次是 1901 年的"巴黎-柏林"的公路赛，一名男孩跨入赛道去看一辆开过去的车，被后来的一辆车撞到而死亡。法国政府随后禁止了比赛，但最终在汽车业的强大压力下恢复了比赛。另一次是1903年在法国汽车俱乐部举办的"巴黎-波尔多-马德里"的比赛中，有近300万观众在赛道两旁观看比赛。赛车在丛林中行驶时，扬起的尘土阻挡了车手的视线，赛车撞向观众，导致很多人被撞。比赛随后被法国、西班牙政府终止。后来，法国政府再一次妥协，恢复了比赛，但为赛车运动制定了一些规则。为了避免汽车在野外比赛扬起漫天的尘土影响后面车手的视线，造成伤亡事故，车赛逐渐改在封闭的赛场和跑道上进行，同时选在人口稀少的地方举行，赛道两旁也围上了护栏。这就是汽车场地赛的雏形，它被认为是封闭赛道开始的标志。

为了吸引更多的人参加汽车比赛，使比赛更加富有刺激性和挑战性，法国的勒芒市在1905年举行了第一次真正意义上的场地汽车大奖赛。此时赛车已经职业化，德国、意大利、英国、美国都有了自己的赛车参赛(见图6-1)，涌现出了Felice Nazzaro，Georges Boillot，Jules Goux等一批新的车手。

图6-1　菲亚特赛车在场地汽车大奖赛中

有些讽刺的是，法国汽车俱乐部举办的第一次汽车大奖赛却标志着法国车坛统治地位的结束。在欧洲，德国、英国、意大利各国都想自己举办比赛。1907年，第一条专为比赛修建的赛道在英国萨里的布鲁克兰建成。由于经济萧条以及比赛规则和场地利益的冲突，法国于1909年退出了汽车大奖赛。

20世纪前10年，美国在汽车大奖赛中与车队冠军、车手冠军无缘。从1909年印第安纳波利斯竞速比赛起，情况有了转机。在当时，赛车运动开始向西部扩展，越来越多的赛道在西部修建完成，最著名的是1英里和2英里的椭圆形赛道。这种赛道建造较快，采用经济的木材作为原料。经营商很喜欢这种赛道，因为观众座位规范，便于收费；观众也喜欢这种赛道，因为他们可以看到整个赛道。这样的赛道使比赛更加紧张、快速，也更加危险；同时使比赛过程变幻莫测，更加突显了车手的智慧与勇气。从1917年起，美国汽联组织的全国冠军联赛全部采用椭圆形赛道，其中大多数是木制的，它也被人们戏称为"马达轰鸣的木板"。这一时期的著名车手有Ralph de Palma和Dario Resta。

1911年，情况开始好转，第一次世界大战前的几年里，欧洲的赛车运动有了短暂的发展，赛道开始重视转弯和曲折的设计与修建。赛车的设计不再一味追求大功率的发动机，而是更加关注操纵性、机动性和制动性，要求发动机在各种速度时都具有较好的可靠性。1914年时赛车的基本构造在以后的40年中都没有大的改变。

第一次世界大战中，欧洲赛车运动基本处于停顿状态，战后相当长一段时间后才恢复起来。战争中，比赛虽然没有举办，但欧洲工程师们却从战争里学到了很多技术，使欧洲人步入了一条通往先进科技的道路。第一次世界大战在赛车运动方面有两个重要的结果：意大利自此开始统治欧洲车坛；美欧在赛车上的科技差距开始拉大。

美国汽车制造商生产了许多车身瘦长的赛车，如 Miller 122，它们是专为竞速赛道量身定做的。在欧洲，菲亚特汽车公司研制出了高转速顶置凸轮轴发动机，与之匹配的是轻质量的 805 底盘，这种组合使车速达到了 169 km/h。1922 年的法国斯特拉斯堡大奖赛上，Felice Nazzaro 驾驶这辆菲亚特汽车轻松夺冠。这次比赛也是赛车史上第一次集中发车的比赛。1923 年，专为大奖赛设计的菲亚特 805.405 问世，它安装了增压器，它在设计时还应用了风洞实验。但出乎意料的是，在 1923 年的法国大奖赛上，它被一辆英国车击败。Henry Segrave 驾驶的 Sunbeam 赢得了比赛，这辆 Sunbeam 是 1922 年菲亚特车的抄袭版本。从此以后，菲亚特汽车公司加强了保密工作，使用自己单独的人马，车手也固定为 Pietro Bordino 和 Nazzaro。意大利的阿尔法·罗密欧公司在 1923 年生产了 P1 赛车，在此基础上，1924 年该公司又生产了大奖赛赛车 P2。P2 轻松赢得了 1925 年新举办的全年大奖赛的年度车队总冠军。P2 的全胜一直保持到在法国蒙丽瑞大奖赛上出现事故为止。

由于参赛过于昂贵，阿尔法·罗密欧公司宣布退出车坛。这时，一场席卷全球的世界性经济危机（1929～1933 年）即将到来，它对欧洲的政治、经济、社会生活产生了很大的冲击，当然也对蓬勃发展的赛车运动产生了巨大的影响和冲击。赛车这一黄金时代的结束就像它的开始一样突然。

二、汽车运动的魅力

与通常的体育运动相比，汽车运动不仅是车手个人技艺、意志和胆量的较量，而且是汽车设计、产品质量的角逐。这种独具特色的双重性运动更能体现人类与高新科技最完美的结合，体现人类对自然的征服能力。有具有高科技产品的汽车公司做后盾，以及拥有雄厚经济实力的大企业集团的资助，再加之热心汽车运动的人们的积极参与，这就是汽车运动能够经久不衰的关键所在。汽车比赛不断推动着世界和各国汽车工业的技术革命，而汽车工业日新月异的变革又推动了汽车运动水平的不断提高。汽车运动自始至终围绕着“交通车”和“专门特制赛车”这两大类车种发展。有钱人驾着刚刚问世不久的汽车，炫耀他们的“绅士派头”已成为历史。如今汽车甲级赛（即 F1）驾驶员所驾驶的赛车才是最新科技的代名词，他们身穿类似潜水员潜水服的长袖防火服，头盔和宇航员戴的差不多。

现在的汽车赛已完全成为一种职业活动，出现了空前繁荣的局面。在赛车场上，随着一声令下，那些五彩缤纷的赛车竞相出发，开足马力冲向前方。车手们你追我赶地争先表演，赛车如万马奔腾般一泻千里而过的精彩场面非常壮观，这对 20 万～30 万的现场观众和数以亿计的电视观众来说是极其丰富刺激的。

汽车运动的魅力表现为以下几个方面：

1. 有助于改善汽车的性能

汽车赛有助于改善汽车的性能，尤其是它的动力性。汽车诞生百年来，汽车技术得以不断发展的原因在很大程度上是各式各样车赛所做的大量试验。赛车场是汽车技术的试验场，汽车赛可以作为汽车新构造、新材料试验等的最重要手段，在比赛中获胜的赛车往往就是制造厂日后生产新车型的参考样本。20 世纪 50 年代，当日本汽车厂家决定加快汽车生产步伐时，首先选中的“基地”就是赛车场。20 世纪 60 年代，他们又将自己的赛车驶向国际赛场，向车坛霸主的欧、美赛车宣战，在屡败屡战中吸收了对手的优点，找到了自己的不足。通过改进，他们不仅在赛车场获得了一席之地，而且为日本汽车工业的全面崛起奠定了坚实的基础。

如今，几乎所有的赛车都采用了涡轮增压发动机，只有这种发动机才能达到 510～590 kW 的输出功率。赛车轮胎不断加宽、制动系统制冷及底盘的日臻完善，使赛车的速度日新月异。在高级赛车运动中，稳操胜券不仅仅靠驾驶者的天赋能力，还取决于发动机、底盘和轮胎三位一体的综合技术水准。从这个意义上讲，赛车活动是一场技术水准的大较量。

2. 强化的道路试验

汽车赛实质上是一种强化的道路试验，它能使汽车所有的零部件都在最大应力状态下工作，将正常使用条件下几年之后才会出现的问题在短短的几个小时之内暴露出来，节省了大量的时间。

3. 动态车展

汽车赛可喻为“动态车展”。一级方程式汽车比赛每年举行 16 场，分赛场遍布全世界。赛车几乎总是先进技术的结晶。今天，在汽车大赛中推出的每一部新的赛车，几乎都代表着一家汽车公司甚至一个国家在汽车方面的最新技术水平。不仅如此，赛车还体现了普通汽车发展的方向。比较当代新型轿车与 20 世纪 30 年代的赛车，不难发现它们之间有一些共同点，如较高的发动机转速、较大的压缩比、较小的汽车质量和流线型的车身等。从某种意义上来说，赛车是汽车发展的先驱。最能代表赛车技术的一级方程式比赛中的赛车，主要出自德国的保时捷汽车公司、意大利的法拉利汽车公司、美国的福特汽车公司和日本的本田汽车公司等。福特汽车公司形象地把一级方程式汽车大赛称作“高科技奥运会”。在汽车大赛中推出的新型赛车，从设计到制造都凝聚着众多研制者的心血。在德国，约有 2000 多名专门人才直接从事赛车的研发、设计和制造工作，在美国约有 1 万人。正是这些专家才使得赛车成为了代表高新技术的精品。

4. 最佳广告

汽车赛是生动的广告。组织得好的汽车赛，尤其是国际性高水平大赛，能够吸引成千上万的观众。比赛中的赛车和车队是汽车制造商和赞助商的最佳广告宣传载体，可以促进产品销售，为企业带来巨大的经济利益。正因为如此，许多车队才竞相高薪聘请优秀的车手，大的公司才慷慨解囊赞助大型车赛。

5. 促进汽车大众化

汽车赛促进了汽车大众化。除职业性比赛外，世界各地的汽车爱好者们还自行组织进行了一些小型的汽车比赛，这对汽车工业的发展有着另外一层意义。许多地方性的汽车俱乐部联系着千千万万的汽车运动爱好者，其广泛性和群众性是汽车大赛所无法比拟的。地方汽车俱乐部组织的汽车赛吸引着大量参赛者和现场观众，通过比赛掀起汽车热，把众多的人吸引到汽车上，传播汽车技术，扩大了汽车爱好者队伍，培育了潜在的汽车制造、使用、维修方面的人才，扩大了汽车市场。

6.集人与车为一体的综合较量

汽车赛是集人与车为一体的综合较量。与通常的体育运动相比，汽车运动不仅是车手个人技艺、意志和胆量的竞争，而且是汽车设计和产品质量的角逐。这种独具特色的双重性运动，更能体现人类精英与高新科技最完美的结合，体现人类对自然的征服能力。

作为一项群众性体育活动，赛车不仅体现了技术革新的步伐，也体现了人类驾驭自然的能力。它壮观而激烈，充满着冒险的情趣，因而能激起越来越多的人的狂热。每次大奖赛时，总有成千上万的爱好者前去观看。英国以每张1500美元的往返机票组织人们前往巴西观看汽车大赛；葡萄牙人和意大利人则成群结队地乘火车奔往奥地利观看比赛；德国、英国和南非是甲级赛车的会聚之地，每次都有不下10万人前往观看比赛。

汽车赛是车战、商战、金融战还是科技战？谁也无法说清。它那丰富而又复杂的内涵超过了世界上任何一项体育运动。总之，有具有高科技产品的汽车公司做后盾，以及拥有雄厚经济实力的企业集团进行资助，再加上热心汽车运动的人们的积极参与，这就是汽车运动能够经久不衰的关键所在。

三、汽车运动的管理机构

汽车运动的蓬勃发展促使法国、英国、德国、比利时等欧洲国家于1904年6月20日在法国巴黎成立了“国际汽车联合会”（缩写为“FIA”，当时不是用此名，1946年才改为现称），它负责管理全世界的汽车俱乐部和各种汽车协会的活动。国际汽车联合会有一个下属机构叫作“国际汽车运动联合会”（FISA），它成立于1922年，任务主要是制定有关参赛的车辆、车手、路线和比赛方法等相应规则，对比赛纪录进行认可，并在各地举行汽车比赛时作必要的调整和协调。

国际汽车运动联合会由世界汽车运动委员会的22个小组掌管，此委员会负责制定、监督和管理全球一切有关赛车事宜。在国际汽车联合会之下还设有若干具体赛事委员会，协助世界汽车运动委员会处理相关事宜，这些机构是：

赛车委员会

国际小型赛车委员会

越野赛车委员会

越野吉普车委员会

登山越野车委员会

一级方程式赛车委员会

轿车锦标赛委员会

老式汽车委员会

太阳能车及电动车委员会

技术委员会

赛车日程委员会

安全及赛场委员会

制造厂委员会

纪录委员会

医药委员会

其中，最后的 6 个为服务机构。此外，各个国家的体育运动委员会(ASN)也是国际汽车联合会的下设机构，它们就汽车比赛的有关事宜和国际汽车联合会进行接触。

中国汽车运动联合会(FASC)于 1975 年在北京成立，1983 年加入国际汽车联合会。

四、汽车运动的主要赛事

国际汽联每年根据各国的申请在世界上约 80 个国家和地区安排包括世界锦标赛、世界杯赛、世界大奖赛和地区赛在内的近 800 场各类国际汽车比赛。下面是国际汽联的主要赛事：

国际汽联一级方程式锦标赛

国际汽联方程式 3000 国际锦标赛

国际汽联 GT 锦标赛(耐力赛)

国际汽联三级方程式洲际杯

国际汽联杯老爷车 GT 赛

国际汽联杯萨罗布莱德大奖赛

国际汽联青少年方程式卢拉尼奖杯赛

国际汽联老爷房车欧洲挑战赛

国际汽联世界拉力锦标赛

国际汽联 2 L 厂商世界杯赛

国际汽联欧洲拉力锦标赛

国际汽联非洲大陆拉力锦标赛

国际汽联中东拉力锦标赛

国际汽联亚太拉力锦标赛

国际汽联欧洲老爷车拉力赛大奖赛

国际汽联拉力越野世界杯赛

国际汽联爬坡欧洲锦标赛

国际汽联爬坡国际挑战赛

国际汽联老爷车爬坡挑战赛

国际汽联直线竞速锦标赛

国际汽联拉力越野赛手和 1.4 L 杯欧洲锦标赛

国际汽联场地越野赛手和 1.6 L 杯欧洲锦标赛

国际汽联太阳能动力杯赛

国际汽车运动赛事种类繁多，下面就主要的国际赛事作些简单介绍。

(一)方程式锦标赛

1. 方程式汽车赛的级别

方程式汽车赛属于汽车场地赛的一种。1950 年，国际汽车运动联合会出于安全和汽车技术发展的需要，颁布了赛车竞赛规则，对汽车自身质量、车长、车宽、发动机功率和发动机排量等技术参数作出了一系列规定，使车赛趋于公平，于是便有了“方程式”(formula)的概念，该词既有“方程式”的意思，也有“准则、方案”的含义，联系到车赛，应把它理解为规则、级别更为合理。以共同的方程式(规则限制)所造出来的车就称为“方程式赛车”。方程式汽车赛按发动机排量和功率分为三个级别：一级方程式(简称 F1，发动机排量 3.5 L，功率 478 kW，最高时速超过 315 km/h)、二级方程式(简称 F2，发动机排量 3 L，功率 350 kW) 和三级方程式(简称 F3，发动机排量 2 L，功率 125 kW)，其中等级最高者是 F1。1950 年 5 月 13 日，在英国的银石赛车场举行了第一次世界一级方程式汽车赛。此后，汽车比赛逐步成为一项全球范围内的规范性体育运动。下面就一级方程式赛车作些介绍。

F1 就是“Formula One”的缩写，中文叫作“一级方程式赛车”。1950 年 5 月 13 日，在英国的银石赛车场举行了首届世界一级方程式汽车大赛，当时只有 7 场比赛，后来场次逐渐增加，1996 年重新规定最多为 17 场，2006 年为 18 场，现在一般为 16 场，所有比赛均由国际汽车联合会安排，赛场遍布全球，其赛道如图 6-2 所示。

图 6-2　F1 赛道

2. 一级方程式赛车

F1 赛车主要出自德国波尔舍公司和宝马公司、意大利法拉利公司、美国福特公司和日本丰田公司等几家大公司。图 6-3 是法拉利公司的 F1 赛车。

图 6-3　法拉利公司的 F1 赛车

发动机是F1赛车取胜的关键。一辆赛车的发动机大约由6000个零件组成，造价为13多万美元，而且每一场比赛用过之后就必须更换。F1赛车走过了几十年的历程，变化最大的也是发动机的技术。在20世纪50年代，F1赛车曾采用过增压发动机。20世纪70年代，福特公司生产的自然吸气式发动机称霸一时，共获得了55次世界冠军。1977～1989年流行废气涡轮增压发动机，其输出功率为自然吸气式发动机的两倍，最高输出功率可达880 kW，赛车在直道上的速度可达350 km/h以上，弯道速度可达280 km/h。出于安全的考虑，从1989年起，国际汽车联合会规定，禁止使用废气涡轮增压器，一律使用排量不大于3.5 L(1995年又限定为3.0 L)、气缸数不超过12个的自然吸气式发动机(禁止使用转子发动机)，并且限制进排气门的尺寸。发动机采用高标号汽油，微机控制点火装置。机油和水的冷却均靠行驶时产生的气流进行空冷。

F1赛车连人带车及燃料的总重不低于600 kg，0～100 km/h加速时间为2.3 s，由0 km/h加速到200 km/h再减速到0 km/h所需的时间也只有12 s。这么轻的车子要在这么高的速度下奔驰，要求F1赛车车身应该具有特殊的形状。F1赛车车身酷似火箭倒放于四个轮子之上，发动机位于中后部。它的外形是综合考虑了减小车身迎风面积和增加与地面附着力以及赛车运动规则而形成的。赛车疾驶时，迎面会遇到极大的空气阻力，为了减小空气阻力，赛车外形要尽可能呈流线型，以获得较小的迎风面积。通过减小迎风面积并采用扰流装置，借以减小空气阻力，从而提高速度。另外，当赛车高速前进时会产生向上的升力，使车轮与地面之间的附着力减小，导致赛车“发飘”，影响加速和制动。在赛车尾部安装后翼板后，可以增加向下的压力，使赛车行驶时的附着力增大。

轮胎也是赛车的关键。为了充分发挥发动机的动力，赛车轮胎被制作得相当宽大(前轮宽约为290 mm，后轮宽约为380 mm)，用以增加与地面的接触面积。根据天气的不同，赛车选用不同的轮胎：在无雨时选用干地轮胎，这种轮胎表面光滑，无任何花纹，有利于与地面良好贴合；在湿滑条件下则要选用湿地轮胎，这种轮胎具有明显的花纹，有利于排出轮胎与地面之间的积水，保持必要的附着力。比赛中的高速行驶及频繁的强力转向和紧急制动使轮胎磨损极快，寒车经常需要在中途更换轮胎。赛车轮胎只有一个紧固螺栓，便于迅速拆装。

F1比赛的安全问题一直是公众瞩目的焦点。图6-4是1985年意大利车赛时发生的危险情况。F1赛车极快，为保障车手的安全，赛车、赛道和赛手的穿着都采取了相应的安全措施。赛车由高强度的材料制成，赛车前后部装有防翻滚装置，车手坐在为他量身定制的一体化驾驶舱中，驾驶舱内配备了无线电系统、插头、饮料、特制灭火器及油箱。车手头戴结实的头盔(见图6-5)，身穿用特殊材料做成的连体防护服，其上印满了赞助商的名称与商标。为安全起见，赛道两旁一般设有宽阔的草地或沙地，以便将赛道与观众隔开，同时也可作为赛车出道之后的缓冲区。上海“上”字形国际赛车场的赛道采取沥青层、绿化缓冲区、沥石缓冲区、轮胎防撞墙、三肋防撞墙和铁丝防护网五级防护措施，以增加F1大赛的安全系数。

图 6-4 1985 年意大利车赛时发生的危险情况

图 6-5 F1 赛车手头盔

正是因为 F1 赛车具有如此先进的结构和装备，才使它具有了普通汽车难以达到的良好性能，每辆赛车都是机械、电子、材料等现代高科技的结晶。

3. 一级方程式赛车手

据国际汽车联合会的规定，参加 F1 比赛的选手必须持有“超级驾驶执照”。而每年，全世界有资格驾驶 F1 赛车的车手不能超过 100 名。因此，为了跻身 F1 赛场，每名车手必须过五关斩六将，先是小型车赛，然后是三级方程式比赛，接着是二级方程式比赛。这一切都通过了，才能获得“超级驾驶执照”，成为 F1 车手。

F1 车赛不仅是车速的比试，同时也是车手体能和意志的较量，所以 F1 车手必须集身体素质、车技、经验和斗志于一身。比赛中，高速行驶的赛车在转弯时会产生巨大的离心作用，这种离心作用会使人感到非常恶心，感觉五脏六腑都要与身体脱节。同时，车手一直处于神经高度紧张的状态，赛车内温度极高，车手体内的水分、盐分和矿物质消耗极快。因此，从某种意义上来说，F1 大赛是对车手身体的摧残。

车手在 F1 大赛中要取得好成绩，必须具有娴熟的驾驶技术和丰富的赛车经验。掌握拐弯时的各种战术可以说是车手取胜的法宝。在赛车拐弯前，各车手都会做好超前的准备，比较常用的方法是掌握赛车的制动性以超过对方。由于 F1 赛车的车速极高，因此转向时最容易出现危险。

4. 一级方程式大赛规则简介

国际汽车联合会针对 F1 大赛规定：专用赛道均为环形，每圈长度为 3～8 km，每场比赛距离为 300～320 km；赛场不允许有过多过长的直道，目的在于限制高速，以免发生危险。近年来，随着赛车运动的风靡，申请主办 F1 大赛的国家越来越多。分布在全世界各地赛场的地理环境迥然相异：有的建在高原上，那里空气稀薄，用以考验车手的身体素质；有的则是街道串成的赛场，那儿路面相对狭窄曲折，车手弄不好就会撞车；有的赛车场虽路面宽阔，但也有上下坡考验车手的技术；还有的赛场建在树木葱郁的树林中，那里跑道起伏大，车手很难控制赛车。国际汽车联合会要求各赛场的救护人员必须分布在全场的每个角落，争取在出事后的第一时间跑进现场进行抢救。

每场比赛均分为计时排位赛和决赛两个过程。排位赛在决赛前两天进行，记录每辆赛车 60 分钟内跑得最快的一圈所用的时间，用时最少的车在决赛中将在赛道上排在前面，其他以此类推。赛车在赛道上的排位相当重要，排在前面的将有抢先拐第一个弯的优势。通常在排位赛时有 28～30 辆赛车参加，最后只取排名靠前的 26 辆赛车参加决赛。决赛当天，车手先进行 23 圈的自由练习，用以检查车子各部分的工作情况。决赛前半小时，各赛车进入排定的起跑位置。赛前 5 分钟开始倒计时，当剩下最后 1 分钟时，发动机开始启动，绿旗一挥赛车便起步，进行最后一圈热身赛，但中途不准超车，也不准更换赛车。当一圈跑完后仍按原顺序排好，几秒钟后，绿灯一亮，决赛正式开始。

为安全起见，每辆赛车的尾部必须安装一只红色信号灯，而且在整个比赛过程中一直开着。在赛程之中，赛车可以更换轮胎（最多更换四次轮胎），可以加油，出了故障也可修理，但需占用比赛时间，所以车手在赛车发生故障时要用无线电话通知维修站做好准备，以对赛车进行维修（见图 6-6）。

图 6-6　法拉利维修站的工作情景

2004 年 9 月 26 日，F1 大赛在我国上海首次举行。上海赛道由赛车界享有盛名的德国专家蒂尔克设计，全长为 5.45 km，有 7 个左拐和 7 个右拐的弯道，主看台可容纳 5 万名观众，如图 6-7 所示。蒂尔克还设计了马来西亚的雪邦和巴林的 F1 赛道。2006 年 10 月 1 日，上海作为世界一级方程式系列赛中的一站举办了 F1 大赛，舒马赫夺得该比赛的冠军。

图 6-7　上海 F1 赛道

5. 一级方程式著名车队与冠军车手

F1 历史上的著名车队有：法拉利车队、麦克拉伦车队、威廉姆斯车队、阿尔法·罗密欧车队、马塞拉里车队、兰希亚车队、梅赛德斯-奔驰车队、库伯车队、莲花车队、布拉伯汉姆车队、马查车队、特利尔车队、贝纳通车队、雷诺车队、乔丹车队。

F1 当代著名的车队有：法拉利车队、贝纳通车队、麦克拉伦车队、乔丹车队、威廉姆斯车队、米纳尔迪车队、索伯车队、英美-本田车队、飞箭车队等。

1950 年以来，F1 大赛获得年度总冠军的车手及其所属国家和车队如表 6-1 所示。

表 6-1　F1 大赛年度总冠军车手及其所属国家和车队

年份	车手	国籍	车队
2014	汉密尔顿(Lewis Hamilton)	英国	梅赛德斯 AMG
2013	维泰尔(Sebastian Vettel)	德国	红牛-雷诺
2012	维泰尔(Sebastian Vettel)	德国	红牛-雷诺
2011	维泰尔(Sebastian Vettel)	德国	红牛-雷诺
2010	维泰尔(Sebastian Vettel)	德国	红牛-雷诺
2009	巴顿(Jenson Button)	英国	布朗 GP
2008	汉密尔顿(Lewis Hamilton)	英国	迈凯伦
2007	莱科宁(Kimi Raikkonen)	芬兰	法拉利
2006	阿隆索(Fernando Alonso)	西班牙	雷诺
2005	阿隆索(Fernando Alonso)	西班牙	雷诺
2004	舒马赫(Michael Schumacher)	德国	法拉利
2003	舒马赫(Michael Schumacher)	德国	法拉利
2002	舒马赫(Michael Schumacher)	德国	法拉利
2001	舒马赫(Michael Schumacher)	德国	法拉利
2000	舒马赫(Michael Schumacher)	德国	法拉利
1999	哈基宁(Mika Hakkinen)	芬兰	迈凯伦
1998	哈基宁(Mika Hakkinen)	芬兰	迈凯伦
1997	维伦纽夫(Jacques Villeneuve)	加拿大	威廉姆斯
1996	D·希尔(Damon Hill)	英国	威廉姆斯
1995	舒马赫(Michael Schumacher)	德国	贝纳通
1994	舒马赫(Michael Schumacher)	德国	贝纳通
1993	普罗斯特(Alain Prost)	法国	威廉姆斯
1992	曼塞尔(Nigel Mansell)	英国	威廉姆斯
1991	塞纳(Ayrton Senna)	巴西	迈凯伦

续表

年份	车手	国籍	车队
1990	塞纳(Ayrton Senna)	巴西	迈凯伦
1989	普罗斯特(Alain Prost)	法国	迈凯伦
1988	塞纳(Ayrton Senna)	巴西	迈凯伦
1987	皮奎特(Nelson Piquet)	巴西	威廉姆斯
1986	普罗斯特(Alain Prost)	法国	迈凯伦
1985	普罗斯特(Alain Prost)	法国	迈凯伦
1984	劳达(Niki Lauda)	奥地利	迈凯伦
1983	皮奎特(Nelson Piquet)	巴西	布拉汉姆
1982	罗斯博格(Keke Rosberg)	芬兰	威廉姆斯
1981	皮奎特(Nelson Piquet)	巴西	布拉汉姆
1980	琼斯(Alan Jones)	澳大利亚	威廉姆斯
1979	施科特(Jody Scheckter)	南非	法拉利
1978	安德里蒂(Mario Andretti)	美国	莲花
1977	劳达(Niki Lauda)	奥地利	法拉利
1976	亨特(James Hunt)	英国	迈凯伦
1975	劳达(Niki Lauda)	奥地利	法拉利
1974	费迪帕尔蒂(Emerson Fittipaldi)	巴西	迈凯伦
1973	斯图尔特(Jackie Stewart)	英国	特里尔
1972	费迪帕尔蒂(Emerson Fittipaldi)	巴西	莲花
1971	斯图尔特(Jackie Stewart)	英国	特里尔
1970	林特(Jochen Rindt)	奥地利	莲花
1969	斯图尔特(Jackie Stewart)	英国	马特拉
1968	G・希尔(Graham Hill)	英国	莲花
1967	胡蒙(Denny Hulme)	新西兰	布拉汉姆
1966	布拉汉姆(Jack Brabham)	澳大利亚	布拉汉姆
1965	克拉克(Jim Clark)	英国	莲花
1964	苏堤斯(John Surtees)	英国	法拉利
1963	克拉克(Jim Clark)	英国	莲花
1962	G・希尔(Graham Hill)	英国	BRM
1961	P・希尔(Phil Hill)	美国	法拉利
1960	布拉汉姆(Jack Brabham)	澳大利亚	库伯

续表

年份	车手	国籍	车队
1959	布拉汉姆(Jack Brabham)	澳大利亚	库伯
1958	豪索恩(Mike Hawthorn)	英国	法拉利
1957	方吉奥(Juan Manuel Fangio)	阿根廷	玛莎拉蒂
1956	方吉奥(Juan Manuel Fangio)	阿根廷	蓝旗亚/法拉利
1955	方吉奥(Juan Manuel Fangio)	阿根廷	梅赛德斯
1954	方吉奥(Juan Manuel Fangio)	阿根廷	梅赛德斯/玛莎拉蒂
1953	阿斯卡里(Alberto Ascari)	意大利	法拉利
1952	阿斯卡里(Alberto Ascari)	意大利	法拉利
1951	方吉奥(Juan Manuel Fangio)	阿根廷	阿尔法·罗密欧
1950	法里纳(Giuseppe Farina)	意大利	阿尔法·罗密欧

1950 年以来,获得年度总冠军次数较多的车手如表 6-2 所示。

表 6-2　　获得年度总冠军次数较多的车手

车手	次数	年份	车手	次数	年份
舒马赫(Michael Schumacher)	7	1994,1995,2000,2001,2002,2003,2004	皮奎特(Nelson Piquet)	3	1981,1983,1987
方吉奥(Juan Manuel Fangio)	5	1951,1954,1955,1956,1957	劳达(Niki Lauda)	3	1975,1977,1984
普罗斯特(Alain Prost)	4	1985,1986,1989,1993	斯图尔特(Jackie Stewart)	3	1969,1971,1973
维泰尔(Sebastian Vettel)	4	2010,2011,2012,2013	布拉汉姆(Jack Brabham)	3	1959,1960,1966
塞纳(Ayrton Senna)	3	1988,1990,1991			

6. 传奇车手

(1)迈克尔·舒马赫(Michael Schumacher,见图 6-8)

舒马赫是当代车王,也是当之无愧的车神。

1991 年,他在乔丹车队首次参加了 F1 大奖赛,只参加了一场比赛就被贝纳通车队挖走。第二年,他在比利时获得了第一个分站冠军,并在那个赛季获得了总成绩第三名。1994 年,他第一次夺得世界冠军,并于次年卫冕成功。1996 年,他加盟法拉利车队,虽然赛车问题不断，但他还是获得了第三名。他那种超凡的自信往往被人们认为是傲慢，而那种对胜利的渴望也被人们看成了爱惹麻烦。

图 6-8　迈克尔·舒马赫

他在 1995 年和 1996 年两次与 D·希尔激烈碰撞，在 1997 年又与维伦纽夫发生撞车，在 1998 年比利时大奖赛上还差点对库特哈德动拳头。

1999 年的比赛对于舒马赫来说是令人失望的。在积分第二，努力为法拉利车队赢得 20 年来第一个车手总冠军时，舒马赫却在英国银石赛道上撞断了腿，他也因此休息了 3 个月。他的队友埃尔文在他受伤的日子里脱颖而出，并且获得了总冠军。当时车迷们还纷纷猜测，舒马赫回来的时候在他自己也那么渴望再次登上冠军宝座的情况下，会不会帮助埃尔文夺得世界冠军。在复出后的马来西亚大奖赛上，舒马赫在排位赛中获得第一，并在正式比赛领先的情况下，非常大度地让队友埃尔文超过自己而夺得了冠军。但是遗憾的是，两人的成绩都因为法拉利车队的赛车违反了国际汽联规定而被取消。而经过上诉之后，他们又拿回了被砍掉的积分，于是埃尔文在积分榜上暂时领先。在最后一站的日本大奖赛上，舒马赫获得了排位赛第一，但是在正式比赛中却发挥欠佳，出发的时候太慢，而对手麦克拉伦车队的哈基宁冷静地夺得冠军，并卫冕成功。

2000 年，舒马赫为法拉利车队夺得车队与车手双料冠军，成为三届世界一级方程式冠军车手，也是法拉利车队 21 年来的首个冠军车手。2001 年，舒马赫再为法拉利车队夺得车队与车手双料冠军。

尽管总是成为传媒的争议人物，但舒马赫以其卓越的表现和过人的天分，无可争议地成为了世界车坛最优秀的车手之一。他精明的赛车头脑和可怕的驾驶技术，特别是在湿滑天气时的表现，为他赢来了应得的赞扬和尊敬。

(2)胡安·曼努尔·方吉奥(Juan Manuel Fangio，见图 6-9)

方吉奥是世界赛车史上的一代元勋与神话。出生在阿根廷一个工厂主家庭的方吉奥在 1934 年刚进入赛车界时就表现出了非凡的能力，在 1940 年便夺得了安第斯远距离耐力赛冠军。

图 6-9　胡安·曼努尔·方吉奥

方吉奥于二战后到欧洲发展，效力于阿尔法·罗密欧车队。1950 年开始举办 F1 大赛，38 岁的方吉奥立即投身其中，代表罗密欧车队夺得了首届比赛的第二名，次年便成功夺魁，赢得了他传奇生涯中的第一个世界冠军。

1954 年，方吉奥加盟首次参加 F1 大赛的奔驰公司，并驾驶着奔驰 W196 赛车接连夺得 1954 年和 1955 年的 F1 大赛年度总冠军，从此 W196 成为这位传奇车手最心爱的战车。1956 年奔驰公司退出 F1 大赛，方吉奥加入法拉利车队。他在驾驶法拉利赛车第四次夺得 F1 大赛总冠军后，次年离开法拉利，从此以个人身份驾驶玛沙拉蒂赛车参赛。这年的 8 月 4 日，46 岁的方吉奥在德国纽柏林这个全世界难度最大、最危险的赛道上九次打破世界赛车单圈速度纪录，并夺得冠军，写下了他赛车生涯中最辉煌的一笔。但在这次比赛中，方吉奥的膝盖因赛车座椅架折断受伤，翌年他退出赛车运动。方吉奥在F1历史上的影响是无人可及的，他的画像不仅印在麦克拉伦-奔驰车队车库的墙壁上，更是世界冠军舒马赫最崇拜的偶像。

(3)阿兰・普罗斯特(Alain Prost，见图6-10)

普罗斯特是F1战绩史上迄今为止居第三位的伟大车手。

出生于法国圣日耳曼的普罗斯特，从卡丁车运动起步，夺得过两次法国冠军。

图6-10 阿兰・普罗斯特

普罗斯特于1979年转入F3车赛，次年效力于麦克拉伦车队，开始了他传奇的F1生涯。1980年，普罗斯特转入雷诺车队后，7月就在家乡父老的关注下夺得了他第一个分站赛冠军。1983年就被视为F1冠军最有力的争夺者的普罗斯特，在以1分之差屈居巴西赛手毕奇之后，1984年加入声名日盛的麦克拉伦车队，同年以0.5分之差输给队友劳达，他的夺冠时间又推后了一年。事不过三，1985年，普罗斯特终于赢得了胜利女神的青睐，为法国夺得了第一个F1年度总冠军。随后又赢得1986年和1989年两届年度总冠军的普罗斯特，开始受到巴西天才车手塞纳的强劲挑战。在失去了1990年和1991年的年度总冠军后，普罗斯特决定隐退。但是，“挑战自己，追求卓越”的愿望激励着他，使他于1993年重返赛场，加盟势头正劲的威廉姆斯车队，并以99分(超过塞纳26分)的年度总成绩第四次摘冠，为自己的赛车生涯画上了一个完美的句号。

退役后的普罗斯特没有离开汽车运动。1997年，他接受法国政府的邀请执掌法国唯一的一家参加F1比赛的塞历基亚车队，因此，该车队也更名为“普罗斯特车队”。

(4)艾尔顿・塞纳(Ayrton Senna，见图6-11)

塞纳被公认为世界赛车史上最具天才的车手之一，有“赛车王子”和“雨中塞纳”的美称。

图6-11 艾尔顿・塞纳

塞纳出生于巴西圣保罗一个富有的汽车制造商家庭，从小就表现出了极高的驾车天赋。他于13岁参加卡丁车赛，17岁便夺得南美冠军。1981年，塞纳进入欧洲方程式赛场，不久便赢得了福特1600和福特2000方程式赛的冠军。1983年，他进入三级方程式后夺得全英F3冠军，成为赛车界关注的对象。1984年，塞纳加盟托勒曼车队(现在的贝纳通车队)，开始涉足F1赛事。

1985年，塞纳转入莲花车队，并在葡萄牙埃斯托利尔赛道上展现了他的传奇本领。连日的大雨使本来就很危险的赛道变得更为可怕，在严峻的考验下，夺冠热门车手普罗斯特和两届世界冠军皮奎特相继退出了比赛，然而，初出茅庐的塞纳却知难而进，驾车在雨中飞驰，以领先第二名1分零2秒的优势夺得冠军。这是塞纳赢得的第一个分站赛冠军，也是他赢得“雨中塞纳”浪漫声誉和世界影响的成功之役。

1988年，塞纳加盟麦克拉伦车队并战胜队友普罗斯特，赢得了第一个年度总冠军。

接着，他接连在1990年和1991年两度称雄，成为F1历史上第七位“三冠王”。这时，所有的人都相信，塞纳将是打破方吉奥“五冠王”纪录的第一人选。1992年，威廉姆斯车队崛起，1994年将塞纳招至旗下。在这次被视为最完美的结合中，塞纳也决心驾驶威廉姆斯车实现自己的“四冠王”目标。然而，就在这年的4月1日，意大利伊莫拉赛道上发生了世界赛车史上惨烈的一幕：当比赛进行到第七圈时，塞纳的车突然失去控制，以300km/h的速度撞在坦布雷弯道上，一代天才车手塞纳魂归天国。

赛车界无不为失去了一位天才车手而惋惜。方吉奥悲痛地说：“塞纳是最有希望打破我纪录的人。”塞纳的遗体被送回巴西后，巴西政府为他举行了国葬。

(5)尼克·劳达（Niki Lauda，见图6-12）

图6-12　尼克·劳达

劳达是F1赛车史上的“拼命三郎”。

出生于奥地利的劳达22岁开始参加F1大赛，1974年在西班牙夺得第一个分站赛的冠军后，次年赢得他赛车生涯的第一个年度总冠军。

1976年，在以“难”和“险”著称的德国纽柏林赛道上，一场恶性车祸差点夺去劳达的生命，他与死神擦肩而过。一脸伤疤的劳达并没有退出他心爱的赛车事业，凭着顽强的毅力，一个月后，这个有着钢铁般意志的汉子不仅重返赛场，而且夺得了当年的世界亚军和第二年的世界冠军。在风驰电掣的赛车场上，竞争永远是残酷激烈的，尽管在随后的7年中劳达承受着强劲的挑战，但他并没有放弃和妥协，直到1984年实现了自己“三冠王”的目标后，这位赛车史上的“拼命三郎”才光荣地退出了为之奋斗的赛场，为世界赛车史留下了一段佳话。

(二)勒芒24小时世界汽车耐力锦标赛

距巴黎西南面200 km的勒芒有一条13.6 km长的著名赛车环路，从1923年开始，每年的6月份（1936年、1940～1948年除外）这里都要举行汽车连续行驶24小时的比赛。在一昼夜之中，汽车的行程超过5000 km，平均车速超过200 km/h，最高车速超过300 km/h，需要两名车手轮流驾驶与休息，行驶距离长者获胜。这项竞赛可以说是距离最长（不停车检修）的汽车耐力赛，发动机长时间地吼叫，汽车在不停地狂奔，驾驶员丝毫不能松懈，无论是对汽车还是对驾驶员这都是极其严峻的考验。因此，各个汽车公司都希望利用这项大赛来显示自己汽车产品的优良性能。

图6-13　福特GT40型赛车

20世纪60年代，福特汽车公司力图制造出赛坛名车以树立企业形象。该公司的主攻方向是勒芒24小时大赛，参赛的“武器”是GT40型赛车，如图6-13所示。该车异常低矮，总高度仅40英寸（1016 mm），因而被命名为“40型”。1964年，该车首次在勒芒亮相，并无建树，被法拉利车队囊括了第一、第二和第三名。1965年，法拉利车队又一次包揽前三甲。福特汽车公司败而不馁，着力改进了汽车结构，装备了一台7 L的发动机（功率达294 kW），使该车以全新的面貌出现在了1966年的赛事中。为此，福特公司特聘布鲁斯·麦克拉伦和克里斯·阿芒披挂上阵。二人不负众望，一举夺冠，其余两辆福特GT40型车亦同时夺得第二、第三名，可谓“倒转法拉利的乾坤”了！随后，该车又于1967～1969年在勒芒大赛上连续夺标，创下“四连冠”的佳绩。布鲁斯·麦克拉伦从此崭露头角，组建了自己的车队，以自己设计的M8B型赛车四次夺得加纳-美国汽车锦标赛冠军，由此名声大噪。这位出色的设计师兼赛车手因此被授予“沙格雷夫奖金”。不幸的是，1973年，麦克拉伦于领奖之前在他的新式M8D型赛车试验中去世。

勒芒24小时汽车耐力赛前58届的冠军均被欧美汽车垄断。1991年第59届比赛上，装备转子发动机的日本马自达汽车大显雄风，除夺取冠军外，还有两辆打进了前二十名，充分显示出这种车的发动机的结构优越性。好景不长，同年国际汽车运动联合会决定修改竞赛规则，将转子发动机排斥在外。于是，从1992年起，冠军又回到了欧洲车中。

（三）世界拉力锦标赛

汽车拉力赛属于长距离比赛。汽车拉力赛的“拉力”来自英语“rally”，意思是集合。“World Rally Championship”的缩写为“WRC”，中文称为“世界拉力锦标赛”或“世界越野锦标赛”。该比赛全年赛程规划有14站，分别在14个不同的国家举行，赛季分为两部分。在上半年赛季结束之后，经过1个月的休息再进行下半年赛季，同时让各车队对车辆与车手做些调整。WRC可以说是所有赛车项目中最苛刻，也最接近真实的一种比赛。因为所有参赛车辆都是按实际情况研发制作而成，并在雨林、泥地、雪地、沙漠及蜿蜒山路等全球各地最具代表性的险恶路段的道路中进行（见图6-14）。10亿多人次通过电视转播或其他媒体观赏这世界顶级的赛事。

图6-14　1984年摩纳哥汽车拉力赛车道

比赛依参赛车的不同分为原厂组（Group N）及改装组（Group A）两大组别，即拉力赛是将参赛的汽车分成不同组进行比赛，然后再集合，再比赛，反复进行，最后根据每辆赛车的总成绩排出名次。世界汽车拉力赛通常在世界各地确定若干站，最后一站比赛结束后，根据车队在各站比赛的总积分，排定年度冠军车手和冠军车队。巴黎-达喀尔汽车拉力赛是世界上行程最长的汽车拉力赛。1995年后，巴黎-达喀尔汽车拉力赛改为格拉纳达-达喀尔汽车拉力赛。

1985年，在中国汽联的前身——国家体委一司摩托处、中国对外体育服务公司以及香港汽车会的具体组织下，首届香港-北京汽车拉力赛正式举行。该比赛路线总长3400多千米，纵跨7个省市。比赛组织工作牵动了以国家体委、公安部、交通部等20余个部委，规模和气魄属国际少有。比赛的成功举办为中国汽联日后组织大型国际性汽车赛事奠定了良好的基础，也使拉力赛成为中国汽车运动的一个先驱性项目。香港-北京拉力赛共计举办了7届，分别在1985～1987年和1993～1996年。自1994年起，香港-北京拉力赛以其出色的组织工作被国际汽联列为亚太拉力锦标赛的一站。在国际上，香港-北京拉力赛以其线路长、规模大、地形变幻莫测、沿途风光绮丽而获得广泛赞誉，成为世界上最具魅力的汽车拉力赛之一。1997 年，为了申办世界拉力锦标赛，香港-北京拉力赛改名为“中国拉力赛”，它采用梅花形路线，在北京和河北省北部山区举行。整个赛事严格按照世界拉力锦标赛的规则设计。为此，中国汽联将赛事总部设在怀柔的雁栖湖旅游区，并勘测出了一条高标准的比赛路线。经过 1997 年、1998 年连续两年的成功举办，比赛的组织水平不断提高，在国际上得到了广泛赞誉，同时也获得了国际汽联官员的一致肯定。中国拉力赛因而被批准列为 1999 年世界拉力锦标赛的一站，并获得了很大成功。2000～2001 年，中国拉力赛仍然是国际汽联亚太拉力锦标赛的一站，比赛地点则变更为广东省北部的韶关，那里拥有全国最好的砂石路赛段，每年都会吸引大量来自日本、韩国、新西兰、澳大利亚、印度、马来西亚、意大利和英国的赛车参与。大陆和台湾、香港地区的车手也在积极参与，日益成为拉力赛中的主力。

一般拉力赛均把整个赛段分成 20～30 个分赛段进行比赛，3 天完成。为了使比赛更有影响力，达到更好的宣传效果，使赞助商在宣传上得到更多回报，使更多的人亲临现场目睹赛车在比赛时的一个个精彩画面以及那扣人心弦的激烈竞争的场面，有些国家逐渐地把第 1 个赛段设计在开幕式中，设计在城郊的公园内，甚至设置在体育场内，并且可以反复使用。目前，英国、澳大利亚等国正是这样操作的。这个赛段是人工修造在特定场地中的一条砂石路，也可作为临时性的建设。由于这个赛段的比赛具有观众多、观赏性强、广告效益好、可作现场直播等特点，因此很容易被广大观众所了解。这种赛段的长度一般在 2 km 左右，分内外两条车道，中间由立交桥交叉换道，形成一个整圈。比赛时两辆车分别在内外车道同时发车，每辆车完成一个整圈，记录该车所完成的时间。谁的时间短，谁就是这个赛段的获胜者。这个赛段的比赛发车及路线控制形式一般采用场地赛的方法进行，比如发车要看信号灯，路线的重要地点有裁判员出示信号旗，甚至可以采用电子计时设备记录时间。

由于这种比赛的路线很短，又可作为拉力赛中的一个赛段，因此可把这种比赛称作“短道拉力赛”(其实也可称为“场地砂石路赛”“短道赛”“场地混合路赛”等)。短道拉力赛是汽车比赛中很容易参与的一项赛事，不仅参加者的花费少，而且参加者不用自己带车，可以使用组织者提供的统一品牌的车辆。这大大地减轻了参赛者的负担，使更多的人参加到汽车运动中来，使更多的人梦想成真。短道拉力赛由于赛道很短，运动员徒步看看赛道就可以记住赛道的走向，而且不像拉力赛那样复杂，比赛规则也很简单，也不需要时间卡、行车路线图，因此这种比赛只需要驾驶员，不需要领航员。

中国汽车运动联合会为适应中国汽车运动发展的需要，在北京的通县于 1997 年修建了一条全长 2.04 km 的赛道，并在同年举办了全国南北对抗赛，在 1998 年举行了全国拉力锦标赛北京分站的第一个赛段的比赛。把拉力赛中的一个赛段作为单独的一个赛事，这是因中国汽车运动发展的需要而形成的。这种比赛可使运动员多次出场，利用计时和淘汰的方式决出胜负。由于短道拉力赛符合现阶段中国汽车运动发展的需要，因此报名参加这项比赛的选手数往往超出组织者的想象，它也是参加汽车比赛人数最多的项目之一。

(四)美国印第安纳波里斯 500 英里大赛

在美国印第安纳波里斯市有一条著名的环形赛道，周长为 2.5 英里(4 km)。在一年一度的竞赛中汽车要跑 200 圈，总赛程为 500 英里(800 km)，这就是竞赛名称的由来。该项赛事始于 1911 年，可谓历史悠久。

4 km 长、15 m 宽的呈圆角长方形的赛道由 2 条长为 1 km 和 2 条长为 200 m 的直线段以及 4 条弧长为 400 m 的圆弧拐角组成，最大横向坡度为 38°，全部采用沥青路面。赛车在跑道上行驶的平均速度可达 240～260 km/h，在 1 km 直线段末端可超过 320 km/h，因而跑 1 圈大约需要 1 分多钟，跑完全程大约需要 3 小时。这条长度为普通体育场 10 倍的跑道，四周可筑起许多看台，容纳 35 万以上的观众。由此可知，门票收入、广告费、赞助费数目相当可观。夺标者奖金也极其丰厚，超过 100 万美元。

参加该比赛的赛车结构也相当有趣，从外表看，其形状酷似一级方程式赛车，但发动机略小(2.65 L)且用甲醇为燃料，汽车也较重且禁止使用各种有利于提高某些总成性能的电子装置。由于跑道较短，参赛汽车需要频繁地左转弯，汽车会在离心作用下经常向右侧倾。这样一来，最好把赛车设计得左右结构不对称：右边两个轮胎比左边的略大一些而且右边的悬架比左边的硬。又由于汽车进入跑道四角时处于减速状态，右前轮及其悬架负荷最严重，轮胎温度也较高，磨蚀得更快，因此需要采取特殊对策。这样左右结构不相同的汽车，对设计师们而言是一个不易解决的复杂难题。

(五)卡丁车赛

卡丁车运动是汽车运动中的一个特殊类别，它不仅是汽车场地竞赛的一个项目，同时也是一项很有魅力的大众休闲、健身娱乐项目。卡丁车赛使用的赛车是轻钢管结构车身，无车厢，采用 100 mL、115 mL 或 250 mL 汽油机的四轮单座微型车。卡丁车赛是一种场地比赛，赛车在曲折的环形路上比赛车速。

卡丁车使用初级机械时，最高速度大约是 100 km/h；而使用高级机械时，最高速度可达到 130 km/h 以上。同时，由于车型小巧和车底板距路面仅 4 cm，车手实际感觉到的速度要比车辆实际速度高 2～3 倍，就是说感觉速度达 300 km/h 以上。在驾车转弯时，产生的像一级方程式赛车转弯时那样的横向加速度(是重力加速度的 3～4 倍)会使驾驶者体验到一种平时体验不到的乐趣。卡丁车赛不仅可以给驾驶者带来身体上、视觉上的高度刺激，还是普及汽车驾驶技术和汽车基础理论知识及机械常识的好课堂。卡丁车运动于 1940 年在东欧开始出现并逐渐推广，20 世纪 50 年代末才在欧美普及并迅猛发展，当时这种运动被称为“高卡”。此时，人们已不满足于仅用卡丁车进行休闲娱乐，以竞速比赛为主要形式的卡丁车竞技活动开始广泛开展起来，但组织形式十分松散，车辆规格和比赛规则也不统一。为了指导该项运动正确发展，1962 年在国际汽车联合会主席巴莱斯特的倡议下，国际汽车联合会卡丁车委员会成立了，负责在世界范围内普及、促进卡丁车运动，监督实施统一的规则和技术标准。经过近 16 年的演变，1978 年，卡丁车委员会经改组成立了“国际汽车联合会新的卡丁车委员会”，当时协会会员只有 15 位。从那时起，卡丁车运动有了很大的改变，逐渐形成了现代卡丁车运动，使卡丁车进入了一个新的发展时期，并使其成为培养现代方程式赛车车手的基础和桥梁。

经过 30 多年不断地发展壮大，“国际汽车联合会新的卡丁车委员会”的会员国(地区)已发展为 72 个。欧美各国均由全国性的国家汽车协会领导，下设等级俱乐部。俱乐部会员自备卡丁车或租用俱乐部的卡丁车参加训练和比赛。亚洲从 20 世纪 80 年代初开始开展卡丁车运动，目前亚洲地区的会员国有中国、日本、马来西亚、印尼、新加坡和菲律宾。

国际汽车联合新的会卡丁车委员会自成立以来，在全世界已颁发了 7 万多张赛手执照，每年要举办上万次各类比赛，列入国际赛事年历的比赛有 150 余项。全世界的优秀选手每年要参加 15 次卡丁车委员会组织的世界锦标赛，以推动世界汽车运动的发展。由于卡丁车是世界方程式赛车的初级形式，经过年复一年的努力，卡丁车运动结出了丰硕的果实，已有数十名卡丁车赛手进入了世界方程式赛手的行列。在这个阶段中，几乎所有的一级方程式赛手都是来自卡丁车赛手的队伍，有些已成为世界冠军，像著名的巴西车手埃尔顿·塞纳、法国车手阿兰·普罗斯特、英国车手尼盖尔·曼塞尔、德国车手迈克尔·舒马赫等，因此卡丁车运动被誉为“一级方程式赛车车手的摇篮”。

现代卡丁车分为娱乐型和竞赛型两种。娱乐型的卡丁车多采用小型四冲程汽油机，工作容积一般在 200 mL 以下，行驶速度在 50 km/h 以下，是初学者和以休闲为目的的娱乐者最好的运动器械。竞赛型卡丁车分为方程式卡丁车，国际 A、B、C、E 级和普及级六类。

中国汽联自 1995 年加入卡丁车委员会后，卡丁车在中国的普及和推广发展迅速。中国汽联从 1997 年起创立“全国卡丁车锦标赛”，每年一届。首届比赛在北京、上海等 6 个城市举办，取得了很大成功，发现和培养了一大批具有潜力的卡丁车手，为赛车运动的进一步发展奠定了基础。

(六)德国房车大师赛

房车通常指普通轿车，有四个车门，又称被为“汽车上的家”，英语简称为“RV”。德国房车大师赛全名是“Deutsche Tourenwagen Masters”，简称“DTM”，由德国房车赛事组织协会(Internationale Tourenwagen Rennen)筹办赛事管理及运作，是全世界最高水平的房车赛事。尽管 DTM 不由国际汽联直接管理，但是筹委会成员拥有多年管理赛车的经验，其中包括奔驰 AMG 车队的创办人阿菲特先生，对比赛规则及法律条文有丰富经验的贝特斯勒博士，对赛事市场推广有丰富经验的马特斯先生，还有代表车厂提供技术顾问的几位赛车界名人(例如奔驰赛车部总监哈格先生及欧宝赛车部总监斯图克斯先生)等，加上几家著名汽车公司一直大力支持参与赛事，投入最新科技研究发展的赛车及派出世界一流的房车好手参加比赛，因此 DTM 可以说是全世界众多房车赛中水平最高的。

虽然 DTM 是由德国人筹办的赛事，而且参赛的汽车公司全部来自德国，但这是一项国际性的房车赛事。因为赛事在欧洲不同国家的赛车场巡回比赛，参赛车手来自不同地方，其中包括德国、英国、荷兰、意大利、瑞士、法国、捷克、丹麦、瑞典及日本等国。而且，很多现任的 DTM 车手都是前任一级方程式的车手，例如代表奔驰车队的舒耐特(Brend Schneider)、阿里斯(Jean Alesi)，代表奥迪车队的比卢(Emanuele Pirro)以及刚刚从一级方程式转到 DTM 发展的笵臣(Heinz-Harald Frentaen)等。也有其他三级方程式及 F3000 冠军车手进入 DTM 参加比赛。以车手阵容来看，DTM 可算是全世界拥有最多顶级车手参加的房车比赛。

在赛车改装上，DTM 的赛车改装科技早在 20 世纪 90 年代就已经在全世界房车比赛中处于世界领导地位，例如最先使用碳纤维车身配件、钛合金发动机活塞及连杆、电子悬挂系统和发动机最高转速超过 10000 r/min 等。有些一级方程式车队也派车参加 DTM

赛事，并把一级方程式赛车使用的许多技术用在 DTM 赛车上，因此运作一支 DTM 车队的经费不断提高，很多私人车队无法支付高昂的费用。从 1995 年开始由国际汽联直接管理后，DTM 大部分车队因经费问题不能继续参加比赛，最后赛事在 1997 年暂时停办。

经过几位 DTM 赛事创始人的努力，新 DTM 赛事终于在 2000 年再次重返国际赛车舞台。重新制定比赛规则的 DTM 赛事有很多技术上的限制，例如发动机只能使用 4 L 的 V8 发动机，每支车队的 2 台赛车每年只能使用 3 台发动机参加比赛等。发动机除了尽量提高输出功率外，还要耐用，这样大大减少了车队投放在发动机上的开发费用。而每支车队赛车车身的前扰流器及尾翼设计必须相同，使用相同的轮胎、发动机管理系统(ECU)及变速箱等。在严格的比赛规则限制下，赛事在公平、公正及低成本的基础上进行，这使各车队的实力变得相当接近，从而大大提高了比赛的娱乐性。虽然新的比赛规则对赛车有很多限制，但无论在赛车改装的技术、车手的阵容还是赛车的速度上，与世界其他房车赛事比较，DTM 仍然是全世界水平最高的房车比赛。

(七)GT 跑车耐力赛

GT(grand touring)赛是专为超级跑车而设计的锦标赛，体现了美感和动力的完美结合。GT 赛车必须由可在公路上行驶的跑车改装而来，一般都是双门双座或者双门“2＋2”座形式的车辆，如保时捷 911、法拉利 F40、通用克尔维特、克莱斯勒蝰蛇、美洲虎 XJ220、丰田苏伯拉、本田 NSX、布加型 EB110、莲花精灵和迈凯伦 F1 等。这些跑车在外形轮廓基本不变的情况下，对其内部进行赛车化改装，就是 GT 赛车。GT 赛以功率的大小分为两个组：平均 600 hp 的“grand touring”(GT)组和 400～470 hp 的“series grand touring”(S-GT)组。GT 耐力赛总共有 11～14 站比赛。比赛时，赛车必须在赛道上连续跑满规定的时间，跑的圈数多者为胜。

根据世界汽车联合会的规定，GT 赛中的赛车队必须是私人车队，且不能接受汽车公司的经济援助，汽车公司只能出售车和配件、提供技术和物流援助。同时，汽车公司不能只向一个车队售卖跑车，每个型号的赛车在每年第一场赛事中至少要有 6 辆参赛，不过由改车厂改装并已在世界汽车联合会登记的符合规定的赛车可不受此限制。

参加整个赛季的赛车至多只有 36 辆，不过每场赛事都允许 2 名当地(举办赛事的国家)车手参加。无论任何原因，参赛车辆都必须参加每场赛事，若其中一场缺席，那么该赛季接下来的几场赛事都不准参加。这样的规定可保证赛事的参赛者数量。

(八)CART 汽车赛

CART 是“冠军汽车优胜赛车队”(Championship Automobile Racing Teams)英文单词的首字母缩写，它代表着由一些美国主要赛车队于 1978 年结成的团体。CART 汽车赛又被称作“美国方程式汽车赛”。参加 CART 汽车赛的赛车有独自的规则，采用涡轮增压的 2.65 L 排量的福特考斯沃斯(Casworth)甲醇燃料发动机，输出功率为 552 kW，并配有 6～7 速手动变速装置。CART 赛车的体积要比 F1 赛车大许多，这主要是从比赛安全上考虑的。这项赛事最早是在美国国内按照方程式赛车规则进行的锦标赛，但随着加拿大、澳大利亚、巴西以及日本等国也都相继开始举办，逐渐发展成了一项世界性的汽车比赛。比赛吸引了来自各国的顶尖好手。由于 CART 赛对赛车技术的竞争有一定限制，于是成为了一项极具竞争性的方程式系列比赛。2004 年 2 月 17 日，CART 汽车赛更名为

“Champ Car World Series”，即“冠军汽车世界系列赛”。CART 汽车赛最大的特征是除了通常的公路赛段和设在市区街道上的赛段以外，还使用了椭圆形赛道，使比赛更具魅力。各椭圆形赛道的形状和周长都不相同，赛车在全速冲刺赛道上的最高速度可达到 400 km/h。

(九)其他汽车竞赛

1.汽车山地赛

汽车山地赛的路线是非封闭型的，赛程全长为 20 km。道路选择在多山地区，一般为多弯道，经常有接近 180°的急转弯。比赛起点在山脚下，道路不断向高处延伸，终点比起点的海拔高出 100～1600 m。基于道路条件的限制，汽车山地赛的平均车速不超过 100～130 km/h。为了安全起见，选手们一般都是单人比赛，即在前一名选手跑完全程以后，后面的选手才出发。

2.汽车足球比赛

汽车足球比赛是美国和德国等国家兴起的一种新式足球运动。参赛的运动员不用脚踢球，而要开动甲壳虫一般的汽车追击足球，把足球撞进对方的球门。这种比赛用的足球比一般的足球大，运动员都要戴着防护盔甲，车身周围也有防护设备，以防相撞时发生意外。

3.滑稽汽车表演赛

日本丰田汽车公司为了鼓励职工充分发挥自己的创造力和想象力，经常举办各种奇特有趣的制作比赛，滑稽汽车表演赛就是其中一项。参赛作品要求是非实用汽车。在历次比赛中，先后出现过“长腿蜘蛛式汽车”“无转向式汽车”“没有轮子的汽车”“能跳跃障碍的汽车”“分体汽车”等。

4.毁车比赛

毁车比赛于 1947 年从美国兴起。比赛有 8 个队参加，每个队上场 4 辆旧普通轿车。比赛采取一次性淘汰赛，3 轮赛出冠军。参赛各队的 4 辆汽车中有 1 辆绕 4 km 长的跑道跑完 5 圈到达终点，该队就算获胜。因此，比赛开始时，参赛各队就要采取各种措施来阻止对方的车辆前进，甚至使其瘫痪，以保证自己车队的车能到达终点。

5.老爷车比赛

在英国伦敦、中国澳门和西班牙巴塞罗那等地每年都要举办一次老爷车比赛。参加比赛的都是过了时的旧式汽车。各种各样的老式车同场参赛，吸引着众多观众到场助威。令人忍俊不禁的是，某些车需要人推行一段路后才能发动起来。

6.太阳能汽车赛

太阳能汽车在环境保护和自然能源利用方面存在着巨大优势，所以日益受到人们的重视，太阳能汽车赛成了这项新技术的演示会。以往在澳洲和瑞士进行的太阳能汽车比赛较有名气，近几年在日本也频频举行国际太阳能汽车大赛，参加比赛的车队范围很广，如汽车制造厂、电力公司、电器制造商、大学和俱乐部等。

太阳能汽车赛一般分为两个级别：当代组和未来组。当代组比未来组限制条件多，如 1992 年日本铃鹿太阳能汽车大赛要求：当代组汽车太阳能板的总发电量不大于 800 W，蓄电池只能用铅酸电池；而对未来组的汽车太阳能的发电量不作限制，只规定太阳能板尺寸，并且可以使用除铅酸电池以外的各种蓄电池。

7. 节油汽车赛

节油是当代及未来汽车的重要课题，节油车大赛就是节油技术的演示会。日本此类竞赛较多，例如1993年在铃鹿举行的第12届马拉松省油大赛，共有475辆赛车在环形跑道上角逐，竞赛的主题是"1 L汽油的行驶里程"。其中第一名获得者用1 L汽油行驶了771.3 km(平均车速为34.3 km/h)。中国台湾也曾举行过超级省油车大赛，所有参赛车辆都是由各大专院校学生自己装配的。

8. 汽车冲刺赛

汽车冲刺赛(直线竞速赛)起源于美国，由于具有很高的刺激性和娱乐性，因而逐渐在欧洲和日本得到了较大发展。到目前为止，汽车冲刺赛还是一种不够规范的汽车比赛，比赛采取两辆车"捉对厮杀"的方法进行逐步淘汰，坚持到最后者为胜。这种比赛的场面非常热闹壮观，比赛时两辆功率奇大无比且奇形怪状的汽车在一条长1500 m、宽30 m的平直跑道上静止发车，加速行进，以最快的速度通过一段由电子仪器测量的距离(一般为1/4 mile，即402 m)，先到终点者获胜。

汽车冲刺赛始于第二次世界大战后的美国，那时主要在加利福尼亚州的干湖床上进行。1951年，美国成立了"国家高速汽车协会"，这是迄今为止美国最大的一个冲刺赛组织。1960年，派生出了"美国高速汽车协会"，使冲刺赛每年举办的场次和竞争更为激烈。大约在20世纪70年代，汽车冲刺赛引起了加拿大、澳洲和欧洲一些人的兴趣，特别是在20世纪90年代，汽车冲刺赛开始走向世界。

汽车冲刺赛所用的赛车都是特制的，它具有细长的车体和2个小前轮，一般采用喷气式发动机并用制动伞减速，发动机的排量可以高达9 L，所用的燃料可以是汽油，也可以是酒精，车重500～1000 kg，如图6-15所示。

图6-15　冲刺赛赛车

9. 创车速纪录赛

创车速纪录赛是为了创造新的汽车车速纪录而进行的比赛。

汽车车速纪录和田径比赛的纪录一样有许多种，这是因为车速与行车距离和时间有密切的关系。在短距离、短时间内的速度通常大于长距离、长时间内的速度。因此，国际汽联对于汽车的车速纪录分成两种：一种是按规定时间(分1 h、6 h、12 h、24 h四个档次)；另一种是按规定距离(0.4～100 km不等)。

最引人注目的是短距离车速纪录，它代表了汽车行驶速度的最高纪录。现今以内燃机驱动的汽车的最高车速纪录为 660 km/h，是由赛默兄弟在 1965 年 11 月创造的。

最新的世界车速纪录是英国飞行员安迪·格林（Andy Green）在美国内华达州西北的盐湖上，于 1997 年 10 月驾驶一辆喷气式发动机驱动的“冲刺”号汽车创造的，车速第一次超过了音速，达到了 1227.73 km/h。

五、汽车俱乐部

随着世界汽车工业的不断发展和人们对汽车的需要和兴趣不断提高，形形色色的汽车俱乐部也相继诞生。汽车俱乐部不生产具体的产品，它所提供的产品是一种服务。对于一个综合性汽车俱乐部而言，这种服务又分为生产型服务和生活型服务两种。生产型服务是指俱乐部为会员提供各种与车辆有关的服务，它的目的是为广大会员解决在使用车辆的过程中所产生的实际困难；生活型服务则是以会员为主体的各种休闲、娱乐和交友服务。汽车俱乐部是经营汽车文化的重要形式，它促使汽车文化愈加繁荣丰富。

（一）汽车俱乐部的产生

汽车俱乐部已有百年以上的发展历史。1895 年 10 月中旬，美国《芝加哥时报》在“车坛风云”专栏上发表了赛车运动员查尔斯·布雷迪·金格建议成立汽车俱乐部的一封信，这成为车迷和驾驶员议论的热门话题。1895 年 11 月 1 日，由《先驱者时报》主办的汽车大赛在芝加哥开幕，美国全国各地很多驾驶员都赶来参加比赛。其中，有 60 名驾驶员在一家酒店聚会，他们赞成金格的倡议而发起成立了“美国汽车联盟”，这是世界上最早的汽车俱乐部。同年 11 月 12 日，法国汽车驾驶员则以巴黎普拉斯·德罗佩拉大街 4 号作为活动总部，成立了“法国汽车俱乐部”。随后，欧美各国都相继成立了为车主和驾驶员服务的汽车俱乐部，使汽车融入了人们的交通生活。

（二）汽车俱乐部的发展

汽车俱乐部是以会员制的形式，将社会上高度分散的汽车组织到一起，通过发挥规模效应和服务网络的优势，给会员车辆提供单车和小单位很难办到的一些服务，从而给会员带来诸多方便和实惠，而俱乐部本身也从会费中取得一定收益的双赢项目。随着会员人数的不断增多，汽车俱乐部服务的范围也在不断扩大，金融、保险、房地产、汽车生产等诸多领域的公司都开始与汽车俱乐部联系。如今汽车俱乐部在发达国家早已盛行，并且形成了一个非常大的行业。据统计，世界各国汽车俱乐部的会员总数至少有 2 亿，其中规模最大的当数美国，在美国全国 9000 万驾车人中，已有 4200 万人成为会员。汽车俱乐部这种组织形式不仅创造了大量就业岗位，而且每年的营业额也很可观，如澳大利亚悉尼汽车俱乐部有会员 200 万，每年营业额达 40 亿美元。

（三）各国汽车俱乐部介绍

1. 美国汽车协会（AAA）

该协会是世界上最大的汽车俱乐部，它是仅次于罗马天主教会的世界第二大会员组织，也是世界上最大的“美国快速旅行支票”的销售者。

协会定期出版交通图及旅游手册，并提供更新的相关数据。会员在出游前可要求协会为其提供与行程相关的信息，其中包括出发点至目的地之间的距离、所需行驶时间、加油站、餐厅位置及各地名胜景观等。协会还为会员提供租车、旅馆等各种折扣消息以及露营资讯，其中包含完整的露营介绍，如设施、费用等，另外还有飞机、轮渡、巴士、酒店等订位服务以及各种特价机票。协会最主要且最著名的服务项目是汽车紧急救援。另外，协会还参与评定五星级旅馆和饭店。

2.澳大利亚汽车俱乐部

该俱乐部创建于1905年，目前已有会员近600万。澳大利亚有7个国营的汽车俱乐部，每年提供537万次道路紧急救援服务。从1991年起，全国统一启用提供道路服务的单一号码系统——131111，随时使待援者与救援中心沟通联系。

3.德国汽车俱乐部

该俱乐部的全称是“全德汽车俱乐部”，其德语的缩写为“ADAC”，每年会费只需73马克，对于大学生或是有驾照的残疾人会费还可减半。一旦你成了ADAC的成员，那么你行驶在德国任何地方甚至在欧共体其他国家，你都不用为车坏了而发愁。

4.中国汽车俱乐部

中国汽车俱乐部的出现始于1995年建立的“北京大陆汽车救援中心”，即现在的北京恩保大陆汽车俱乐部(CAA)。

由于处于发展初期，而且各自的经营理念和发展方向不同，中国目前的汽车俱乐部形式多样，但主要可以划分为以下类型：一是以为车主提供具体服务为主的，以救援为龙头，并带动相关售后服务等，如北京大陆俱乐部、福建迅速俱乐部等；二是专门做售后服务的，如武汉绿岛俱乐部；三是与文化、沙龙以及公益活动相结合，带有一定的协会性质，如全国唯一的一家在民政部门注册成功的北京爱车俱乐部；四是以旅游、越野、赛车等兴趣或职业特征为主的，如风鸟俱乐部、摄影家俱乐部等；五是以企业、品牌等来设立的俱乐部，如法拉利汽车俱乐部、大众俱乐部等。当然，也有集上述特色于一体的综合性俱乐部，不少大型俱乐部正在尝试这种模式。

六、汽车展览会

汽车展览会可以带来各种不同的概念车型、新车型，汽车展览会的风格和文化氛围可以让人们感受到世界汽车工业跳动的脉搏。汽车展览会是汽车制造商们展示新产品的舞台，在流光溢彩的展车背后，是汽车制造商们为在汽车市场上争夺市场份额而进行的殊死较量。

衡量某一车展是否为国际一流的主要依据是：参展商的规模和级别、汽车展品的档次、首次亮相的新车多少、概念车的多少、展出面积、配套设施的先进性和完备性、主办方的服务质量、国内外媒体宣传报道量、观众数量和专业水准等。

德国法兰克福车展、北美(美国底特律)车展、瑞士日内瓦车展、法国巴黎车展和日本东京车展被称为当今五大国际车展(见表6-3)。五大国际车展之所以世界知名，是因为它们代表了世界汽车工业发展的潮流。

和其他推广手段相比，车展最大的优势就是能在短期内迅速聚集大量高素质的潜在汽车消费者，并可以吸引大量媒体参与报道，提高品牌传播的有效性。因此，世界各大汽车厂家无不把参加国际车展当作一件大事来抓，从而造就了国际五大车展的辉煌。

表 6-3　　国际五大汽车展览会

车展	举办时间	展会地点	展会特点
法兰克福车展	逢单年 9 月	德国法兰克福交易广场（前 35 届在柏林举办）	是世界参展规模最大的车展，被称为世界汽车行业的“奥运会”
巴黎车展	逢双年 9 月	法国巴黎展览中心	创办于 1898 年，直到 1976 年每年一届，后每两年一届，与法兰克福车展交替举行
日内瓦车展	每年 3 月	瑞士日内瓦展览中心	是欧洲唯一每年举办一次的大型车展，以发布新车、概念车多而著称
底特律车展	每年 1 月	美国底特律 Cobo 展览中心	创办于 1907 年，1989 年更名为“北美国际汽车展”，但业界还是习惯称其为“底特律车展”
东京车展	每年 10 月	日本东京千叶幕张会展中心	创办于 1966 年，一年一度交替展出商用车和乘用车

1. 德国法兰克福国际车展

法兰克福车展的前身为柏林车展，创办于 1897 年，1951 年移到法兰克福举办，每两年举办一次。1989 年，由于车展的参观人数达到了 120 万人，加上交易广场再也无法容纳如此众多的参展车辆，法兰克福车展不得不分家。1991 年之后，单数年房车展照常在法兰克福举办，双数年卡车展则在汉诺威开展，我们今天提起的“法兰克福车展”一般都是指单数年的房车展。法兰克福车展一般安排在 9 月中旬开展，为期两周左右。

法兰克福车展是五大车展中技术性最强的，是世界最早的国际车展，也是世界上规模最大的车展，有世界汽车工业“奥运会”之称。

2015 年 9 月 17～27 日，第 66 届法兰克福车展在法兰克福展览中心举办，车展宣传画如图 6-16 所示，车展主题是“移动连接”，重点关注互联大趋势以及自动驾驶等新兴科技。

图 6-16　2015 年法兰克福车展宣传画

2. 北美(美国底特律)国际车展

北美车展创办于 1907 年，起先叫“底特律车展”，1989 年更名为“北美国际汽车展”，每年 1 月举行。近年来，概念车在北美车展上所占的比例越来越高。

底特律是世界上与汽车联系最紧密的城市。它从造车起步，靠汽车工业蜚声天下，孕育了美国的汽车工业。美国最大的三家汽车公司(通用、福特、克莱斯勒)的发源与兴旺都是在底特律。底特律是美国这个“车轮上的国度”的发动机。

3. 瑞士日内瓦国际车展

日内瓦车展创办于 1924 年，是欧洲唯一的每年都会举办的大型车展。日内瓦车展每年 3 月举行，是各大汽车商首次推出新产品的最主要的展出平台，素有“国际汽车潮流风向标”之称。在世界五大车展举办国中，唯有瑞士目前没有汽车工业，因而日内瓦车展以其“中立”身份而赢得了最为公平的形象。

2015 年 3 月 5～15 日，第 85 届日内瓦国际车展于瑞士日内瓦城巴莱斯堡展览会议中心拉开帷幕，车展宣传画如图 6-17 所示。中国唯一的参展品牌观致汽车携旗下三款车型亮相日内瓦巴莱斯堡展览会议中心 6 号馆 6040 号，首次在国际舞台上展示观致“逸云 2.0”版本。

图 6-17 日内瓦车展宣传画

4. 法国巴黎国际车展

巴黎车展起源于 1898 年的国际汽车沙龙，自 1976 年起两年举行一次，举办时间为双年 9 月底至 10 月初。作为浪漫之都的巴黎，它的车展总能给人新车云集、争奇斗艳的感觉，充满时尚是具有悠久历史的巴黎车展的突出特点。

“世界出租车”是 2008 年巴黎车展一个展览区的主题，该展览区聚集了世界 20 余个城市的 40 余款出租车，可以让参观者了解世界出租车百年来的演变。

5. 日本东京国际车展

东京车展创办于 1966 年，每年 10 月底举行，单数年为轿车展，双数年为商用车展。东京车展历来是日本本土生产的各种千姿百态的小型汽车唱主角的舞台，这也是其与其他国际著名车展相比最鲜明的特征。同时，各种各样的汽车电子设备和技术也是展会的一大亮点。历史最短的东京国际汽车展的发展非常快，日本人对技术的推崇使这一展会成为最新汽车科技的集中展示地。日本建造了世界上最先进、设施也最完备的展馆——位于千叶县的幕张新馆。

环保和节能始终是东京车展的亮点，与其他车展相比，日本车展更具有亚洲东方神韵。日本厂商多款造型小巧精美、内饰高档的车总能成为车展的主角。

作为日本第一大都会，东京是日本的政治、经济、文化中心和世界著名旅游城市之一，也是时尚流行的前沿。东京有许多名胜古迹和著名国际活动场所。东京银行最集中的丸之内、剧场和游乐场所众多的乐町区、因世界百货总汇而闻名的银座商业区等，是繁华东京的缩影。此外，闻名遐迩的富士山和东京迪士尼乐园也让人们慕名而来。

6. 上海国际车展

上海国际车展每两年举办一次。1985 年，首次车展在上海举行，其规模和影响日益壮大，从第一届时的73家厂商、1万多平方米的规模发展到了2015年的2000家厂商、17万平方米的场地，可以说上海车展从一个侧面见证了中国改革开放和汽车工业的发展。2004年6月，上海国际汽车展顺利通过了国际博览联盟(UFI)的认证，成为中国第一个被UFI认可的汽车展。

7. 北京国际车展

北京国际车展每两年举办一届，从1990年到2008年共举办了十届。展会规模不断扩大，参展厂商逐年增加，参展展品不断更新，影响日益扩大，是中外汽车在中国的重要展出平台。

七、世界十大汽车城

1. 美国底特律

底特律是通用、福特和克莱斯勒三大汽车公司的总部所在地，美国第五大城市。

2. 日本丰田

丰田市以汽车产业作为发展核心，因为丰田汽车公司的存在而成为日本闻名于世的汽车城，绰号“东洋底特律”。

3. 德国斯图加特

美丽的斯图加特是一座“奔驰汽车城”，著名的戴姆勒-奔驰汽车公司建于此地。

4. 意大利都灵

都灵是世界著名的汽车工业城，它位于意大利西北部，是皮埃蒙特大区的首府，也是意大利的第四大城市。

5. 德国沃尔夫斯堡

沃尔夫斯堡是欧洲最大的汽车制造厂商——大众集团总部所在地，也称“狼堡”，位于德国下萨克森州，总面积310 km^2。

6. 日本东京

东京是著名的汽车公司日产、本田、三菱、五十铃公司的总部所在地。

7. 法国巴黎

巴黎是标致-雪铁龙汽车公司所在地。

8. 英国伯明翰

伯明翰是利兰汽车公司(Leyland)所在地，位于英格兰中部，是仅次于伦敦的英国第二大城市。

9. 德国吕塞尔海姆

吕塞尔海姆是美国通用汽车公司最大的海外子公司——亚当·欧宝汽车公司的总部所在地，位于美因河下游左岸，其工业以汽车制造为主。

10. 法国比杨古

比杨古是雷诺汽车公司所在地。

任务实施

项目　汽车运动欣赏

1. 项目说明

汽车运动不仅是汽车设计、产品质量的角逐，也是车手个人技艺、意志和胆量的竞争。学会欣赏汽车运动有利于学生了解汽车的新技术和新设计，更重要的是有利于陶冶学生的情操，提高学生的兴趣，锻炼学生独立思考、解决问题和团队协作的能力。

2. 项目要求

(1)了解汽车运动的分类。

(2)熟悉著名的车队和车手。

(3)能看懂汽车运动。

3. 学习资源

多媒体、网络、电子书、图书、课本等。

4. 项目实施过程

(1)分组(5 min)。将全班同学进行分组，6～7 人为一组。

(2)布置任务(10 min)。讲解任务目标：对选取的一项汽车运动进行介绍，并引领其他同学进行欣赏。提交成果的形式是比赛录像和 PPT。

(3)任务实施(70 min)。主要任务有三个：①每组选取一项汽车运动。②根据任务要求，借助工具搜集资料，将对该项赛事的介绍制作成 PPT，并熟悉规则。③由各组代表带领全班同学进行汽车运动欣赏。

(4)任务检查。教师在实施过程中进行指导，答疑解惑。

(5)任务评价(5 min)。根据任务目标，由老师引导对本次项目的实施过程进行分析和评价，对在实施过程中遇到的问题进行总结。学生需要提交比赛录像和 PPT。

5. 评分规则(见表 6-4)

表 6-4　　汽车运动欣赏项目评分表

姓名：　　　　　　学号：　　　　　　成绩：

序号	项目	标准分	评分
1	PPT 展示	30	
2	比赛解说能力	40	
3	团队创意/分工协作	20	
4	合理利用多种教学资源	10	

学习评价

简答题

1. 以2014年F1冠军车队——梅赛德斯AMG车队的赛车为例，介绍F1赛车的高科技的装备。

2. 了解2014年世界汽车拉力锦标赛，分析大众车队获胜的主要原因。

3. 了解你所在地区某4S店汽车俱乐部的运作并提出改善意见。

任务七　汽车与社会

学习情境引导

汽车是近代史上最伟大的发明之一。汽车作为先进生产力的代表,极大地推动了人类社会的进步和发展,改变了人们的生活方式和观念,促进了相关产业的发展。但是,汽车是一把双刃剑,在促进社会进步的同时,也不可避免地带来了一些社会公害,如交通事故频发、能源大量消耗、环境严重污染等。汽车发展的过程也是人类社会不断认识和解决这些问题的过程。根据你的认识,谈谈应该如何看待汽车给社会带来的利弊。

学习目标

◎知识目标

1. 熟悉汽车工业在国家经济成长和社会进步中的重要作用。
2. 熟悉汽车对环境造成的污染。
3. 掌握交通事故的成因与预防方法。

◎能力目标

1. 能够正确描述汽车所排放污染物的生成原因和危害。
2. 能够简单描述汽车噪声与危害。
3. 能够正确描述汽车排放与噪声的控制。

知识准备

一、汽车地位

自 1886 年第一辆汽车诞生起,一百余年来,汽车工业从无到有,从小到大。汽车的出现是人类文明发展的标志之一。汽车是现代交通运输业中的主要交通工具之一,是各种高新技术争相应用的载体,是科技综合实力的体现。汽车制造业是现代制造业的主要产业之一,汽车工业是资本密集、技术密集、人才密集、综合性强、经济效益和发展前景好的产业。世界许多国家都将汽车工业作为国家经济的支柱产业大力发展，它在国家实力成长中发挥着极为重要的作用。从历史上看，在一个国家进入工业化中期阶段，再从中期阶段到最后完成工业化和现代化的过程中，没有一个大国的汽车工业不是高速发展的。汽车的生产、销售、研制、营运、维修与国民经济的许多部门都密切相关，对经济建设、能源和交通建设、科学技术的发展、社会的进步起着重要的推动作用。

(一)汽车优化了交通运输结构

现代交通工具主要由火车、汽车、飞机、轮船等组成，其中汽车因具有灵活性和普遍性，在现代生活中应用最为广泛。

火车、飞机、轮船是只适用于公共交通的工具，并要求有与之相适应的客货运输量。而汽车既是适用于公共交通的工具，又是适用于家庭和个人的交通工具；既适用于大批量客货运输，也适用于小批量客货运输。

火车、飞机、轮船均属于线性交通工具：火车只能沿铁路运行，飞机只能沿航线飞行，船舶只能沿江河湖海航行。而汽车属于面上交通工具，只要有道路就能行驶，它既可通向城市，又可通向广大农村，实现"门对门"的交通服务。

汽车运输已随着汽车的普及在发达国家现代交通运输业中占据主导地位。同时，其他交通运输方式也只有与汽车运输相结合，以汽车作为其终端运输工具，才能完成其现代化运输全过程，使现代交通运输结构达到完美的地步。

(二)汽车工业是创造巨大产值的产业

汽车是耐用消费品，既是高价值的产品，又是批量大的产品，可以创造很高的产值。随着汽车技术含量的提高，汽车的附加值越来越高，汽车产品正在向着高级化、多用途、环保节能的方向发展，汽车产值的增长率往往可以超过汽车产量的增长率。目前全球汽车工业年总产值达到15000亿美元以上，这表明汽车工业是为全球创造巨大产值的产业。

(三)汽车产业是波及范围最广和波及效果最大的产业

从产品的生产过程来看，汽车工业对钢铁、有色金属、橡胶、塑料、玻璃、涂料等原材料工业，铸、锻、热、焊、冲压、机加工、油漆、电镀、试验、检测等设备制造业，机械、电子、电器、化工、建材、轻工、纺织等配套产品和零部件制造业等会产生巨大需求。目前全世界钢产量的15%、铝产量的25%、橡胶产量的50%、塑料产量的10%都用于汽车工业。从汽车的使用过程看，汽车对公路建设、能源工业、交通运输业和服务业都有巨大的需求，从而可推动这些产业的发展。例如，目前全世界石油产量的1/3以上供汽车使用；汽车销售带动了相关贸易、金融服务、保险、维修等产业的迅速发展。

汽车不仅产量巨大，而且零部件多，保有量多，在其身上应用的高新技术(如电子技术、通信技术、材料技术等)多。反过来，汽车工业的发展又会成为科技进步的动力。汽车已成为当代众多高新技术争相应用的强大载体，现代汽车已经发展成为用高新技术装备起来的机电信息一体化产品。

(四)汽车工业对促进新技术发展、推动产业结构升级起着重要作用

汽车是高新技术的结晶，与其他产业相比，汽车开发所涉及的新技术的范围、数目、周期和规模是其他产业无法比拟的。

汽车工业的发展促进了新型钢材、合成橡胶等新型材料的开发和应用。在装备制造

业领域，各种数控机床、自动生产线、机器人、电子计算机等高性能的自动化设备在汽车工业中获得了最广泛的应用。此外，各种先进的配套产品以及电子信息技术在汽车产品上的应用也越来越广。

（五）汽车产业是强大的出口产业

汽车生产的集中性与市场的分散性决定了汽车产业将成为一个国家的强大出口产业。由于汽车是高附加值的产品，所以汽车工业及其相关产业也是世界制造业中创汇最高的产业之一，可以为国家创造大量的外汇。汽车产品只要具有国际竞争力，就可以在国际市场中占据一席之地。

（六）汽车工业可以提供大量而广泛的就业机会

发展汽车工业及其相关产业是提供就业机会的有效途径之一。汽车工业提供的就业机会不仅数量大，而且面广，技术含量高。

汽车的大规模生产为机械、能源、交通、维修等产业提供了大量的就业机会，并且随着汽车产业发展和汽车普及率的提高而逐步增多。更重要的是，汽车工业为众多的上游产业和汽车使用相关服务产业，如汽车金融、汽车保险、汽车职业教育与培训等创造了大量的就业机会，这个数量远远大于汽车生产提供的就业机会。目前世界主要汽车生产国的汽车产业及相关产业提供的机会占全国总就业机会的10%～20%。

（七）汽车工业是创造巨额税收的产业

汽车不仅在生产过程中创造税收，更主要的是在销售、使用过程中创造税收，而且后者远远高于前者。例如，德国20世纪90年代以来的汽车生产、销售和使用的税收占税收总额的23%左右；日本1995年仅汽车购买和使用过程中所征收的税收就占全国税收总额的9%。随着汽车工业发展和汽车普及率的提高，汽车提供的税收在税收总额中占据的比重将越来越大。

（八）汽车工业是推动社会进步最显著的产业

汽车是改变世界的机器，它既改变了生产，也改变了人们的生活。汽车是应用广泛和高效能的现代化交通工具，可以创造更高的社会效益，提高社会的时间平均价值，是经济发展速度和社会发展水平的标志。汽车对加快人们的生活节奏，提高工作效率，扩大生活空间，丰富生活内容，推动社会进步发挥着重要的作用。

汽车工业对社会进步的推动作用主要表现在四个方面：一是汽车交通的普及促进了生产力布局的合理化；二是汽车交通推动了围绕大城市建立卫星城的城市簇群结构发展；三是汽车交通大大减少了城乡之间在物质、文化、信息、人员交流上的差距，有利于缩小城乡差别；四是汽车的使用大大提高了居民的生活质量。当然，汽车的大量使用也会带来资源耗费、环境污染、交通阻塞和交通事故等负面效果，但这些远远不足以抹杀其对社会发展的贡献。

二、汽车与环保

汽车将人们带进了现代生活，但随着汽车数量的增多，它对社会环境的危害已越来越为各国政府和人民所关注。汽车公害是指汽车产生的污染环境、危害人体健康的污染现象，主要包括三方面：汽车排放污染物对大气的污染、汽车噪声对环境的危害和汽车电气设备对无线电广播及电视电波的干扰。汽车排放污染物对大气的污染影响最大，汽车噪声次之，而电波的干扰只是局部性的问题。

(一)汽车排放污染

1. 汽车排放污染物的危害和形成原因

作为一种无以替代的现代交通工具，汽车同时也是一个流动的污染源。由汽车造成的大气污染占整个城市大气污染的60%～90%。在大气污染中，一些有害成分主要来自汽车排放。汽车排放污染物主要有三个来源(见图 7-1)：一是发动机排气管排出的燃烧废气；二是曲轴箱排放物，即发动机在压缩和燃烧过程中未燃烧的碳氢化合物(HC)由燃烧室漏向曲轴箱再排向大气；三是燃料蒸发排放物，其由发动机燃料供给系中的燃料蒸发产生。

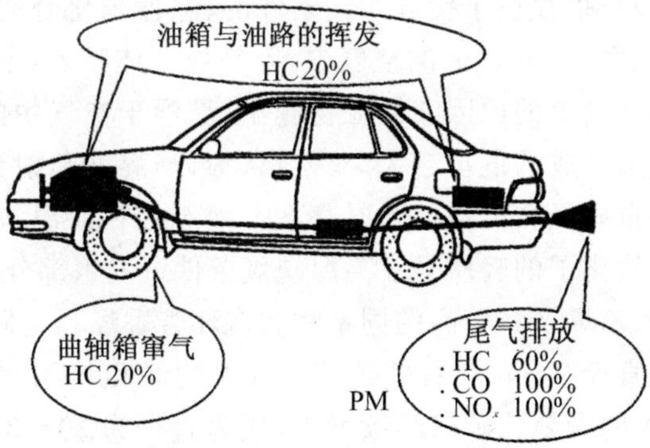

图 7-1 汽车排放污染物的来源

汽油车的排放污染物主要是CO、HC、氮氧化合物(NO_x)；柴油车排放的主要有害物是NO_x、微粒物(PM)和SO_2。汽车排放污染物是目前增长最快的大气污染源，它对人体健康的威胁很大，特别是对儿童、老人、孕妇以及患有心脏病和呼吸系统疾病的人伤害更大。

CO是一种无色无味的气体，是汽车排放物中有害性最大的成分，它与人体血液红细胞中血红蛋白的亲和能力为O_2的200～300倍。当人体吸入CO后，CO会与人体血红蛋白亲和后形成碳氧血红蛋白，使得血液输送O_2的能力大大降低，使心脏、大脑等器官严重缺氧，引起恶心、头晕、头痛等症状，甚至使人窒息、死亡。CO主要是由于混合气过浓或局部混合气过浓、燃烧温度过低或过高、燃烧室容积过小而使燃烧滞留时间不充分、空气与燃料混合不充分等导致燃料的不完全燃烧而产生的。另外，即使燃料与空气混合很均匀，由于燃烧后的高温，已经生成的CO_2也会有一小部分被分解成CO和O_2；排气中的H_2和未燃的HC也可能将排气中的一部分CO_2还原成CO。提高混合气的形成质量，控制燃烧温度，可有效地降低CO的生成量。

HC是指发动机废气中未燃烧的部分，HC排放量一般不超过内燃机总排放量的0.5%。它大体上可分为不含氧的HC和醛类等含氧的HC两大类，约占有害污染物的55%。研究表明，HC对人的眼、鼻和呼吸道黏膜有刺激作用，可引起结膜炎、鼻炎、支气管炎等疾病；HC有难闻的气味，汽车尾气中的高分子重芳烃可致癌。HC在阳光照射下会发生光化学反应，产生臭氧(O_3)、多环芳香族碳氢化合物(PAH)等具有强氧化性的物质，形成光化学烟雾。HC的产生主要是由燃烧室内的O_2量不足、燃烧室壁面温度过低、混合气形成不充分或燃烧室内局部混合气过浓等原因引起的，可通过采用碳含量少的代用燃料、保证燃烧时的 O_2 浓度、保证混合气的浓度和保证燃烧温度最佳等方法来控制。

NO_x 是 N_2 被高温燃气氧化成的 NO、NO_2 等氮氧化合物的总称，一般不超过内燃机总排放量的 0.5%，其中绝大部分是 NO(约占 95%)，NO_2 次之，其余的含量很少。在燃烧后期或排气过程中，部分 NO 被氧化成 NO_2。NO_x 由于氧化程度的不同而呈白色、黄色到暗褐色。NO_x 能刺激人眼黏膜，引起结膜炎等疾病，还对呼吸系统有害。在 NO_2 浓度为5 mg/L的空气中暴露 10 min，可造成呼吸系统失调。NO_x 也是生成光化学烟雾的物质之一。NO_x 的生成主要取决于燃烧温度。降低混合气中 O_2 的浓度，降低燃烧温度，缩短在高温燃烧带内的滞留时间以及改善混合气的形成等可控制 NO_x 的产生。

微粒(又称"碳烟")是指存在于接近大气条件的、除掉未化合的水以外的任何分散物质。微粒物悬浮于离地面高 1～2 m 的空气中，容易被人体吸入，不但对人体健康产生危害，也是造成空气能见度变差的原因。微粒物越小，悬浮于空气中的时间越长，越容易被人吸入肺部，对人体健康造成的危害越大。一般认为，当燃油喷射到高温的空气中时，轻质烃很快蒸发汽化，而重质烃会以液态暂时存在。液态烃在高温缺氧条件下直接脱氢炭化，析出碳粒。而蒸发汽化了的轻质烃在高温缺氧条件下发生部分氧化和热裂解，生成各种不饱和烃类，如乙炔、乙烯及其较高的同系物和多环芳香烃。它们不断脱氢形成原子级的碳粒子，逐渐聚合成直径 2 nm 左右的碳核。气相的烃和其他物质在碳核表面的凝聚以及碳粒相互碰撞发生的凝聚使碳核继续增大，成为直径为 20～30 nm 的碳烟基元。而碳烟基元经过相互凝聚形成直径 1 μm 以下的球状或链状的多孔性聚合物。重馏分的未燃烃、硫酸盐以及水分等在碳粒上吸附或凝聚，形成微粒物。柴油机的微粒数量远远多于汽油机，一般要高出 30～60 倍，其成分也很复杂，是一种类似石墨形式的含碳物质，并凝聚和吸附了相当数量的高分子可溶性有机物和硅酸盐等。这些有机物包括未燃的燃油、润滑油以及不同程度的氧化和裂解产物。

SO_2 是燃料中的硫在燃烧后生成的产物。SO_2 有强烈的刺激气味，可刺激咽喉与眼睛，浓度稍大时可使人中毒。当大气中含有较多的 SO_2 时，还会形成酸雨(见图 7-2)，对土壤及农作物产生危害。

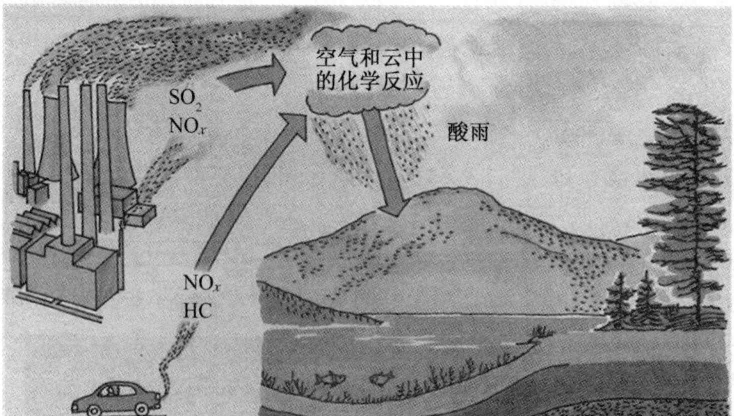

图 7-2　汽车排放污染物造成的酸雨

有害气体不仅对人体造成直接伤害，扩散到空气中后，还会对环境造成巨大的破坏，如光化学烟雾、臭氧层破坏、温室效应等。1943 年，美国洛杉矶发生了光化学烟雾事件，大量排放的汽车尾气中的 HC 和 NO_x 在强烈的阳光照射下吸收太阳光所具有的能量，这些物质的分子在吸收了太阳光的能量后会变得不稳定，原有的化学键遭到破坏，形成新的物质，如图 7-3 所示。这种化学反应被称为“光化学反应”，其产物为剧毒的浅蓝色烟雾，称为“光化学烟雾”（见图 7-4）。光化学烟雾不仅刺激人体的眼睛、鼻腔和咽喉，引起胸部压缩、头痛、咳嗽、疲倦等症状，也会损害农作物。1955 年，洛杉矶再度发生光化学烟雾事件，使 65 岁以上的老人五官中毒红肿，因呼吸衰竭而死亡的人数达 400 多人。

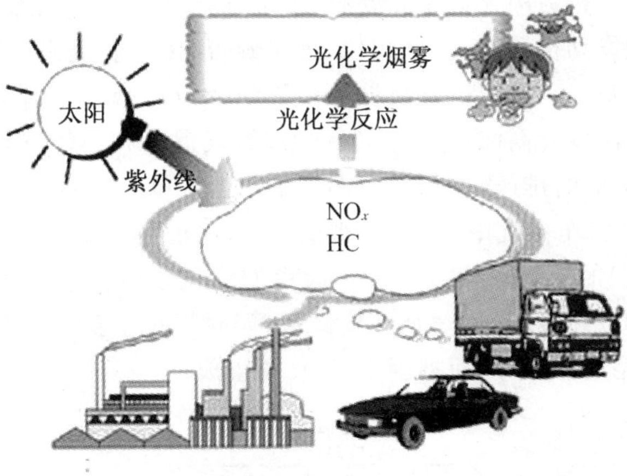

图 7-3　光化学烟雾的形成

图 7-4　洛杉矶城市上空的光化学烟雾

2. 汽车排放污染物的控制措施

为了控制汽车排放对环境的污染，各国根据大气污染的具体情况制定了关于环境保护的法律，对各种排放源的污染物规定了极限值和测量方法。对一定时期内汽车排放污染物的极限值和测量方法的规定就是汽车排放标准。目前全球汽车排放标准已形成三大体系，即美国体系、欧洲体系和日本体系，我国采用的是欧洲排放标准体系。为了使汽车排放污染物达到一定的排放水平，必须对汽车排放污染物采取一定的控制措施。

排放控制与汽车的其他各个系统相互依赖，主要有机内控制法和机外控制法。机内控制法是根据有害排放物的生成机理，对发动机及控制系统的原理、结构、材料、工艺、技术进行改造创新，提高燃烧效率，减少有害气体的排放。机外控制法是将汽车有害排放物进行过滤，使其重新进入气缸燃烧或在排放过程中被氧化、还原，变成无害物质排出。

(1)机内控制法。机内净化措施主要有：废气再循环、电控多点燃油喷射、高能电子点火和控制、稀薄燃烧发动机、可变配气相位、进气旋流、优化燃烧系统设计、废气涡轮增压与中冷、电控高压共轨等。现对废气再循环系统(exhaust gas recirculation，EGR)控制措施说明如下：在燃烧温度升高时，燃油蒸发性、混合气混合和燃烧均得到改善，CO 和 HC 的排放量减少，但 NO_x 的排放量增加。EGR 是降低 NO_x 排放的一种主要措施，其工作原理如图 7-5 所示。汽车排气中 O_2 含量很低，主要由惰性气体 N_2 和 CO_2 构成，一部分排气在电控单元(ECU)的控制下，通过 EGR 阀引回进气系统，与新鲜混合气混合后，稀释了新鲜混合气中的 O_2 浓度，导致燃烧速度降低，同时提高了新鲜混合气的比热容。这两个原因都使得燃烧温度降低，从而抑制了 NO_x 的生成。

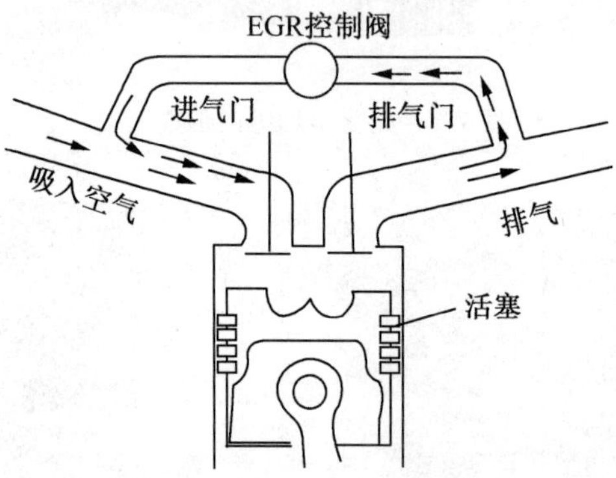

图 7-5　EGR 工作原理

(2)机外控制法。机外控制措施主要有燃油蒸发控制、三元催化转化器、微粒捕集器等，下面分别进行简单阐述。

①燃油蒸发控制系统。燃油蒸发控制系统如图 7-6 所示：由油箱蒸发出来的油蒸气经储气罐流入炭罐被活性炭所吸附，当发动机工作时，在进气管的真空作用下控制阀开启，被活性炭吸附的油蒸气与从炭罐下部进入的空气一起被吸入进气管，最后进入气缸被燃烧掉，而同时活性炭得到再生。

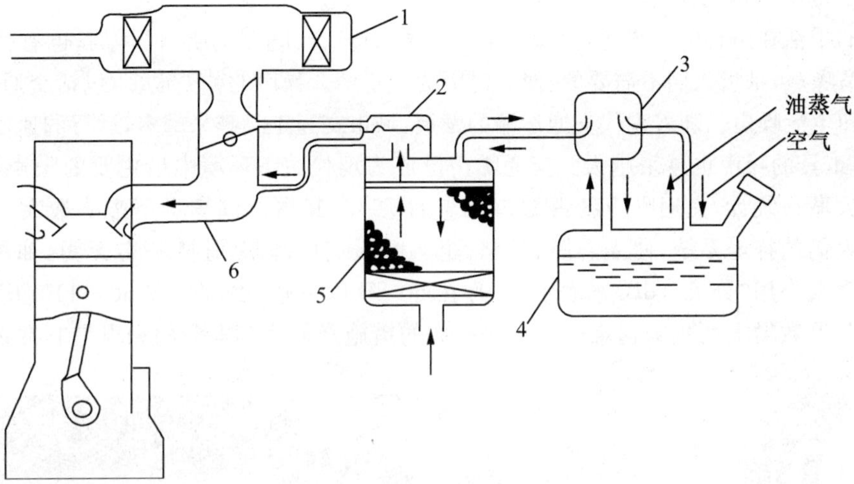

图 7-6 燃油蒸发控制系统

1—空气滤清器 2—控制阀 3—储气罐 4—油箱 5—活性炭罐 6—进气管

②三元催化转化器。CO、HC、NO_x 等排放物在温度高于 1000 ℃时，可以很容易地变成无害气体，但在排气系统中想维持这么高的温度是不可能的。含有铂(Pt)、钯(Pd)或铑(Rh)等贵金属的催化剂可以在温度很低(300～900 ℃)的情况下将这些排放物转化掉。三元催化转化器(three way catalyst，TWC)即是利用催化剂使尾气中的 HC、CO 等与尾气中的 O_2 在较低的温度下进行氧化反应，转化为 CO_2 和 H_2O 等。

③微粒捕集器。微粒捕集器也称为“柴油机排气微粒过滤器”(diesel particulate filter,DPF)，它可去除排气中的全部基础碳烟颗粒(超过 99%)与大部分有机碳，是公认最有效的机外控制装置，也是近年来国内外研究的热点。它着眼于对已形成的微粒进行处理，相当于在柴油汽车的排气管上加一个过滤装置，将废气中的微粒收集起来，使其不能排放出去，从而达到净化的目的，如图 7-7 所示。

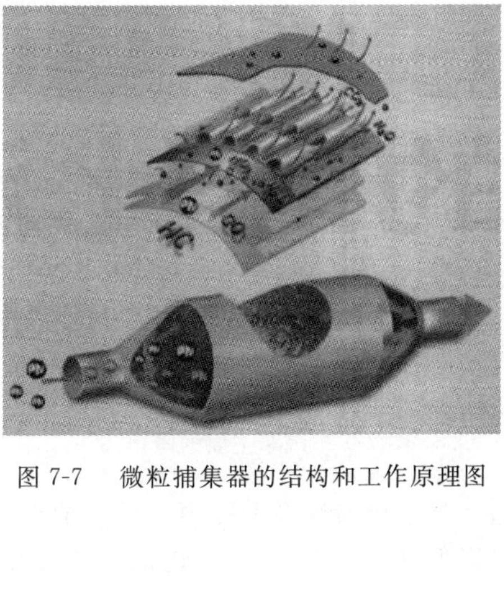

图 7-7 微粒捕集器的结构和工作原理图

（二）汽车噪声污染

人们生活在声音的世界里，这里有各种各样的声音，既有动听、悦耳的，也有使人烦恼的。所谓噪声，是指人们不需要的、使人讨厌的干扰声。噪声的种类很多，包括交通噪声、工业噪声和生活噪声。随着现代交通运输的发展，城市交通工具越来越多，运行的速度越来越快，运输工具的噪声也越来越大。交通噪声已成为现代城市环境中最主要的噪声源之一。据一些大城市统计，交通噪声约占城市噪声的 75%，其中以汽车噪声影响最大。汽车噪声影响人们的神经系统，使人急躁、易怒，也影响人们的睡眠，让人疲劳无力，如图 7-8 所示。噪声大小用“分贝”(dB)来表示，人耳在 60 dB 以下感觉舒服，在 60～110 dB 的范围内随着分贝数增大而越来越难受。采取有效的措施降低汽车本身的噪声是非常必要的。

图 7-8　汽车噪声对人们生活的影响

汽车在运行中受到发动机和传动系的影响以及来自路面的冲击会产生噪声，所有零部件的振动也会产生噪声。汽车噪声一般为 80～100 dB，主要包括发动机噪声、传动系噪声、轮胎噪声以及车体振动噪声，如图 7-9 所示。汽车噪声不仅跟车辆和发动机类型有关，而且与使用过程中的车速、发动机的转速、载荷及道路条件有关。

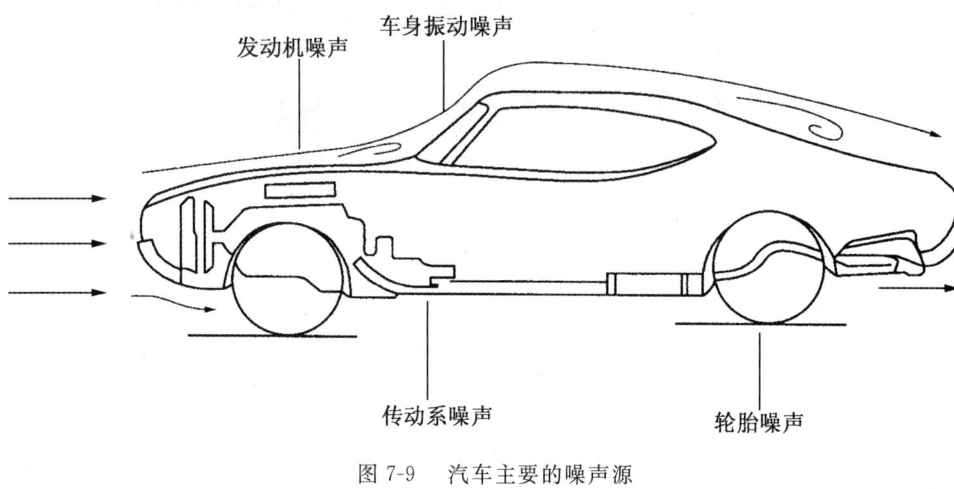

图 7-9　汽车主要的噪声源

目前，汽车上主要通过排气消声器来降低噪声。排气消声器是具有吸声衬里或特殊形式的气流管道，可有效地降低气流噪声。此外，在市政道路规划和建设方面，应尽可能建成低噪声路面，同时尽量与居民住宅楼保持合理的距离，或建立缓冲区与隔声屏障等。降低汽车噪声的其他措施包括：制定汽车噪声限制法规；汽车在使用、维修中严格执行汽车噪声限值和测量方法的国家标准；在噪声集中路段建立隔声板或隔声墙，在隔离带中种植植物；加强管理，在一些路段采取禁鸣喇叭措施等。

（三）汽车的其他污染

1.汽车电波公害

在汽车电气设备中，有很多导线、线圈等元件，它们具有不同的电容和电感，而任何一个具有电感和电容的闭合回路都会形成振荡。因此，在汽车的电气设备中有很多的振荡回路。当汽车发动机点火系统点火时，就会产生高频振荡并以电磁波的形式发射到空中，引起干扰。

在汽车的电气设备中，点火系的干扰最为严重。此外，发电机、调节器、刮水器以及车灯开关在工作过程中也会产生电波干扰。

电波公害虽然不如排气公害和噪声公害对人们生活质量的影响那样严重，但因涉及广泛，同样应引起人们的普遍重视。减少汽车电波公害的措施主要是限制汽车点火系产生的电波强度。

2.汽车车内空气污染

由于汽车车内引入能释放有害物质的污染源或汽车车内环境通风不良，汽车车内空气中有害物质的含量和种类可不断增加，并影响汽车车内人员的健康，被称为“汽车车内空气污染”。汽车车内空气污染具有累加性、多样性、多变性、长期性等特点。汽车车内空气污染物主要来自汽车本身、汽车车内装饰、汽车车内驾乘人员活动等。汽车车内空气污染的防治措施主要有臭氧法、离子法、光触媒法。

3.报废汽车对环境的危害

报废汽车会产生废钢、蓄电池、废机油和化工产品等废物及不可分解的塑料件等，如处理不当，将会对环境造成重大污染。目前我国由于和汽车报废标准、报废程序等相关的法律法规还不完善，因此报废汽车回收拆解企业往往不按规定回收有害物质，这不仅对作业区的工人有危害，而且造成了资源浪费和对环境的严重污染。

三、汽车与交通安全

随着汽车保有量的逐年增多，交通管理已成为各国的重大问题之一。人类社会在充分享受汽车带来的诸多好处的同时，也为此付出了沉重的生命及财产代价。一位法国学者指出：“汽车比战车凶残，战车只能在战争时的战场上杀伤敌人，它受时间、地点和对象的限制，而汽车则不管何时、何地，不管是敌人还是朋友，只要是在道路上，任何人都有可能被行驶着的汽车轧死、刮伤。”为此，交通事故被视为“永无休止的交通战争”。

（一）交通事故发生的原因

交通事故是在特定的交通环境影响下，由于人、车、路、环境诸要素配合失调而偶然发生的。因此，分析交通事故成因最主要的是分析人、车、路、环境对交通事故形成的影响。

1.人的因素

人是影响交通安全最活跃的因素。在人、车、路、交通环境构成的体系中，车辆由人驾驶，道路由人使用，交通环境由人管理。因此，对交通安全的研究应对“人”给以足够的重视。据近年来统计，人的因素是造成交通事故的主要原因，由此造成的交通事故约占总事故的95.30%。在由人造成的交通事故中，机动车驾驶员的过失造成的交通事故占87.5%，非机动车驾驶员占4.7%，行人、乘客占5.2%，其他人员占2.6%。通过分析历年交通事故的原因可以发现，驾驶员的违章操作和失误是引发交通事故的主要原因。

2.车辆因素

车辆是现代道路交通的主要运行工具，车辆技术性能的好坏是影响道路交通安全的重要因素。车辆制动失灵、制动不良、机件失灵、灯光失效和车辆装载超高、超宽、超载、货物绑扎不牢固等都是酿成交通事故的不安全因素。据分析，制动系和转向系故障是车辆因素造成事故的主要原因。

3.道路因素

道路交通的安全取决于交通过程中人、车、路、环境之间是否保持协调。近几年，机动车数量增长迅速，远远超过交通基础设施的增长速度，而我国低等级公路还比较多，道路狭窄或破损，大部分道路没设中央分隔带和路边两侧护栏，警告、限制等标志数量不足，标志不清、不规范，符号模糊难以辨认，这些都从客观上增加了道路交通伤亡事故的发生率。因此，道路本身的技术等级和设施条件作为构成道路交通的基本要素，它们对交通安全的影响是不容忽视的。所以，道路建设和养护质量需进一步提高。由道路因素引发的交通安全问题应该引起道路规划、设计、养护、管理等部门的足够重视，从中总结出规律性的东西，尽可能地减少不良道路引发事故的隐患。

4.环境因素

交通环境主要是指天气状况、噪声污染以及与道路交通参与者之间的相互影响等。驾驶员行车的工作状况不仅受道路条件的影响，而且还受到道路交通环境的影响。

(1)交通量的影响。在影响驾驶员行车的诸多交通因素中，交通量起着主导作用。交通量的大小直接影响着驾驶员的心理紧张程度，也影响着交通事故率的高低。因此，在行车中，妥善掌握行车速度是减少交通事故的重要措施。

(2)交通混杂程度与行车速度的影响。我国的道路多为双车道混合式，各种动力性能不同的机动车在一条道路上行驶，行车速度相差很大，特别是机动车和非机动车的差异更大。我国的交通混杂程度严重是交通事故率高的重要原因之一。

(3)交通信息特征的影响。汽车是在错综复杂的环境中行驶的。行车过程中，驾驶员总是通过自己的视觉、听觉、触觉等从不断变化着的交通环境中获得信息，并通过对他们的识别、分析、判断和选择来作出相应的反应。因此，交通管理的任务之一就是通过改善交通环境、设置合适的交通标志来调节道路的安全保证与驾驶员安全感之间的关系，使其转向有利于交通安全的组合。

(二)减少交通事故的措施

交通事故每天都在发生，为了避免交通事故的发生，安全工作应以预防为主，从而把事故率降到最低。

1.提高交通参与者的交通素质

要想提高驾驶员的安全素质，就应加强交通安全教育宣传，比如开展交通安全宣传活动、交通法规知识讲座等，提高全体参与者的安全素质。

2. 增强车辆的安全性能

要完善汽车的安全设施、提高汽车的安全性能，就应积极鼓励机动车安装行车安全装置、汽车自限制装置、行车自动监控装置以及交通情报通信装置等。图 7-10 所示为新奥迪 A8 的夜视系统，它结合了奔驰夜视系统的技术和宝马的行人出现警示程序，无论是在夜视屏幕位置还是在行人出现警示程序上都比较完善。

图 7-10　新奥迪 A8 的夜视系统

3. 改善和提高道路的安全性

为达到此目的，应实施道路设计安全审查制度，在道路规划设计完成后进行道路安全审查。对于存在安全隐患的，必须要求规划设计单位进行修改；对于问题严重的，要责令其重新设计，以提高道路设计安全性能。此外，还要完善交通安全设施配置。在进行道路交通安全管理设施（如交通标志、交通标线、安全护栏、隔离设施、防眩设施和诱导设施）的配置时，应遵守配置原则，合理配置。

4. 改进和提高交通安全管理

具体措施包括：提高管理队伍素质，改善管理技术装备；严惩交通违法者，加强对交通参与者的管理；科学化管理车速，降低事故发生率及严重性；使用先进的管理方法、技术、设备。

任务实施

项目　以“汽车与社会”为主题进行演讲

1. 项目说明

近些年来，随着汽车工业的迅猛发展和人们生活水平的不断提高，汽车已经走进了寻常百姓家，逐渐成为很多家庭的生活必需品。但汽车是把双刃剑，它在给人们带来快捷和便利的同时，也不可避免地带来了很多社会公害，如空气污染、能源消耗、交通拥堵、交通事故等。请以“汽车与社会”为主题，谈谈你对汽车这把“双刃剑”的认识。

2. 实施过程安排(见表 7-1)

表 7-1　　实施过程安排

时间安排	内容安排
5 min 左右	明确实训目的： 通过本堂实践课的学习，要求学生： 1. 掌握汽车工业对社会的促进作用 2. 熟悉汽车带来的空气污染、噪声污染 3. 熟悉交通事故的成因和减少措施 4. 形成"建立和谐汽车社会"的理念
5 min 左右	实训前准备： 1. 复习与实训内容相关的理论知识 2. 分组：8～10 人为一组 3. 实训相关素材的搜集与准备 4. 指出实训需注意事项
70min 左右	实训过程： 抽 2～4 名学生进行以"汽车与社会"为主题的演讲，在演讲时，要求： 1. 演讲内容应涉及汽车对社会的促进作用和对社会带来的危害这两方面 2. 注意使用一些演讲技巧
10 min 左右	本堂实训课小结： 1. 由老师对本堂实训课进行归纳，评定学生的掌握情况 2. 布置课外作业

学习评价

一、名词解释

汽车公害，光化学烟雾，汽车噪声，汽车车内空气污染

二、简答题

1. 汽车公害包括哪几个方面？
2. 简述 CO、HC、NO_x、微粒等排放污染物的形成原因。
3. 减少汽车排放污染物的主要措施有哪些？
4. 从环保、节能、安全三方面，谈谈你对汽车及其发展的想法。

任务八　驾驶考试与汽车保险

学习情境引导

分析下述案例：2007年，郑州管城区的张女士在驾驶汽车的过程中发生了交通事故。保险公司判定该车修理费为24050元。张女士在将其车辆送到修理厂修理时，认为置换汽车部件耗时太长，而且也未必是原厂配件，因此只要求修理部对其车辆的损害部分进行了修理。修理后，在张女士索赔时，保险公司声称投保人报的修理费用明显高于其修车的实际花费，应该置换的汽车部件也没有置换，因此拒绝赔付。张女士则认为，保险公司拒赔无依据，遂诉至法院。最终，张女士的诉求未完全得到法院支持，法院只是判决保险公司按照实际发生费用(11044元)进行理赔。

学习目标

◎知识目标

1. 掌握驾驶员考试的项目及要求。
2. 了解汽车保险的含义。
3. 熟悉汽车保险的特点。
4. 掌握汽车保险的职能和作用。
5. 熟悉我国汽车保险的种类。
5. 熟悉汽车保险的业务流程。

◎能力目标

1. 能描述驾驶员考试各项目的目的和要求。
2. 能说出我国汽车保险的种类。
3. 能描述汽车保险的投保、承保、理赔的基本业务环节。

知识准备

一、汽车驾驶考试

（一）学车流程

学车人应先到驾校、车管所或交通支（大）队的对外办公窗口领取《机动车驾驶证申请表》及《驾驶员健康检查登记表》。在指定地点检查身体合格后，携带身份证明、填写好的《驾驶员健康检查登记表》和照片（白底彩照）到驾校办理学车报名手续。经车管所审核通过后，可以进行驾驶员学习和考试。

驾驶员考试及发证由公安交警部门负责，考试科目分为道路交通安全法律、法规和相关知识考试科目（以下简称“科目一”），场地驾驶技能考试科目（以下简称“科目二”）和道路驾驶技能考试科目（以下简称“科目三”）。考试顺序按照科目一、科目二、科目三依次进行，前一科目考试合格后，方准参加后一科目的考试。

对初次申请机动车驾驶证或者申请增加准驾车型的学车人，科目一考试合格后，车辆管理所应当在3日内核发驾驶技能准考证明。驾驶技能准考证明的有效期为两年。申请人应当在有效期内完成科目二和科目三的考试。

（二）汽车驾驶理论考试

1.考试内容

汽车驾驶理论考试的内容主要有：

(1)道路交通安全法律、法规和规章。

(2)道路交通标志及其含义。

(3)安全行车、文明驾驶知识。

(4)高速公路、山区道路、桥梁、隧道、夜间、恶劣气象和复杂道路条件下的安全驾驶知识。

(5)出现爆胎、转向失控、制动失灵等紧急情况时的临危处置知识。

(6)机动车总体构造和主要安全装置常识以及日常检查和维护基本知识。

(7)发生交通事故后的自救、急救等基本知识以及常见危险物品知识。

(8)文明驾驶和职业道德等知识。

2.合格标准

道路交通安全法律、法规和相关知识考试一般在计算机上进行，试题类型为选择题。汽车驾驶理论考试满分为100分，成绩达到90分（含）的为合格。

（三）汽车场地驾驶考试

汽车场地驾驶考试的基本考试项目有桩考、坡道定点停车和起步、侧方位停车、通过单边桥、曲线行驶、直角转弯、限速通过限宽门、通过连续障碍、百米加减挡和起伏路驾驶等。

1.桩考

桩考在专门的驾考场地内进行，不同准驾车型的场地图形和要求也不尽相同。

(1)A1、A3、B1、B2、C1、C2、C3准驾车型。大型客车（A1）、城市公交车（A3）、中型客

车(B1)、大型货车(B2)、小型汽车(C1)、小型自动挡汽车(C2)、低速载货汽车(C3)准驾车型桩考示意图如图 8-1 所示,目的主要是考核机动车驾驶人操控车辆前进、倒车、入库、侧方移位、正确判断车身空间位置和车轮行驶轨迹以及在有限区域内正确停靠车辆的能力。图中桩长为 2 倍车长,若为前驱动车则加 50 cm;桩宽依准驾车型而定,大型车为车宽加 70 cm,小型车为车宽加 60 cm;路宽为车长的 1.5 倍;起点距甲库外边线为 1.5 倍车长。倒桩的操作要求为:汽车从起点倒入乙库停正,再经过二进二退移位到甲库停正,前进穿过乙库至路上,倒入甲库停正,前进返回起点。考试合格标准为:考试中未出现不按规定路线与顺序行驶、碰擦桩杆、车身出线、移库不入、中途停车两次、中途熄火、停车后使车轮转动(原地打方向盘)、头伸出车身外或打开车门探视等情况之一者视为合格。

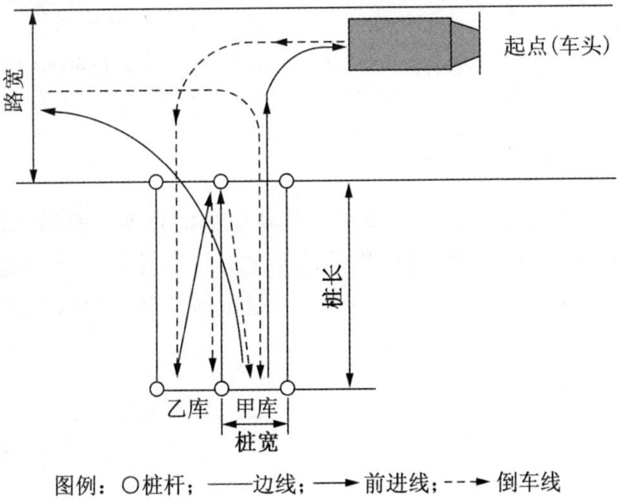

图 8-1 A1、A3、B1、B2、C1、C2、C3 准驾车型桩考示意图

(2)A2 准驾车型。牵引车(A2)准驾车型桩考示意图如图 8-2 所示,目的是考核机动车驾驶人操纵牵引车前进、倒车和正确判断车轮行驶轨迹以及在有限区域内正确停靠车辆的能力。甲、乙库长为整车长加 1 m;库宽为整车宽的 1.5 倍;甲库四角设桩杆,乙库在靠近甲库的一角设桩杆;甲、乙库之间相距 2 倍车长,分设在路中线的两侧。操作要求为:汽车从甲库向前驶入乙库停正,然后倒入甲库内停正。考试中不出线、不碰桩杆者视为合格。

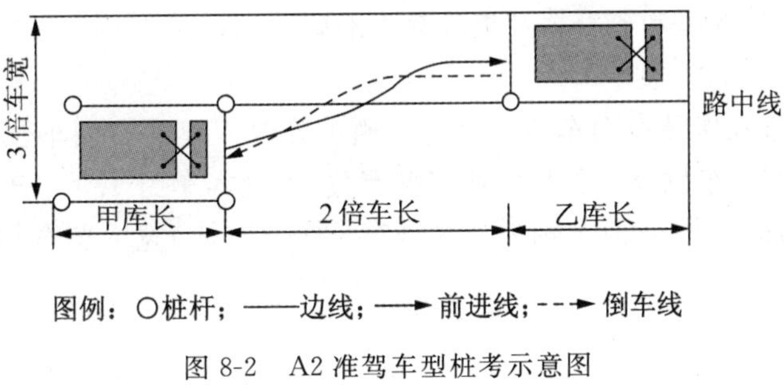

图 8-2 A2 准驾车型桩考示意图

(3)C4 准驾车型。三轮汽车(C4)准驾车型桩考示意图如图 8-3 所示。桩间距为车长加 40 cm;桩与边线的距离为车宽加 30 cm。操作要求为:汽车从起点绕桩前进驶出,再倒车绕桩反向驶回。考试中不出线、不碰桩杆者视为合格。对于其他准驾车型,这里不再作详述。

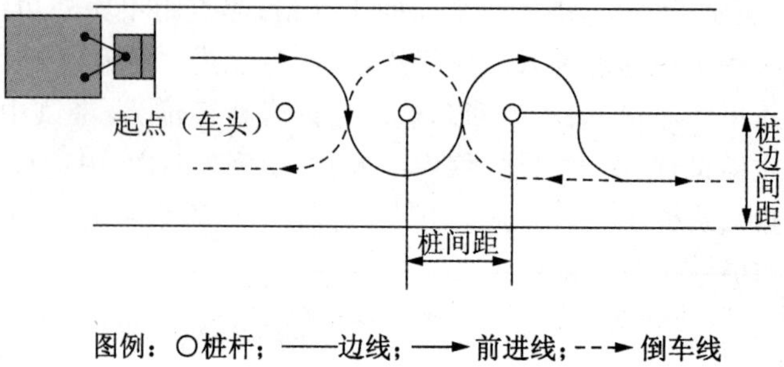

图 8-3　C4 准驾车型桩考示意图

2. 坡道定点停车和起步

该项目重在考核机动车驾驶人在坡道上驾驶车辆的技能。驾驶人需能准确判断车辆的位置,正确使用制动、挡位和离合器,以适应车辆在上坡路段停车与起步的需要。

图 8-4 为汽车坡道定点停车和起步示意图,定点停车桩杆距坡底大于 1.5 倍车长,全坡长大于 30 m。

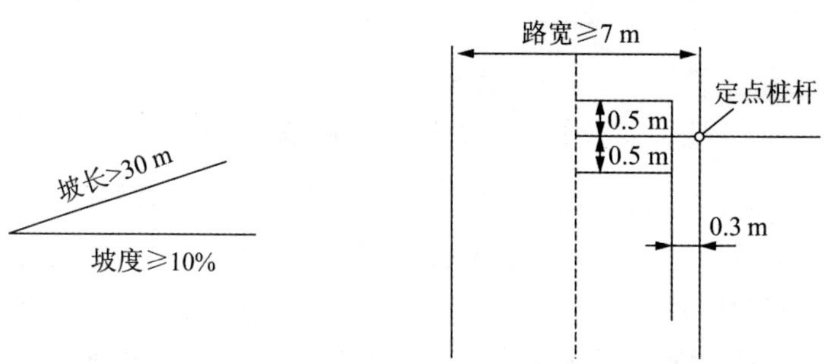

图 8-4　汽车坡道定点停车和起步示意图

操作要求:机动车驾驶人应通过视觉和感觉及时判断坡道的坡度大小、长短及路宽等道路情况,采取正确的操作方法,控制车辆平稳停车和起步,做到转向正确,换挡迅速,操纵加速踏板、驻车制动器和离合器踏板的动作准确协调。

3. 侧方位停车

侧方位停车旨在考核机动车驾驶人将车辆正确停入道路右侧车位(库)的技能,其示意图如图 8-5 所示。车位(库)长与准驾车型有关:大型客车为 1.5 倍车长减 1 m,小型车辆为 1.5 倍车长加 1 m ,其他车辆为 1.5 倍车长;车位(库)宽为车宽加 80 cm;车道宽为 1.5 倍车宽加 80 cm。

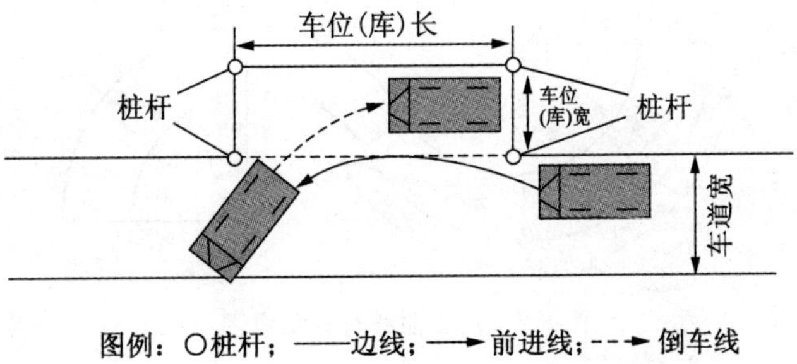

图 8-5　汽车侧方位停车示意图

操作要求：机动车驾驶人驾驶车辆在不碰擦桩杆，车轮不轧碰车道边线、库位边线的情况下，通过一进一退的方式，将车辆停入右侧车位(库)中。

4. 通过单边桥

通过单边桥项目主要考核机动车驾驶人准确运用转向、正确判断车轮直线行驶轨迹、操纵车辆不平行运行的能力，其示意图如图 8-6 所示。其中，桥宽 20 cm；桥高小于等于车辆最小离地间隙(摩托车桥高 5 cm，小型汽车桥高 8 cm，其他汽车桥高 12 cm)；甲、乙桥横向间距为车辆轮距加 1 m；甲、乙桥纵向间距与准驾车型有关：牵引车为 2 倍轴距，小型车辆为 3 倍轴距，其他车辆为 2.5 倍轴距；桥面长度为 1.5 倍车辆轴距；坡度小于或等于 7%。

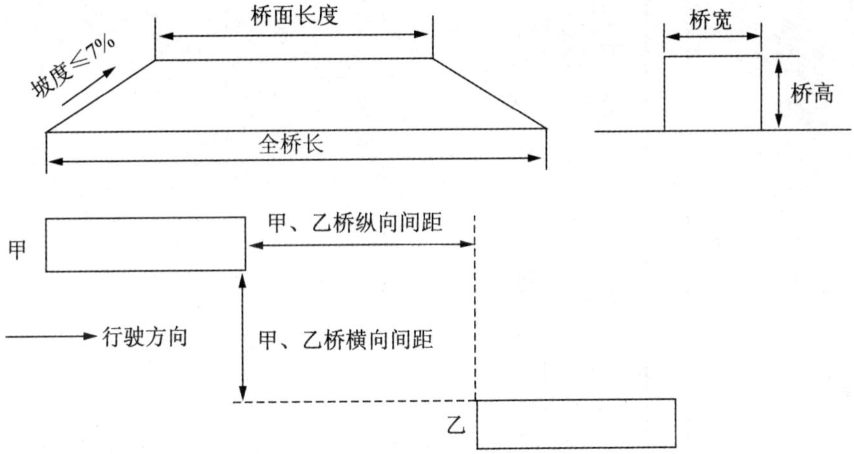

图 8-6　汽车通过单边桥示意图

操作要求：机动车驾驶人按规定的行驶方向正确操纵转向，将汽车的左、右侧前后车轮依次平稳、顺畅地驶过甲、乙两桥；三轮汽车、三轮摩托车用左、右后轮依次平稳、顺畅地驶过甲、乙两桥；二轮摩托车、轻便摩托车从桥上平稳、顺畅地通过。

5. 曲线行驶

曲线行驶项目考核机动车驾驶人操纵转向、控制车辆曲线行驶的能力，其示意图如图 8-7 所示。路宽与准驾车型有关：大型车辆为 4 m，小型车辆为 3.5 m，摩托车为 2.5 m。半径也与准驾车型有关：大型车辆为 12 m，小型车辆为 7.5 m，摩托车为 5 m。弧长为圆周长的 3/8。

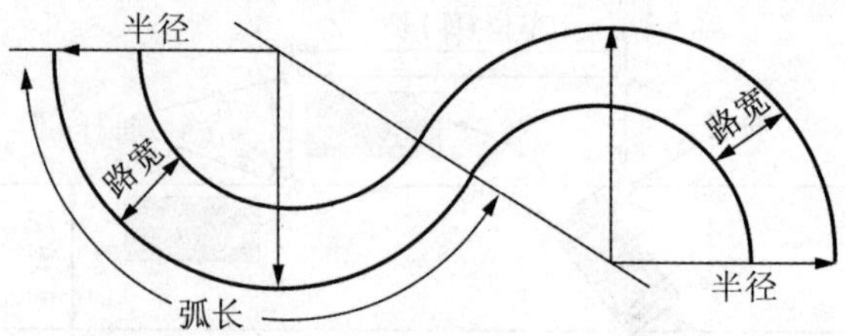

图 8-7　汽车曲线行驶示意图

操作要求：机动车驾驶人驾驶车辆从弯道的一端前进驶入，减速换挡，以低挡低速从另一端驶出。行驶中应做到转向自如，不得轧弯道边缘线。

6. 直角转弯

直角转弯项目考核机动车驾驶人在急弯路段驾驶车辆时正确操纵转向和准确判断车辆内轮差和外轮差的能力。

汽车直角转弯示意图如图 8-8 所示。路长大于或等于 1.5 倍车长，路宽与准驾车型有关：小型车辆为轴距增加 1 m，半挂牵引车为牵引车轴距增加 3 m，其他车辆为轴距增加 50 cm。

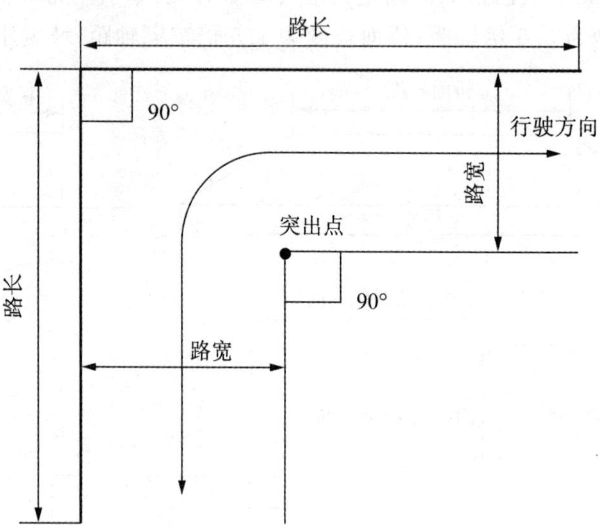

图 8-8　汽车直角转弯示意图

操作要求：机动车驾驶人驾驶车辆按规定的线路低速行驶，由左向右或者由右向左直角转弯，一次通过，中途不得停车。

7. 限速通过限宽门

限速通过限宽门项目考核机动车驾驶人在一定车速下对车身位置的正确判断能力，其示意图如图 8-9 所示。路宽大于或等于 7 m；门宽为车宽加 60 cm；共设置三个限宽门，门与门之间相距 3 倍车长，1 和 3 两门设置于正对位置，2 门与 1、3 门偏移一个门宽位置。

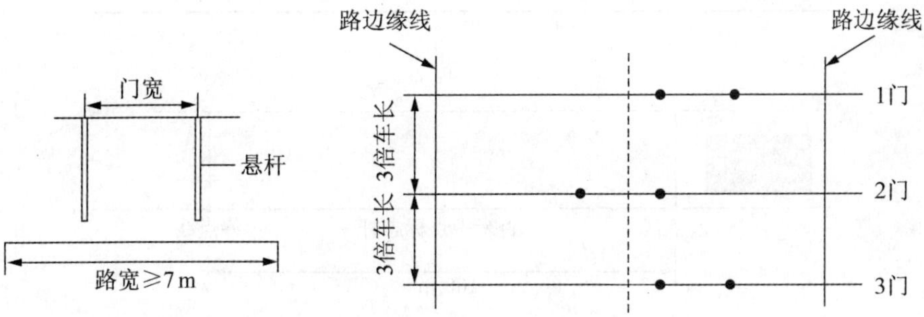

图 8-9　汽车限速通过限宽门示意图

操作要求:机动车驾驶人驾驶车辆以不低于 20 km/h 的速度从三门之间穿越,不得碰擦悬杆。

8. 通过连续障碍

通过连续障碍项目考核机动车驾驶人驾驶车辆通过连续障碍时对车轮行驶轨迹和内外轮差的判断能力,其示意图如图 8-10 所示。路宽 7 m;圆饼直径 70 cm;B、C、D、E 圆饼中心点偏离路中心线 1 m;饼高小于车辆最小离地间隙(小型车辆 6 cm,其他车辆 10 cm);圆饼间距指相邻两块圆饼中心点投影在路中心线上之间的距离,大型客车、城市公交车、大型货车所考核的圆饼间距为 2 倍车辆最前轮轴至最后轮轴的轴距,牵引车圆饼间距为 1.5 倍轴距(轴距是牵引车前轴至挂车最后轴的轴距),其他汽车圆饼间距为 2.5 倍的车辆轴距;牵引车只设 A、B、C 3 个圆饼,其他车辆设置 6 个圆饼。

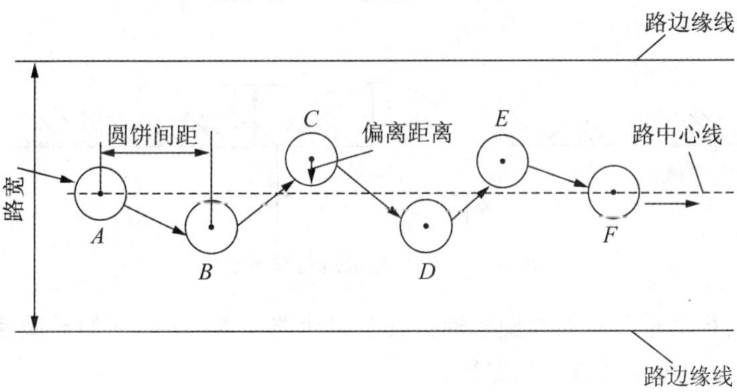

图 8-10　汽车通过连续障碍示意图

操作要求:除小型车辆用 1 挡外,其他车辆用 2 挡(含)以上挡位,将车骑于圆饼之上通过。车轮不得碰、擦、轧圆饼,并且不得超、轧两侧路边缘线。

9. 百米加减挡

百米加减挡项目考核机动车驾驶人操纵车辆挡位的熟练程度,其示意图如图 8-11 所示。

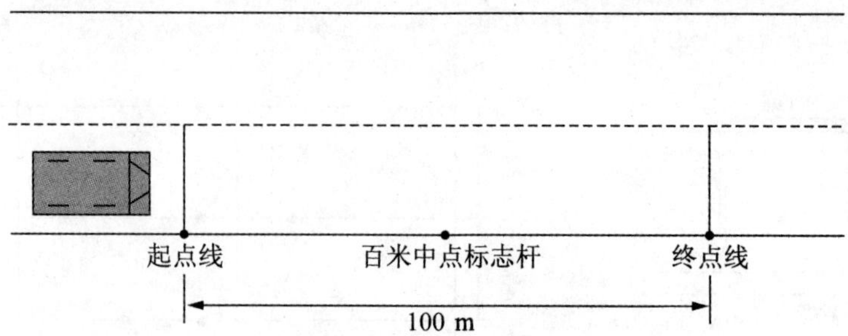

图 8-11　汽车百米加减挡示意图

操作要求：机动车驾驶人驾驶车辆由起点线起步，在百米内完成从最低挡逐级加至最高挡，再从最高挡逐级减至 2 挡的过程。

10. 起伏路驾驶

起伏路驾驶项目考核机动车驾驶人驾驶车辆平顺通过起伏路面的能力，其示意图如图 8-12 所示。顶宽、底宽为车轮直径加 60 cm；凹路面的深度和凸路面的高度要小于车辆的最小离地间隙，故它们与准驾车型有关：大型客车、小型车辆为 6 cm，其他车辆为 12 cm；凹路面的 α 角小于车辆离去角，凸路面的 β 角小于车辆接近角。

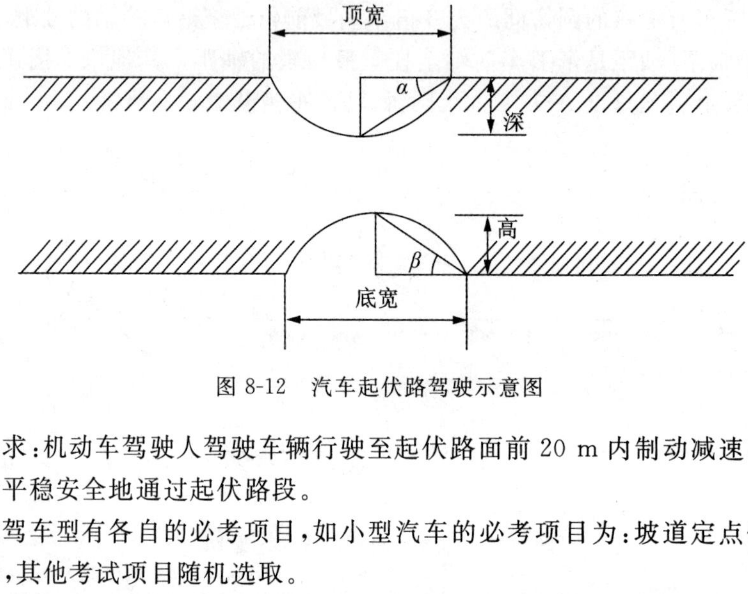

图 8-12　汽车起伏路驾驶示意图

操作要求：机动车驾驶人驾驶车辆行驶至起伏路面前 20 m 内制动减速，使用低速挡或者半联动平稳安全地通过起伏路段。

不同准驾车型有各自的必考项目，如小型汽车的必考项目为：坡道定点停车和起步、侧方位停车，其他考试项目随机选取。

汽车场内考试满分为 100 分，设定不合格、减 20 分、减 10 分、减 5 分的项目评判标准。报考大型客车、牵引车、城市公交车、中型客车、大型货车为准驾车型者，成绩达到 90 分的为考试合格；报考其他准驾车型者，成绩达到 80 分的为考试合格。

（四）汽车道路驾驶考试

1. 考试内容

汽车道路驾驶考试主要考核机动车驾驶人在道路上综合控制机动车的能力，包括能否遵守交通法律、法规，灯光、喇叭、安全带等装置能否正确使用，能否正确观察、判断道路交通情况，驾驶行为是否安全，是否具有文明驾驶意识等。

2. 考试项目

汽车道路驾驶的基本考试项目有上车准备、起步、直线行驶、变更车道、通过路口、靠边停车、通过人行横道线、通过学校区域、通过公共汽车站、会车、超车、掉头和夜间行驶。前六项为必考项目，其他考试项目随机选取。某些准驾车型要求考试项目数不得低于一定数量。

3. 合格标准

汽车道路驾驶满分为100分，设定不合格、减20分、减10分、减5分的项目评判标准。报考大型客车、牵引车、城市公交车、中型客车、大型货车准驾车型，成绩达到90分的为考试合格；报考其他准驾车型，成绩达到80分的为考试合格。

（五）汽车驾驶证

根据2013年1月1日起施行的《机动车驾驶证申领和使用规定》（公安部令第123号），驾驶机动车应当依法取得机动车驾驶证。

申领机动车驾驶证应当符合国务院公安部规定的驾驶许可条件（如年龄条件、身体条件等），经考试合格后，由公安机关交通管理部门发给相应类别的机动车驾驶证。考取一种驾驶证只可以驾驶该驾驶证准驾的几种车型（见表8-1）。

表8-1　驾驶证准驾车型及代号

准驾车型	代号	准驾的车辆	准予驾驶的其他车型
大型客车	A1	大型载客汽车	A3、B1、B2、C1、C2、C3、C4、M
牵引车	A2	重型、中型全挂、半挂汽车	B1、B2、C1、C2、C3、C4、M
城市公交车	A3	核载10人以上的城市公共汽车	C1、C2、C3、C4
中型客车	B1	中型载客汽车（含核载10人以上、19人以下的城市公共汽车）	C1、C2、C3、C4、M
大型货车	B2	重型、中型载货汽车；重型、中型专项作业车	
小型汽车	C1	小型、微型载客汽车以及轻型、微型载货汽车；轻型、微型专项作业车	C2、C3、C4
小型自动挡汽车	C2	小型、微型自动挡载客汽车以及轻型、微型自动挡载货汽车	

续表

准驾车型	代号	准驾的车辆	准予驾驶的其他车型
低速载货汽车	C3	低速载货汽车	C4
三轮汽车	C4	三轮汽车	
残疾人专用小型自动挡载客汽车	C5	残疾人专用小型、微型自动挡载客汽车(只允许右下肢或者双下肢残疾人驾驶)	
普通三轮摩托车	D	发动机排量大于 50 mL 或者最大设计车速大于 50 km/h 的三轮摩托车	E、F
普通二轮摩托车	E	发动机排量大于 50 mL 或者最大设计车速大于 50 km/h 的二轮摩托车	F
轻便摩托车	F	发动机排量小于等于 50 mL,最大设计车速小于等于 50 km/h 的摩托车	
轮式自行机械车	M	轮式自行机械车	
无轨电车	N	无轨电车	
有轨电车	P	有轨电车	

驾驶证有效期为 6 年,机动车驾驶人应当于机动车驾驶证有效期满前 90 日内向机动车驾驶证核发地车辆管理所申请换证。超过机动车驾驶证有效期 1 年以上未换证的,注销机动车驾驶证。

当在车辆管理所管辖区域内机动车驾驶证记载的机动车驾驶人信息发生变化或机动车驾驶证损毁无法辨认时,机动车驾驶人应当在 30 日内到机动车驾驶证核发地车辆管理所申请换证。

二、汽车保险与理赔

汽车自诞生以来,一方面大大提高了人们的工作效率,方便了人们的生活,但另一方面也使得交通事故数量急剧增加,给人们带来了巨大的经济损失,影响了工作和生产的正常运行。

19 世纪末 20 世纪初,世界的汽车工业处于萌芽阶段。当时的汽车无法与当今现代化的汽车相比,其内部设施简陋且工艺粗糙,驾驶者大多经验不足,加之道路狭窄,驾驶汽车在当时是非常冒险和不安全的行为。精明的保险商没有错过这种商机,因此,汽车保险便应运而生。

英国法律事故保险公司于 1896 年首先开办了汽车保险,成为汽车保险“第一人”。美国最早开始承保汽车第三者责任险是在 1898 年,1899 年汽车碰撞损失险保单问世。我国的机动车辆保险起步比较晚,中国人民保险公司于 1950 年开办了汽车保险业务。1985 年,我国首次制定了有关机动车辆的保险条款。1995 年,我国制定了《中华人民共和国保险法》,确定了汽车保险的法律地位。2006 年 7 月 1 日起,我国正式实施《机动车交通事故责任强制保险条例》。目前我国汽车保险收入占总财产保险收入的60%以上,但由于保险历史较短,还需要继续完善。

(一)汽车保险的含义

汽车保险是财产保险的一种,也称为“机动车辆保险”,简称“车险”,是指对机动车辆由于自然灾害或意外事故所造成的人身伤亡或财产损失负赔偿责任的一种商业保险。这里的机动车辆是指汽车、电车、电瓶车、摩托车、拖拉机、各种专用机械车、特种车。

汽车保险属于一个相对年轻的险种,这是由于汽车保险是伴随着汽车的出现和普及而产生和发展的。与现代机动车辆保险不同的是,初期的汽车保险是以汽车的第三者责任险为主险的,后逐步扩展到车身的碰撞损失等保险。

汽车保险一般包括基本险和附加险两部分,基本险又分“车辆损失险”和“第三者责任险”。

(二)汽车保险的特点

1.广泛性

首先,由于汽车普及率越来越高,且私人购车比例不断提升,因此汽车使用的普遍性使得汽车保险的应用人群比较广泛;其次,由于汽车的出险概率较高,汽车的所有者需要以保险的形式转化风险,从而使汽车保险的业务量增大,应用普及率逐渐升高;最后,由于汽车有可能对其他人员造成伤害,因此各国政府均对汽车第三者责任保险实施强制保险,从而使汽车保险成为财产保险中业务量较大、普及率较高的险种。

2.差异性

汽车品牌、生产厂商、类型、型号、价格、配置、已使用年限的差异性以及驾车人的年龄、性别、驾龄、健康状况等的差异性,决定了汽车保险的差异性。

3.保险标的具有可流动性

汽车的可流动性使保险标的(即作为保险对象的财产及其有关利益或人的生命和身体,它是保险利益的载体)具有可流动性,从而导致风险概率增大,增加了经营的不确定性,核保时加大了“验标承保”的难度,在发生保险责任事故时,给检验和理赔工作增加了一定的难度。

4.出险率高

相对于其他财产保险而言,汽车保险具有出险率高的特点。这主要是由于2002年以来,我国汽车数量迅速增加,但我国道路交通设施的发展相对滞后,再加上驾驶人员年龄、职业、驾龄的多元化和驾驶经验的不足(新手较多),使交通事故的发生频率相对较高,机动车出险概率较高。

(三)汽车保险的职能和作用

1.汽车保险的职能

保险的基本职能就是组织经济补偿和实现保险金的给付,这同样也是机动车辆保险的基本职能。生产力水平的提高、科学技术的发展使人类社会走向文明。汽车文明在给人类生活带来交通便利的同时,也给人类带来了因汽车运输中的碰撞、倾覆等意外事故造成的财产损失和人身伤亡。不仅如此,随着生产力水平的提高、科学技术的进步,风险事故所造成的损失也越来越大,对人类社会的危害也越来越严重。机动车辆在使用过程中遭受自然灾害风险和发生意外事故的概率较大，特别是在发生第三者责任的事故中，其损失赔偿是难以通过自我补偿实现的。

机动车辆使用过程中的各种风险及风险损失是难以通过对风险的避免、预防、分散、抑制以及风险自留而解决的，必须或最好通过保险转嫁的方式将其中的风险及风险损失在全社会范围内分散和转移，从而最大限度地抵御风险。机动车用户以缴纳保险费为条件，将自己可能遭受的风险成本全部或部分转嫁给保险人。机动车辆保险是一种重要的风险转嫁方式，在大量的风险单位集合的基础上，将少数被保险人可能遭受的损失后果转嫁到全体被保险人身上，而保险人作为中介对少数人实行经济补偿。机动车辆保险将拥有机动车辆的企业、家庭和个人所面临的种种风险及其损失后果在全社会范围内分散与转嫁。

机动车辆保险是现代社会处理风险的一种非常重要的手段，是风险转嫁中一种最重要、最有效的技术，是不可缺少的经济补偿制度。

2.汽车保险的作用

自 1980 年我国国内保险业务恢复以来，汽车保险业务已经取得了长足的进步。尤其是伴随着汽车进入百姓的日常生活，汽车保险正逐步成为与人们的生活密切相关的经济活动，其重要性和社会性也逐步显现，作用日益明显，主要有几下几点：

(1)促进汽车工业的发展，扩大人们对汽车的需求。从目前的经济发展情况来看，汽车工业已成为我国经济健康、稳定发展的重要动力之一，汽车产业政策在国家产业政策中的地位越来越重要。汽车产业政策要产生社会效益和经济效益，要成为中国经济发展的原动力，离不开汽车保险的配套服务。汽车保险业务自身的发展对于汽车工业的发展起到了有力的推动作用。汽车保险的出现，减少了企业与个人对使用汽车过程中可能出现的风险的担心，在一定程度上提高了消费者购买汽车的欲望，扩大了人们对汽车的需求。

(2)稳定社会公共秩序。随着我国经济的发展和人民生活水平的提高，汽车作为重要的生产运输和代步的工具，已成为社会经济及人民生活中不可缺少的一部分，其作用显得越来越重要。汽车作为一种保险标的，虽然单位保险金不是很高，但数量多而且分散。车辆所有者为了转嫁使用汽车带来的风险，大多愿意支付一定的保险费投保，在汽车出险后，从保险公司获得经济补偿。由此可以看出，开展汽车保险既有利于社会稳定，又有利于保障保险合同当事人的合法权益。

(3)促进汽车安全性能的提高。汽车保险业务的经营管理与汽车维修行业及其价格水平密切相关，原因是在汽车保险的经营成本中，事故车辆的维修费用是其中重要的组成部分，同时车辆的维修质量在一定程度上体现了汽车保险产品的质量。保险公司出于有效控制经营成本和风险的需要，除了加强自身的经营业务管理外，必然会加大对事故车辆修复工作的管理，这在一定程度上会提高汽车维修质量管理的水平。同时，汽车保险的保险人从自身和社会效益的角度出发，也会联合汽车生产厂家、汽车维修企业开展汽车事故原因的统计分析，研究汽车安全设计新技术，并为此投入大量的人力和财力，从而促进汽车安全性能的提高。

(4)在财产保险中占有重要的地位。目前，大多数发达国家的汽车保险业务在整个财产保险业务中占有十分重要的地位。美国汽车保险的保费收入占财产保险总保费收入的

45%左右，占全部保费收入的20%左右。日本汽车保险的保费收入占整个财产保险总保费收入的比例更是高达58%左右。从我国的情况来看，随着积极的财政政策的实施，对道路交通建设的投入越来越多，汽车保有量也在逐年递增。在过去的20年中，汽车保险的保费收入每年都以较快的速度增长。在国内各保险公司中，汽车保险的保费收入占其财产保险总保费收入的50%以上，部分公司的汽车保险保费收入占其财产保险总保费收入的60%以上。汽车保险业务已经成为财产保险公司的"吃饭险种"，其经营的盈亏直接关系到整个财产保险行业的经济效益。可以说，汽车保险业务的效益已成为财产保险公司效益的"晴雨表"。

(四)我国汽车保险的种类

我国汽车保险的种类按性质可以分为交强险与商业险。

1. 交强险

所谓交强险，其全称是机动车交通事故责任强制保险，它是我国首个由国家法律规定实行的强制保险。《机动车交通事故责任强制保险条例》规定："交强险是由保险公司对被保险机动车发生道路交通事故造成受害人(不包括本车人员和被保险人)的人身伤亡、财产损失，在责任限额内予以赔偿的强制性责任保险。"因此，交强险的购买是必需的。

被保险人在道路交通事故中的有责任赔偿限额为：死亡伤残赔偿限额为11万元，医疗费用赔偿限额为1万元，财产损失赔偿限额为2000元。被保险人的无责任赔偿限额为：死亡伤残赔偿限额为11000元，医疗费用赔偿限额为1000元，财产损失赔偿限额为100元。

2. 商业险

商业险根据保障的责任范围分为主险(基本险)和附加险，如图8-13所示。主险可以单独投保，而附加险是在投保了主险的基础上才可以对应附加投保的险种，也就是说附加险不能单独承保，必须在购买了相应主险的基础上根据被保险人的意愿选择性地投保。

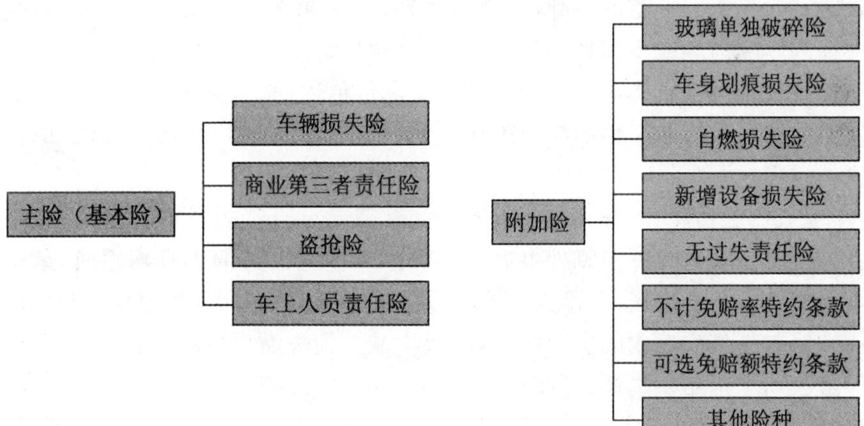

图8-13　我国商业险的种类

下面对我国几种主要的商业险进行一下简单介绍。

(1)车辆损失险。我国的车辆损失险是一种综合险，包括碰撞在内。但针对盗抢、汽车停驶损失、汽车自燃、玻璃破碎和新增设备损失等特别设计了附加险。只有购买了车辆损失险以后，才能购买相应的附加险。车辆损失险是指保险车辆遭受保险责任范围内的自然灾害（不包括地震）或意外事故，造成保险车辆本身损失，保险人依据保险合同的规定给予赔偿。车辆损失险的承包范围包括：碰撞、倾覆，火灾、爆炸，外界物体倒塌、空中运行物体坠落、行驶中平行坠落，雷击、暴风、龙卷风、暴雨、洪水、海啸、地陷、冰陷、崖崩、雪崩、雹灾、泥石流、滑坡以及载运保险车辆的渡船遭受自然灾害（只限于有驾驶员随车照料者）。

(2)商业第三者责任险

第三者是指因被保险机动车发生意外事故遭受人身伤亡或者财产损失的人，但不包括投保人、被保险人、保险人和保险事故发生时被保险机动车本车上的人员。交强险主要承担广覆盖的基本保障，对于更多样、更高额、更广泛的保障需求，消费者可以在购买交强险的同时自愿购买商业第三者责任险。

商业第三者责任险的保险责任是：被保险人或其允许的合格驾驶员在使用保险车辆过程中发生意外事故，致使第三者遭受人身伤亡或财产的直接损毁，依法应当由被保险人支付的赔偿金额，保险人依照我国《道路交通事故处理办法》和保险合同的规定给予赔偿。但因事故产生的善后工作不由保险人负责处理。

由于汽车的第三者损失对象既有人身伤亡又有财产损失，所以汽车责任保险又分为第三者伤害责任保险和第三者财产损失责任保险。汽车责任险有代替被保险人承担经济赔偿责任的特点，是为无辜的受害者提供经济保障的一种有效手段。对于以过失主义为基础的汽车保险制度，一般遵循“无过失就无责任，无损害就无赔偿”的原则，所以当被保险人负有过失责任，或者第三者有由过失直接造成的损害发生时，保险人才能依据保险合同予以赔偿。

(3)盗抢险

全车盗抢险是指保险车辆全车被盗窃、被抢劫、被抢夺，经县级以上公安刑侦部门立案核实，满60天未查明下落的，保险公司负责赔偿；如果车被盗抢后，在60天内找回了，但是在此期间车辆损坏或零部件丢失，由保险公司负责赔偿修复费用。

全车盗抢险的保险金额应在保险车辆的实际价值内确定，如果保险车辆是二手车，要将购车发票的票面价格和车辆的折旧价格中的较低者作为保险金额，以最少的保费获得最大程度的保障。

(4)车上人员责任险

车上人员责任险是指发生意外事故造成保险车辆上人员的人身伤亡时，依法应由被保险人承担的经济赔偿责任，保险人负责赔偿。另外，保险车辆发生意外事故导致车上的驾驶人或乘客人员伤亡造成的费用损失，以及为减少损失而支付的必要合理的施救、保护费用由保险公司承担赔偿责任。

(5)玻璃单独破碎险

保险车辆在使用过程中发生本车玻璃单独破碎事故时，保险人按实际损失计算赔偿。投保人在与保险人协商的基础上，自愿按照进口风窗玻璃或国产风窗玻璃选择投保。

(6)车身划痕损失险

投保了车辆损失险的机动车可以投保该附加险。对于无明显碰撞痕迹的车身划痕损失，由保险公司负责赔偿。

对于被保险人及其家庭成员、驾驶人及其家庭成员的故意行为造成的损失，保险公司不予赔偿。

(7)自燃损失险

自燃险指的是车辆在行驶过程中，因本车电器、线路、供油系统发生故障及载运货物自燃原因起火燃烧，造成车辆损失以及施救所支付的合理费用，由保险人负责赔偿。

(8)新增设备损失险

本保险为车辆损失险的附加险，投保了车辆损失险的车辆方可投保本保险。

本附加险所指的新增加设备是指投保车辆在出厂时原有的各项设备以外，被保险人另外加装的设备及设施，如CD、DVD及电视录像设备，GPS车载定位终端，真皮或电动座椅等。办理本附加险时，应列明车上新增设备的明细表及价格。

办理了本项保险的机动车辆在使用过程中，发生《机动车辆保险条款》第一条所列的保险事故，造成车上新增设备的直接损毁时，保险人在保险单该项目所载明的保险金额内按实际损失计算赔偿。该项保险的保险金额以新增设备的购置价值确定，新增设备单独被盗或丢失不属本附加险赔偿责任。

(9)不计免赔险

不计免赔险的全称为"不计免赔率特约条款"，是一种商业险(车损险或三责险)的附加险。其保险责任通常是指经特别约定，发生意外事故后，按照对应投保的主险条款规定的免赔率计算的、应当由被保险人自行承担的免赔金额部分，保险人会在责任限额内负责赔偿。

3.交强险与商业险的区别

综合比较，交强险和商业险有如下区别：

(1)赔偿原则不同。交强险实行的是无过错原则，即无论被保险人在道路交通事故中是否负有责任、负有多大责任，保险公司都将在6万元的责任限额内予以优先赔付。这样规定既保障了受害人的合法权益(如造成的人身伤亡和财产损失)，也减轻了被保险人的赔偿责任。而商业险采取的是过错赔偿原则，即保险公司是根据被保险人在道路交通事故中所负的责任来确定其赔偿限额，即"有责赔付"，体现了商业险的价值追求。

(2)保障范围不同。交强险的保险责任几乎涵盖了所有的道路交通事故风险，而且不设免赔率(额)，其保障范围大大超过了商业险。而商业险则规定了名目繁多的免责条款和免赔率(额)，这使得商业险的种种弊端暴露无遗。

(3)强制性不同。交强险具有强制性，机动车不参加交强险则不予登记，不允许上路，并规定了极为严厉的处罚措施。商业险由被保险人自己选择，是否投保和投保多少是被保险人的权利，他人无权干涉。而且，交强险和商业险的保险公司可能是同一个，也可能不是同一个。

(4)本质特征不同。根据《机动车交通事故责任强制保险条例》的规定，交强险实行全国统一的保险条款和基础费率，保监会按照交强险业务总体上"不盈利不亏损"的原则审批费率。因此，交强险不以盈利为目的，各大保险公司对交强险实行分开管理、单独核算，无论盈亏，不参与公司的利益分配，保险公司只是根据国家法律和中国保监会的规定，充当了一个代办人的角色。以盈利为目的则是商业险的本质特征。

(5)责任限额区分不同。交强险实行分项责任限额制度,包括死亡伤残赔偿限额、医疗费用赔偿限额、财产损失赔偿限额三个分项。而商业险中的第三者责任险在交强险赔偿后予以补充赔偿,其并不区分责任限额。

(五)我国汽车保险的业务流程

保险公司承保业务的流程大体相近,大致分保户投保、保险公司承保、签订保险合同、保险标的发生损失、保户向保险公司提出索赔、保险公司查勘、续保等环节。图 8-14 是汽车保险办理的流程。

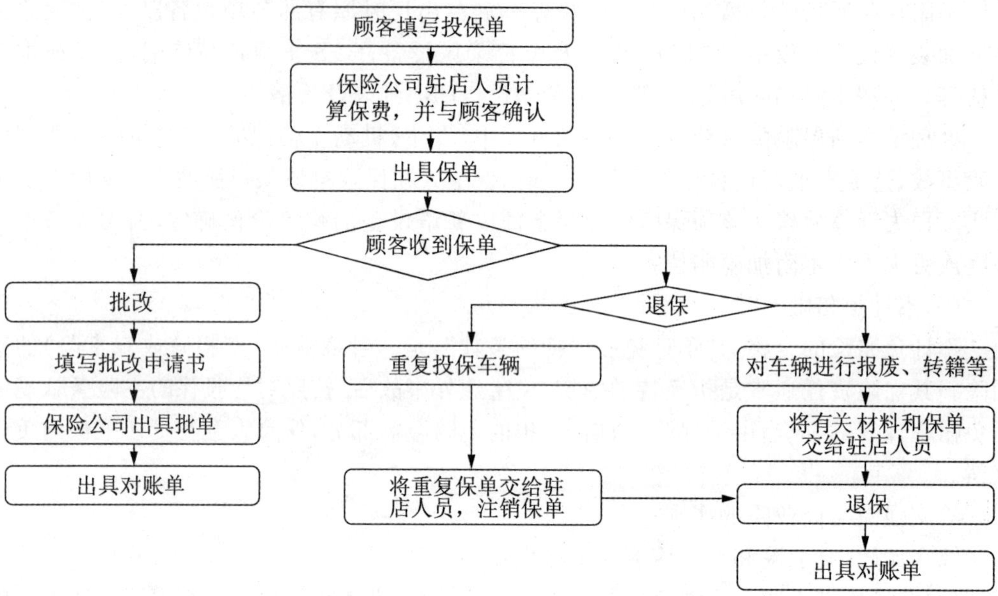

图 8-14 汽车保险办理的流程

下面主要介绍汽车保险业务的投保、承保、理赔的基本业务环节。

1. 保险投保

(1)投保人投保过程中应注意的问题。由于各家保险公司推出的汽车保险条款种类繁多、价格不同,因此投保人在购买汽车保险时应注意如下事项:①合理选择保险公司。投保人应选择具有合法资格的保险公司营业机构购买汽车保险。汽车保险的售后服务与产品本身一样重要,投保人在选择保险公司时,要了解各公司提供服务的内容及信誉度,以充分保障自己的利益。②合理选择代理人。投保人也可以通过代理人购买汽车保险。选择代理人时,应选择具有执业资格证书、展业证及与保险公司签有正式代理合同的代理人;应当了解汽车保险条款中涉及赔偿责任和权利义务的部分,防止个别代理人片面夸大产品保障功能,回避责任免除条款内容。③了解汽车保险内容。投保人应当询问所购买的汽车保险条款是否经过保监会批准,认真了解条款内容,重点了解条款的保险责任、除外责任和特别约定,被保险人的权利和义务,免赔额或免赔率的计算,申请赔偿的手续,退保和折旧等规定。此外,还应当注意汽车保险的费率是否与保监会批准的费率一致,了解保险公司的费率优惠规定和无赔款优待的规定。通常,保险责任比较全面的产品保险费比较高，保险责任少的产品保险费较低。④根据实际需要购买。投保人选择汽车保险时，应了解自身的风险和特征，根据实际情况选择个人所需的风险保障。对于汽车保险市场现有的产品应进行充分了解，以便购买适合自身需要的汽车保险。⑤购买汽车保险的其他注意事项：投保者在购买汽车保险时，应如实填写投保单上规定的各项内容，取得保险单后应核对其内容是否与投保单上的有关内容完全一致，并且对所有的保险单、保险卡、批单、保费发票等有关重要凭证妥善保管，以便在出险时能及时提供理赔依据；投保者在购买汽车保险时应履行如实告知的义务，对与保险风险有直接关系的情况应当如实告知保险公司；交纳保险费购买汽车保险后，应及时交纳保险费，并按照条款规定履行被保险人的义务；对于保险合同产生的纠纷，消费者应当依据在购买汽车保险时与保险公司的约定，以仲裁或诉讼的方式解决；消费者在购买汽车保险的过程中，如发现保险公司或中介机构有误导或销售未经批准的汽车保险等行为，可向保险监督管理部门投诉。

(2)保险公司或代理人应提供合理的保险方案。在开展汽车保险业务的过程中，保险公司或代理人应从加大产品的内涵、提高保险公司的服务水平入手，在开展业务的过程中为投保人或被保险人提供完善的保险方案。保险方案制定的基本原则有：①充分保障的原则：这是指保险方案的制订应建立在对投保人的风险进行充分和专业评估的基础上，根据对于风险的了解和认识制定相应的保险保障方案，目的是通过保险的途径最大限度地分散投保人的风险。②公平合理的原则：是指保险人或代理人在制定保险方案的过程中应贯彻公平合理的精神。所谓合理性，就是要确保提供的保障是适用和必要的，防止提供不必要的保障。所谓公平，主要应体现在价格方面，包括与价格有关的赔偿标准和免赔额的确定，既要合法，又要符合价值规律。③充分披露的原则：是指保险人在制定保险方案的过程中应根据保险最大诚信原则的告知义务的有关要求，将保险合同的有关规定，尤其是可能对投保人有不利影响的规定向投保人进行详细的解释。以往汽车保险业务出现纠纷的重要原因之一就是保险公司或代理人出于各种目的的考虑，在订立合同时没有对投保人进行充分的告知。

在制定保险方案之前，应对投保人或潜在被保险人的情况进行充分的调查，根据调查结果进行分析，这是制定保险方案的必要前提。当投保人是企业时，调查的主要内容有：了解企业的基本情况，包括企业的性质、规模、经营范围和经营情况；了解企业拥有车辆的数量、车型和用途，了解车况、驾驶人素质情况、运输对象、车辆管理部门等；了解企业车辆管理的情况，包括安全管理的目标、对于安全管理的投入、安全管理的实际情况、以往发生事故的情况以及分类等；了解企业以往的投保情况，包括承保公司、投保险种、投保的金额、保险期限和赔付率等情况；了解企业投保的动机，防止逆选择(指在保险标的已经出现风险的时候，投保人向保险公司投保，以获取赔偿)和排除道德风险。

保险方案是在对投保人进行风险评估的基础上提出的保险建议书。首先，保险方案应当包括从专业的角度对投保人可能面临的风险进行识别和评估。其次，保险方案应当在风险评估的基础上提出保险的总体建议。第三，保险方案应当对条款的适用性进行说明，介绍有关的险种并对条款进行必要的解释。第四，保险方案应当对保险人及其提供的服务进行介绍。其具体内容有：保险人的情况、投保标的风险评估、保险方案的总体建议、保险条款以及解释、保险金额以及赔偿限额的确定、免赔额以及适用情况、赔偿处理程序以及要求、服务体系以及承诺、相关附件等。

2.保险承保

(1)填写投保单。投保人购买保险,首先要提出投保申请,即填写投保单,交给保险人。投保单是投保人向保险人申请订立保险合同的依据,也是保险人签发保单的依据。投保单的基本内容有:投保人的姓名、车辆种类及厂牌型号、车牌号码、发动机号码、车架号、使用性质、吨位或座位、行驶证初次登记年月、保险价值、车辆损失险保险金额的确定方式、第三者责任险赔偿限额、附加险的保险金额或保险限额、车辆总数、保险期限、联系方式、特别约定、投保人签章。

(2)核保。核保是保险公司在业务经营过程中的一个重要环节。核保是指保险公司的专业技术人员对投保人的申请进行风险评估,决定是否接受这一风险,并在决定接受风险的情况下,决定承保的条件,包括使用的条款和附加条款,并确定保险费率和免赔额等。

核保的意义有:①防止逆选择,排除经营中的道德风险。在保险公司的经营过程中始终存在一个信息问题,即信息的不完整、不精确和不对称。尽管最大诚信原则要求投保人在投保时应履行充分告知的义务。但是,事实上始终存在信息的不完整和不精确的问题,这可能导致投保人或被保险人的道德风险和逆选择,给保险公司的经营带来巨大的潜在风险。保险公司建立核保制度,就是让资深人员运用专业技术和经验对投保标的进行风险评估,通过风险评估可以最大限度地解决信息不对称的问题,排除道德风险,防止逆选择。②确保业务质量,实现经营稳定。保险公司是经营风险的特殊行业,其经营状况关系到社会的稳定。保险公司要实现经营的稳定,一个关键环节就是控制承保业务的质量。但是,随着国内保险市场供应主体的增多,保险市场竞争日趋激烈,保险公司在不断扩大业务的同时,经营风险也在不断增大。其主要表现为:一是保险公司为了拓展业务而急剧扩充业务人员,这些新的工作人员业务素质有限,无法认识和控制承保的质量;二是保险公司为了扩大保险市场的占有率,稳定与保户的业务关系,放松了拓展业务方面的管理;三是保险公司为了拓展新的业务领域,开发了一些不成熟的新险种,签署了一些未经过详细论证的保险协议,增加了风险因素。保险公司通过建立核保制度,可将拓展业务与承保相对分离,实行专业化管理,严格把好承保关。③扩大保险业务规模,与国际惯例接轨。我国加入WTO以后,国外的保险中介机构正逐步进入中国保险市场。同时,我国保险的中介力量也在不断壮大,现已成为推动保险业务的重要力量。我们在看到保险中介组织对于扩大业务的积极作用的同时,也应注意到其可能带来的负面影响。由于保险中介组织经营目的和价值取向的差异以及人员的良莠不齐,保险公司在充分利用保险中介机构进行业务开展的同时,也应对保险中介组织的业务加强管理。核保制度是对中介业务进行质量控制的重要手段,是建立和完善保险中介市场的必要前提条件。④实现经营目标,确保持续发展。在市场经济条件下,企业发展的重要条件是对市场进行分析,并在此基础上确定企业的经营方针和策略,包括对企业的市场定位和选择特定的业务和客户群。同样在我国保险市场的发展过程中,保险公司要在市场上争取和赢得主动,就必须确定自己的市场营销方针和政策,包括选择特定的业务和客户作为自己发展的主要对象,确定对各类风险承保的态度,制定承保业务的原则、条款和费率等。而这些市场营销方针和政策实现的主要手段就是核保制度。通过核保制度选择和控制风险的功能,保险公司就能够有效地实现其既定的目标，并保持业务的持续发展。

核保的主要内容有：①投保人资格。对于投保人资格进行审核的核心是认定投保人对保险标的拥有保险利益。在汽车保险业务中，该审核主要是通过核对行驶证来完成的。②投保人或被保险人的基本情况。对投保人或被保险人的基本情况进行核保，主要是针对企业业务的。通过了解企业的性质、是否设有安保部门、经营方式、运行主要线路等，分析投保人或被保险人对车辆的管理状况，保险公司可以及时发现其可能存在的经营风险，采取必要的措施降低和控制风险。③投保人或被保险人的信誉。对投保人与被保险人的信誉调查和评估是核保工作的重点之一。评估投保人与被保险人信誉的一个重要手段是对其以往的损失和赔付情况进行了解。那些没有合理原因却经常"跳槽"的被保险人往往存在道德风险。④保险标的。对保险车辆应尽可能采用"验车承保"的方式，即对车辆进行实际的检验，包括了解车辆的使用和管理情况，复印行驶证和购置车辆的完税费凭证，拓印发动机与车架号码，对于一些高档车辆，还应当建立车辆档案。⑤保险金额。保险金额的确定涉及保险公司及被保险人的利益，往往是双方争议的焦点，因此保险金额的确定是汽车保险核保中的一个重要内容。在具体的核保工作中，应当根据公司制定的汽车市场指导价格确定保险金额。对投保人要求按照低于这一价格投保的，应当尽量劝说并将理赔时可能出现的问题进行说明和解释。对于投保人坚持己见的，应当向投保人说明后果并要求其对于自己的要求进行确认，同时在保险单的批注栏上明确。⑥保险费。核保人员对于保险费的审核主要分为费率适用的审核和计算的审核。⑦附加条款。主险和标准条款提供的是适应汽车风险共性的保障，但是作为风险的个体是有其特性的。一个完善的保险方案不仅要解决共性的问题，更重要的是解决个性的问题。附加条款适用于风险的个性问题。特殊性往往意味着高风险，所以，在对附加条款的适用问题上更应当注意对风险的特别评估和分析，谨慎接受和制定条件。

(3)接受业务。保险人按照规定的业务范围和承保的权限，在审核检验之后，有权作出承保或拒保的决定。

(4)缮制单证。缮制单证是在接受业务后填制保险单或保险凭证等手续的程序。保险单或保险凭证是载明保险合同双方当事人权利和义务的书面凭证，是被保险人向保险人索赔的主要依据。因此，保险单质量的好坏往往直接影响到汽车保险合同能否顺利履行。填写保险单的要求有：单证相符、保险合同要素明确、数字准确、复核签章、手续齐备。

3.保险理赔

保险理赔是指在保险标的发生保险事故而使被保险人财产受到损失或人身生命受到损害时，或保单约定的其他保险事故出现而需要给付保险金时，保险公司根据合同规定履行赔偿或给付责任的行为，是直接体现保险职能和履行保险责任的行为。简单地说，保险理赔是保险人在保险标的发生风险事故后，对被保险人提出的索赔请求进行处理的行为。在保险经营中，保险理赔是保险补偿职能的具体体现。保险理赔应遵循"重合同、守信用、实事求是、主动、迅速、准确、合理"的原则，以保证保险合同双方行使权利与履行义务。

保险理赔的程序如下：

(1)接受损失通知。保险事故发生后，被保险人应将事故发生的时间、地点、原因及其有关情况在规定的时间内通知保险人，并提出索赔要求。发出损失通知书是被保险人必须履行的义务。被保险人发出损失通知的方式可以是口头方式，也可以是函电等其他方式，但随后应及时补发正式的书面通知，并提供必备的索赔凭证，如保险单、出险证明书、损失鉴定书、损失清单、检验报告等。

(2)审核保险责任。保险人收到损失通知书后，应当立即审核该索赔案件是否属于保险责任范围，其审核的主要内容为：损失是否发生在保险单的有效期内，损失是否由所承保的风险所引起，损失的车辆是否是保险标的，请求赔偿人是否有权提出索赔等。

(3)进行损失检查。保险人审核保险责任后，应派人到出险现场进行查勘，了解事故情况，分析事故损害原因，确定损害程度，认定索赔权利。

(4)赔偿给付保险金。保险事故发生后，经过核查属实并估算赔偿金额后，保险人应当立即履行赔偿给付的责任。

任务实施

项目　识别道路交通标志

1. 项目说明

道路交通标志是用图形符号、颜色和文字向交通参与者传递特定信息，用于管理交通的设施。合理设置道路交通标志，可以提高道路通行能力，减少交通事故，防止交通阻塞，节省能源，降低公害，美化路容。

2. 实施过程安排(见表 8-1)

表 8-1　　实施过程安排

时间安排	内容安排
5 min 左右	明确实训目的： 通过本堂实践课的学习，要求学生： 1. 掌握道路交通标志的含义和作用 2. 能识别出常见的道路交通标志 3. 熟悉道路交通标志设计时的三要素：颜色、形状和符号 4. 了解标志板面及尺寸
5 min 左右	实训前准备： 1. 复习与实训内容相关的理论知识 2. 分组：8～10 人为一组 3. 实训器材和工具准备(常见的道路交通标志图片) 4. 指出实训需注意的事项

续表

时间安排	内容安排
70 min 左右	实训过程： 1. 常见的道路交通标志识别 由学生解释道路交通标志图片上所示标志的含义 2. 道路交通标志的三要素：颜色、形状和符号 (1)由老师对照道路交通标志图片讲解颜色的视认性和心理效应 (2)由老师讲解不同形状的交通标志的特点 (3)由老师讲解道路交通标志符号的特点 (4)由学生对比不同颜色、不同形状和不同符号的道路交通标志
10 min 左右	本堂实训课小结： 1. 抽 2～4 名学生回答相关问题(或演示相关操作)，评定掌握情况 2. 布置课外作业

学习评价

一、填空题

1. 驾驶人考试及发证由________负责，考试科目分为________、________、________三个科目。

2. 驾驶证有效期为________年，机动车驾驶人应当于机动车驾驶证有效期满前________日内，向机动车驾驶证核发地车辆管理所申请换证。

二、简答题

1. 我国汽车驾驶证考试的主要内容有哪些?
2. 汽车场地驾驶考试考核的基本项目有哪些?
3. C1 驾驶证的驾驶人可以驾驶哪些车辆?
4. 我国汽车保险的种类有哪些?
5. 简述交强险和商业险的区别。
6. 简单介绍一下我国汽车保险的业务流程。

主要参考文献

1. 屠卫星:《汽车文化》,人民交通出版社 2012 年版。
2. 吉文哲:《汽车文化》,西北工业大学出版社 2013 年版。
3. 郎全栋:《汽车文化》,高等教育出版社 2012 年版。
4. 李景芝:《汽车文化》,机械工业出版社 2010 年版。
5. 张发明:《汽车品牌与文化》,机械工业出版社 2010 年版。
6. 陈家瑞:《汽车构造》,机械工业出版社 2011 年版。
7. 金国栋:《汽车概论》(第 2 版),机械工业出版社 2010 年版。
8. 吕慧敏:《汽车文化》,中南大学出版社 2011 年版。
9. 陈燕、王昕彦:《汽车文化概论》,人民交通出版社 2012 年版。
10. 赵长利:《汽车概论》,中国水利水电出版社 2010 年版。
11. 张京明:《汽车工程概论》,北京大学出版社 2008 年版。
12. 陈文华:《汽车概论》,机械工业出版社 2009 年版。